华语人生

〔新加坡〕周清海 著

图书在版编目（CIP）数据

华语人生 /（新加坡）周清海著. -- 北京：商务印书馆，2025. -- ISBN 978-7-100-24696-5

Ⅰ. G749.339-53

中国国家版本馆 CIP 数据核字第 2024KD7377 号

权利保留，侵权必究。

华语人生
〔新加坡〕周清海　著

商 务 印 书 馆 出 版
（北京王府井大街36号　邮政编码100710）
商 务 印 书 馆 发 行
中煤（北京）印务有限公司印刷
ISBN 978 - 7 - 100 - 24696 - 5

2025年4月第1版	开本 880×1230　1/32
2025年4月北京第1次印刷	印张 10⅞

定价：86.00元

目 录

自序 ··· 1
徐峰：听周清海老师细数华语人生——《华语人生》读后 ········ 12

中国学的研究与文化交流

一　关于中国学的访谈 ·· 3
二　文化交流是不可避免的 ·· 32
三　谦卑做人，专心治学——周清海老师访谈 ··················· 46
四　答新加坡国立大学中文系毕业生问 ···························· 50

双语教育与语言研究

五　谈李光耀资政的华文学习 ··· 57
六　华文与华文教学研究 ··· 64
七　语言、语言教育的融合与发展应该关注的问题 ············ 68
八　全球化环境下的华语文资源与语文教育 ····················· 76
九　全球化环境下中文的研究与教学问题 ························ 87

十　从全球华语的发展趋势看华语区的语言问题 …………… 109
十一　华语文教育与区域发展的关系 ………………………… 120
十二　新加坡的语言与教育 …………………………………… 137
十三　语言融合与国际化下的华语文教育 …………………… 149
十四　句法研究与语文教学相关的几个问题 ………………… 168
十五　语言交际能力与语言教学 ……………………………… 183
十六　谈字和词的释义问题 …………………………………… 191

华语文及其教学专访

十七　他是一个短刃与长剑齐舞的武士 ……………………… 201
十八　用华文，爱华文：他的人生目标 ……………………… 210
十九　目前是发展华文教学的最好时机 ……………………… 215
二十　新加坡的双语教育与文化问题 ………………………… 222
二十一　母语认同转移，就是双语教育的失败 ……………… 227
二十二　华语取代了方言是10年努力的成绩 ………………… 230
二十三　小学是奠定母语基础最适当的阶段 ………………… 233
二十四　小学华文教学也应重视文化传统 …………………… 239
二十五　用语距离因词典而拉近 ……………………………… 241
二十六　设立中文学院正是时候 ……………………………… 244
二十七　新加坡华语华文为何要向普通话靠拢？ …………… 247
二十八　香港华文教学将逐渐用华语 ………………………… 249
二十九　星洲学者传授推普经验　称香港可造就双语精英 … 251

目 录

我和《全球华语词典》编纂

三十　编写与出版《全球华语词典》的意义 ………………… 255
三十一　在《全球华语词典》出版座谈会上的发言……………… 269
三十二　在《全球华语词典》学术研讨会上的发言……………… 272
三十三　全球华语与《全球华语大词典》………………………… 275
三十四　我和《全球华语词典》…………………………………… 280

序文及其他

三十五　王晓梅等编著《马来西亚华语特有词语词典》序 ……… 287
三十六　吴伟平、冯胜利编著《语言学与华语二语教学：
　　　　始于本体、学以致用、与时俱进》序 ………………… 293
三十七　庄钦永编《马六甲、新加坡华文碑文辑录》序 ………… 297
三十八　曾玲、庄英章著《新加坡华人的祖先崇拜与
　　　　宗乡社群整合》序 ……………………………………… 299
三十九　陈淑彬著《理智与哀伤——岛国文化断层与延续》序 … 301
四十　郭淑云主编《迈进新世纪：文学言说》序 ………………… 303
四十一　"文坛新秀培养计划"《少年行》序……………………… 305
四十二　我寄希望于洪胜生先生 …………………………………… 307
四十三　孔宪中博士著《孔子之美德教育：十二达德
　　　　（新解）》序 ……………………………………………… 311
四十四　为商务印书馆125年纪念说几句心里话 ………………… 315
四十五　台湾世界华文教育学会50周年：贺词与寄望 ………… 319

自 序

2015年，武汉华中师范大学汪国胜教授送给我的墨宝，写了"华语人生"四个字，准确地概括了我一生所做的事。我就采用"华语人生"作为这本书的书名。

这本书收录的大部分是我对华语文的发展与研究、华语文教学等方面的看法。文章多数发表于新加坡的中英文报刊上。英文报刊上的论文和报道，我自译成中文。另外也收录了一些序言，以及少数我在大学里讲课的讲稿。

全书主要包括四个方面的内容：

一、对新加坡发展中国学研究的看法；

二、华语文国际化所面对的问题以及应该采取的做法；

三、新加坡的华语文与华语文教学的问题与发展前景；

四、全球华语词典的编纂问题。

我所做过的事，都是在新加坡和国际友人的鼓励与支持下才完成的。新加坡和中国的朋友都非常了解我，他们对我所做过的事，也做了一些评价。

华文教研中心创院院长陈之权博士说："周教授认为，当汉语成为国际语言时，华文就不只是华人的语文，也同时是国际语文。他因此主张各地区的华语文应加强融合，在语言标准上向普通话倾斜的同时，也适当地保留各地华语的特色，并加强交流，促进了解。……我非常钦佩周清海教授的远见和环球眼光以及超强的学术魄力，这些倡议可说是'功在当代，利在千秋'，所产出的成果必将对全球华语文的教学与研究，以及华语文在世界各地的发展产生深远的影响。"[1]

北京语言大学的李宇明教授看了这本书的目录和各篇的简介之后，给我发来了电邮说："《华语人生》，具有史与论的双重价值。史者，从文中可以看到周清海先生为华文教育和华文研究奋斗的历史，从一个侧面也反映出新加坡华文教育和华文研究的历史；论者，这些记述、言论中都有学术问题和现实问题，有态度有观点，如新加坡的双语教育、华语国际传播、大华语理念、华语世界传播的多中心等。这史这论不仅是周先生的，不仅是新加坡的，也是华语世界的。"

香港教育大学人文学院副院长张连航教授说："周先生的书我大都读过，他的课我也上过。总结他的特点，我觉得可以用'贯通古今、尊重异同'来概括。这种百川归海、兼收并蓄的态度，令他的学问及著作很有个人风格。……他的大局观非常犀利，眼光深远。……周先生认为当华语要走出中国、成为国际语言时，使用者、学习者会不断改变华语的面貌，而这种语言的地方变异，才是令华语成为国际语言的关键。那么，如何配合这种发展趋势？如何引领学习者的方向？这是他多年来一直念兹在兹的心事。他所提出的'大华语'概念，多年来，经过他

---

[1] 周清海《汉语融合与华文教学·序一》，社会科学文献出版社，2020。

不断努力，已经被更多专家学者所接受。他目前修订著作，对政策、发展趋势提供意见，都是在为这个大趋势做准备，引导方向，夯实基础。"①

北京大学的陆俭明教授说："特别是他为了华文教育事业的发展一再发声呼吁，亲力亲为，这更值得我敬重；也因此周清海教授赢得了海内外同道的敬重。""他为新加坡的华语研究、双语教学和华文教学，提出了不少具有前瞻性、建设性的意见。但他并不只是站在新加坡的立场来考虑华语研究和华文教学问题，而是站在全球华人社会、站在华语走向世界的立场与视角来考虑的。因此，进入21世纪，他先后倡议并积极参与《全球华语词典》和《全球华语大词典》的编写工作；而此项工程完成后，又倡议并积极参与全球华语语法研究。"②

关于全球华语语法研究，武汉华中师范大学的邢福义教授对《湖北日报》的记者说："从2009年开始，新加坡……周清海教授多次发来邮件，希望将全球华语语法的研究提上日程。这一倡议反映了世界华人的寄托和期待。于是经过两年多的准备，组织起一支内外结合、协同攻关的国际性研究团队。……对全球华语语法进行全面考察，无论在国内还是国际上都是首次。这意味着汉语语法研究迈上了一个新起点，将从语言研究的角度，对中华文化的弘扬起到有力的推动作用。……"③全球华语语法研究成果的相关著作，由商务印书馆陆续出版。

---

① 张连航《兼收并蓄，尊重差异——贺周清海教授〈华语教学语法〉再版》，见《华语教学语法》(修订本)，商务印书馆，2020。
② 《大华语与语文教育·序一》，商务印书馆，2022。
③ 《湖北日报》，2011年10月24日。

我对华语文教学与研究的基本观点，总结如下。

（一）对语言本体与语言教学研究、语言教科书的编撰以及文化交流等问题，我认为：

1.无论是考虑语言问题、语言教育问题，还是文化问题，都要问问自己二三十年后的局面会是什么样的？

2.语言研究不能脱离语言教学。语言研究要负起更大的社会责任，就不能只满足于一般的语法描述、词频统计，必须把不同华语区的语言特点考虑在内。

3.语言应用的范围决定了词汇、句法、表达方式的选择。不同的华语区有不同的表达习惯，因此，应该鼓励当地的教学人员参与教学的研究与教材的编写，才能编出更切合当地需要的语言教材。由中国大陆或者中国台湾编写汉语教材，再向世界推广，不是理想的做法。

4.在中国发展的大背景下，华语文的语言资源和语文教育都面对前所未有的大好时机。在语言资源方面，应该更注意语言沟通，语言和谐；更应该注意调动和整合各华语区的语言资源，鼓励各华语区广泛参与华语文研究、传播与推广的工作。

5.华语的地区性变异不少，只有维持华语的共同核心，共同向核心靠拢，才有利于华语区之间的交际，才有利于华语走向世界。我们不只应该尊重不同地区的语言差异，更需要以和谐的观点看待语言差异和语言融合的问题。我们提倡"大华语"的概念，目的就是要建立一个更具包容性、更和谐的全球华文应用、教学与研究的环境。

6.从1994年开始，我就注意华语区的语言问题，也鼓励各华语区进行语法和词汇的研究。编纂《全球华语词典》《全球华语大词典》，研究全球华语语法，是应时代的需要，更是开创性的语文建设工程。马来西亚也编辑出版了《马来西亚华语特有词语词典》[①]，将为今后马来西亚的华语研究奠下基础。

7.在华语越来越国际化的情况下，为了减轻学习华语的困难，在辞书的编纂方面，应该处理好字和词的关系问题。只考虑字频和词频，是不足够的。

8.在文化上，我的看法是：（1）"文化内向"不只唯我独尊，而且养成了"中原"心态。这种心态表现在政治上，便是"接受朝贡"的心理。这种"唯我独尊""接受朝贡"的心态，已经不适合现在的华语国际传播。（2）鸦片战争之后，中国人的文化优越感受到巨大冲击，结束了"礼乐化外邦"的想法；更出现了不了解自己的文化而去研究外来文化的影响，对外来文化做毫无根据的夸大与赞扬的现象。（3）表现在语言行为上，就是说华语时杂用英语，出现了语码转换或语码混用的现象。但在华人说英语时杂用华语的现象，却非常少见。[②]

9.在新加坡发展中国学研究及华语的国际传播与语言研究，都应有周密的考虑，应具体而且深入地了解自己的文化倾向。

10.从新加坡走向国际的路向考虑，本地应该设立中文学院。除了中国大陆、台湾、香港之外，新加坡的中文学院将提供另外一个学习与研究中文的地方。

（二）对于新加坡的华语文研究与华语文教学，我的主要观点是：

[①] 王晓梅、庄晓龄、汤志祥《马来西亚华语特有词语词典》，联营出版（马）有限公司，2022。

[②] 详细的论述，请参看本书第二篇《文化交流是不可避免的》。

1.新加坡太小了,我们的资产就是人。我们必须将新加坡的多元种族、多元文化转变成为我们的优势。这样的多元文化社会特性,提供了非常好的发展双语教育的条件。

2.除了英文之外,新加坡华族不同行业的人员,包括政治领袖,如果能说流利的华语,也热爱华文,华文就有更广阔的发展前景。我们是在共同效忠国家的大前提下,让各族群有更大的空间保留自己的语言和文化。这样做对国家将来的发展是有利的。

3.华语取代了方言,得到了普及,这是新加坡推广讲华语运动多年后所取得的成绩。可是,在新加坡,华语的应用层次仍旧太低,应用的范围有限,许多可以讲华语的场合,人们却舍去了华语,选择了英语。年轻的一代,更是如此。

4.我们的双语教育政策是成功的。双语教育是新加坡的特色,新加坡人都接受双语教育制度,语文问题不再是新加坡的社会问题。但是,我们也必须了解:在双语的环境里,适当的母语程度是保持语文认同感所不可或缺的。小学是奠下母语基础的最适当阶段,尤其是小学低年级。我们应该在小学阶段就给学生奠下坚实的母语基础。

5.我们不只希望下一代精通两种语文,同时更希望他们保有自己的文化传统、爱护和尊重自己的语文和文化。因此,华文教学就不能不重视文化。为了避免华人沦为一个丧失自身文化特性的民族,华文教学里强调文化价值是非常重要的。

6.语言的社会价值左右了家长对孩子语言的选择。在华语文的实用价值不明显的时期,学习华语文的热忱,需要良好的社会氛围的支持。我们应该让大家觉得,在同一个环境里头应用

自　序

两种语言是很自然的事情，更应该培养下一代具有掌握双语的光荣感。

7.华语要成为新加坡受过教育的华人的语言，达到同英语一样的水准，恐怕不是近期能看到的；华语更不可能成为各种族认同的语言。但是，我们要走向区域，走向国际，就应该提高学生的华文能力；并且在中国文学、语言、历史、思想、文化、政治等精选课题上装备学生，培养他们在中华语言文化领域里自修的信心。

8.我们双语社会的显著特点是：在学校学习的华英语文，离开了课室，就能在社会上直接应用。新加坡社会所提供的双语浸濡的大环境，是非常独特的。我们应该以这个特点为基础，争取建立国际学术地位，使新加坡成为世界研究和学习中华语言文化与英文的重镇之一；吸引世界各地，特别是东南亚的人士，到这里来学习华语文、学习英语。

9.新加坡年轻的华文教师英文运用自如，能在行政阶梯上与英文教育出身的其他科目教师一较高下，在教育行政方面具备了竞争能力。如果他们能在华文专业部分不断提升，就会更出色，具备了条件成为真正的双语人才。

10.字表的规定是为了教学上的需要，但是教学要做灵活的调整。不要规定老师的教学方法，不要告诉老师只能教笔顺笔画，不可以教偏旁。允许老师在教学上做适当的调整。

11.没有一种教学法是十全十美的。灵丹妙药式的教学方法过去没有，现在没有，将来也不会出现。因此，应该鼓励教师从不同的角度去设计教学法，不应该只限定一种教学方法。

12.课外补充读物不应过分地受字表限制。我们应该好好计划哪一类内容与程度的出版物，适合哪个年级的学生，然后有计划地向学校推荐，引导学生阅读。

新加坡华文与华文教学的史料很可贵。

在这些报纸和杂志对我的访谈里，所谈及的新加坡过去所面对的语言与语言教学问题，就是可贵的新加坡华文与华文教学史料。

在报纸和杂志的访谈中，我常常面对一些尖锐的提问，但都坦然回答。1999年，《海峡时报》的记者曾经问我：作为南大毕业生，现在是南洋理工大学的学术人员，你怎样看待潘受[①]将南洋理工大学恢复为南洋大学的呼吁？这是不是一次性解决南洋大学的问题的很好的时机？

我的回答是："对于传统的华文教育者，南大代表了语言和文化的根。这种感情是深深地埋在他们心里，不会消失的。因此，潘受先生的感受，是完全可以理解的。从语言和文化的角度看，潘受的感受也是南大毕业生的感受。我在南大，经过了无数的风风雨雨，我也真正欣赏南大'自强不息'的精神。但从国家发展的角度看，在建国的过程中，南大的问题不幸和政治问题缠绕在一起。"

"至于改名的问题，必须考虑几个因素。改名如果能将南大毕业生对南大的感情转移到南洋理工大学来，对南洋理工大学的发展当然有利。但是，我们也必须注意南洋理工大学校友

[①] 潘受（1911—1999），原名潘国渠，福建南安人，19岁南渡新加坡，曾任《叻报》编辑。他没有受过正统大学教育。1955年南洋大学校长林语堂离校后，他受委出任大学秘书长，度过没有校长主持校务的最艰苦的4年，直至1959年，才辞去职务。

的看法。这些问题,应该由南洋理工大学校长和教育部去考虑。我更关心的是南大'自强不息'的精神。"

"南大和新加坡大学合并以后,那些在中学没学好英文的华校生,就升学无门了,对他们来说这是非常辛苦的。但是,从长远来看,合并也将两种语文源流教育合流了。"

两种语文源流教育合流了,对新加坡的建国与发展的贡献,也在这些报道里提及了。

对于香港地位的变化,我认为,1949年之后中国文化对海外的影响,特别是对新加坡的影响,不是来自中国台湾,不是来自中国大陆,而是来自中国香港。

中国改革开放之后,我做了一些事。

中国改革开放之初,我考虑了改革开放所可能给新加坡带来的影响,因此把握了时机,做了许多该做的事。

我带头用华文对新加坡所面对的重要的、值得研究的教育课题,进行了研究。

这是一个崭新的开始,打破了英文独占教育研究领域的局面,更是开创了教育的高级学位论文可以用华文书写的历史。这不只打破了把研究华文教育问题当作禁忌的局面,也总结了当时关于新加坡华文教育问题所面对的争论。

吴元华的博士论文《务实的决策——人民行动党与政府的华文政策研究(1954—1965)》,就是第一本用华文写成的研究华文教育问题的论文。他说:"当我告诉他我认为行动党政府的华文政策是个很重要、很值得研究的课题,可惜却一直无法找到适合的导师时,他即刻表示很乐意协助我完成这个研究计划。""论文通过后，周教授还亲自跟联邦出版社接洽，以中华语言文化中心丛书出版。付印前，他仔细校阅一遍。他的认真态度令我极为敬佩。现在回想起来，要不是1994年那一天拜访周教授，我恐怕至今仍然在等待论文的导师呢。"

此外，面对中国的改革开放，面对中国语言的扩大用途，新加坡的华语文教育应该怎样应变？

汪惠迪先生对我在这方面所做过的事，有敏锐的观察。他说："1994年，新加坡南洋理工大学国立教育学院中文系主任周清海教授受命在南大成立中华语言文化中心。中心成立后，周教授策划设置与中国、中华文化有关的课程，同时制定学术研究与交流规划，以便展开与海外学者的交流与合作，借以带动新加坡的华语研究，以期提升到一个新的台阶。"

"与此同时，周教授放眼未来，拟定专项计划，协助中国（包括港澳特区和台湾地区）与马来西亚著名学府修读或研究中文的优秀学生到新加坡攻读硕士或博士学位，使他们有机会走出国门，来到新加坡，了解新加坡，熟悉新加坡，融入新加坡，并与新加坡本土学生或教研人员建立友好关系，以期进行长远的合作。"[1]

我们也关注新加坡面对的语言文化问题，出版了一系列的"南大语言文化丛书"。[2]

我希望上面的这些总结性的叙述能启发本地的研究者更多

---

[1] 汪惠迪《异彩纷呈学术路，南国之梅吐芬芳——读〈马来西亚华人社会语言研究〉》，《源》双月刊，新加坡宗乡会馆联合总会编，2021年12月。

[2] 关于新加坡所面对的语言问题，有《新加坡社会和语言》（南大语言文化丛书），云惟利编，1996。

自 序

的思考，在新加坡的华文教学和华文研究方面，能有更多的国际合作。关于这些课题更详细的论述，可以参看由商务印书馆出版的我的论文集《大华语与语文教育》（2022年）一书。

2022年7月6日

听周清海老师细数华语人生

——《华语人生》读后

前不久周清海教授告诉我,他最近在准备自己的新书《华语人生》,要把新加坡一些报纸上关于他的报道和自己发表在报上的文章集合起来,为新加坡的华语研究留下一些史料。后来,周老师说想让我为这本书写一个序或前言,一开始我很是有些犹豫,以资历和水平,怎么也轮不到自己来为一位德高望重、声誉卓著的学术前辈写序言。不过,既然周老师提了这样的要求,一定是有他自己的考虑。以我对周老师的了解,这个要求也实在很难拒绝,于是就有了下面的文字,记录的主要是自己阅读和学习周老师文章著作及本书书稿的一些感受和感想。能为读者朋友做一点介绍和引导也是自己的荣幸,这也是我这个学术后辈愿意做和应该做的事。

如果说此前周老师出版的著作和文集主要是学术性较强的作品的话,那么本书则有些不同。这本书从另一个侧面反映了周老师的学术历程和心路历程,其间有很多关于华语发展的历史,通过一些人和事,展现了大时代背景下,一个学术大家的深思与熟虑。书中涉及的论题非常广泛，既有对华语整体发展和研究的全面思考，也有对新加坡华语发展的建言和担忧；既有对中国学和新中文化交流的检讨，也有对华语和华文教学中具体文字、词汇和语法问题的讨论与指点；书中也有对大学生的引导、关爱和对后来研究者的期盼，还有不少与中国学界交往及交流的趣事。这些内容往往都通过具体的事例加以阐发，形象而生动地展示在读者面前。

新加坡作为东南亚马来半岛上的交通要冲，也是东西方文化的交汇之地。各种语言文化在此汇集、交流与碰撞，语言景观十分特殊。新加坡政府采取双语政策，各种族除了必须学习英语之外，还需要学习自己的母语，平日里，英语、华语、马来语和淡米尔语众声喧哗，杂然纷呈。英语作为行政工作语言和日常生活中的主导语言，自然成为新加坡三大种族的通用语，各种族母语的地位一直处于弱化的过程之中，其中尤以华语为甚。1980年大中华地区以外唯一的一所华文大学——南洋大学停办，1986年新加坡本地最后一所华校也正式走入历史。现在的华文在学校也只是单科教学，类似中国的英语教学。因此，目前新加坡的多数年轻华人使用华语，口头简单表达还可以，但一旦涉及专业或深一点的讨论，立刻就只能转用英语，语码夹杂更是日常语言表达的常态。这一点从华文教材的命名变化上也看得出来，以前就直接是《小学华文》《中学华文》，现在则用的是《欢乐伙伴》《华文伴我行》。当一个自然而然相伴而生的母语或族语不得不需要用快乐去引导学习，告诉学生学习华语是快乐的时候，你就知道华语华文在新加坡的实际情形并不乐观。了解到这一点，我想大家也就能够明白和感受为什么周老师一直在为维护华语殚精竭虑，努力奉献。

陆俭明先生说，周清海教授是新加坡人，他为新加坡的华语研究、双语教学和华文教学提出了不少具有前瞻性、建设性的意见；但他并不只是站在新加坡的立场来考虑华语研究和华文教学问题，而是站在全球华人社会、站在华语走向世界的立场与视角来考虑的。周老师的国际视野和全球眼光，正是目下很多研究者所缺乏的。周老师认为语言研究者须有大格局，登高望远，必须看到二三十年后的样子。全球华语的研究更需要包容和客观的这种格局，没了高度，也就不会有深度。

上个世纪80年代以后，中国打开了国门，随着中国经济政治的迅速崛起，汉语也开始大步走向世界。孔子学院、孔子课堂在世界各地如雨后春笋般出现。然而，近些年来汉语的国际传播遭到阻碍，很显然这是西方发起的对中国语言文化的政治操作。周老师认为，语言不应政治化。对抗政治操作的最好方法，就是把中国的汉语转变成全世界的华语。这一认识在当下无疑有着更加深刻的价值和意义。他说："华语的国际化是必然的趋势。全球华语是大家的，不是只限于中国，只有这样才能避免语言被政治化。"这恐怕也是周老师为什么一直主张要用"大华语"这一概念，并且将《全球华语大词典》的编写看成是人生头等大事的一个重要而直接的原因。除了这一点，华语社区的内部交流，语言应用和语言教学也都需要《全球华语大词典》。他说："我提倡'大华语'的目的，就是要建立一个更具包容性、更和谐的全球华文教学与学习环境。"全球华语大格局的形成离不开各地华语的交流和融合，周老师一直特别强调这一点。曾经有一段时间，为了弥补师资的不足，新加坡教育部从中国招聘了不少老师。结果大家就发现,新加坡本地的教师和中国学习训练背景的老师在教学中对于不少语言现象都会有一些分歧,引发一些争执。有人主张应该采用普通话的规范标准,也有人认为新加坡教授的是新加坡华语,而不是普通话,应该采用的是新加坡的标准。虽然表面上看起来是一些日常不起眼的小事,事情并不大,可如果往深里想,那就不是小事。关于教学中如何处理这些方面的讨论和建议,读者朋友都可以在周老师的书中找到答案。

语言的交流和融合从来都不只是单方面事情,需要依赖多方学者的共同努力。周老师非常注重与世界各地学者建立良好学术关系,他与中国汉语学界的邢福义先生(已故)、陆俭明先生、李宇明先生、郭熙先生等众多专家和学者都建立了良好的学术和朋友关系。正是有了共同的探讨、争辩和学术意见的交流,才能够建立起强而有力的学术关系,也更有助于促进华语的研究和发展。周老师主持南洋理工大学中华语言文化中心时,先后邀请过陆俭明、李临定等先生开展合作研究,于是就有了华语研究重要的参考文献《新加坡华语词汇与语法》的诞生。周老师也邀请过邢福义先生,不过当时邢福义先生因为要照顾病中的妻子,未能成行。可当新加坡华文教师总会承办"承先启后、继往开来"华语论坛并为周老师筹办65岁的祝寿晚宴"桃李聚会"时,邢先生又不远万里,亲自出席这一盛会,这足以见证两位学术大家的深厚情谊。

周老师不仅自己身体力行,还时刻不忘提携后辈,尽力帮助学生建立学术关系。他说,许多同事、学生,只要有才能的,我都在自己能力所及的范围内,给予提拔或者协助,我是做到了"己欲立而立人"的。如吴元华的博士论文《务实的决策——人民行动党与政府的华文政策研究（1954—1965）》，就是第一本用华文写成的研究新加坡华文教育问题的博士论文。起初他一直无法找到适合的导师，正是周老师招收他攻读博士学位，协助他完成了研究计划。后来周老师还亲自跟联邦出版社接洽，以中华语言文化中心丛书出版。印象深刻的还有这样一件事情，2018年陆俭明先生的《新加坡华语语法》由商务印书馆出版发行，周老师特意安排在南大举办了这本书的发行仪式。一个很重要的原因，就是希望借此让南大和北大建立和加强学术联系，可惜当时和后来的南大中文系领导未必领会到了周老师的这份苦心，之后也就不了了之了。

周老师说他的一生都在为华语事业、为新加坡华语的事业奋斗，的确如此。从乡野农村子弟，到享誉世界、有极大影响力的华人语言学家，这背后的努力和奋斗，是常人难以想象的。不熟悉、不了解周老师学术历程的人，很难体会周老师对华语的热爱和忠诚。周老师出身贫寒，全靠自身的努力，才取得常人难以企及的学术成就。他在自己的回忆录中说："在反殖民地、争取独立的这个大局面的影响下，我成为一个爱护自己的语言、文化，愿意为这个理想付出任何代价的年轻人。当时，我纯洁而有抱负，想长大后成为华文作家。因此，中学毕业后，我就想到南洋大学中文系深造。"后来，大概是因为参加各项社会活动而被停学，在停学的那一年里，他读完了《论语》《孟子》《荀子》《左传》和《说文解字》等书籍。其中大徐本《说文解字》看了两三遍，还从头到尾抄了一遍，做了卡片。他的国学、古典文学和古汉语的修养，远远超过当时的同班同学，全是这一年下的苦功。试问现在的年轻学者又有几人下过这样的苦功？

1967年，周老师以第一名的成绩毕业，走在三四百名毕业生的最前头，那是何等的意气风发。毕业之后，他获得英联邦奖学金，远赴香港中文大学，跟随周法高和李棪先生学习古文字学，打下了非常厚实的小学根基；之后在"中研院"院士、甲骨文专家李孝定教授的指导下，研究两周金文语法，获得新加坡国立大学博士学位。周老师这样的老一辈学者，华语水准之高不仅仅体现在对中华文化把握的广度和深度上，对于汉语的精准感悟和运用也是许多后辈难以企及的。也正是因为国学基础深厚，周老师对语言和文化的研究和教学有着深刻的体认。书中对于各种语言现象信手拈来，有理有据，现在的学习者大都难以达到这样的水准。他认为今天的现代汉语由古及今发展而来，是古今大融合的语言系统，因此汉语教学应该是一种"古今融合的汉语教学"。而语言的学习一点也不能离开文化。"不了解自己的文化，而去研究外来文化的影响，就可能出现对外来文化毫无根据的夸大与赞扬。"

周老师在学术上取得了相当大的成就，是新加坡华文教育的先驱，对新加坡的华文教育政策有相当的影响力；作为许多华语文政策的制定者和历史的参与者，对于新加坡华语的地位也有着更为清醒的认识。他多次强调，尽管华语的地区性变异不少，但只有维持华语的共同核心，向共同核心靠拢，才有利于华语区之间的交际，也才有利于华语走向世界。新加坡应重视华语的共同核心。"华文是新加坡可贵的资产。怎样在非常不利的社会环境下，保留华文，让它在需要的时候，能够在这个基础上往前发展。母语能力的过度低落，就会助长对英语的语言认同。如果到了年轻的一代，都认为英语是他们的母语时，那就是双语教育的失败。"谈到新加坡华文教育变化所带来的影响，他说，"语文教育为了配合国家社会的各种需要，必须不断地调整。调整常常令人觉得不舒服，在某个层面上说，也难免是痛苦的，必须付出代价的。新加坡独立自主以后，在语文教育方面进行过许多必要的调整。新加坡人，尤其是我这一代的新加坡人，在这些调整的过程中，是付出过不少的代价的。调整时，受到冲击的往往是当代人，而受益的是下一代人。所以在讨论调整时，我们应该着眼的是下一代人的利益，而不是这一代人的损失"。

李宇明先生说周老师的"《华语人生》，具有史与论的双重价值"。历史要讲究客观，讲究真实。从1975年开始，周老师就教授李光耀先生华文，定期碰面，几十年风雨不改。李光耀先生这样评价周先生："在我眼中，周清海老师是一个绝对诚实、正直、值得尊敬和信赖的人。他的自传反映了他的品德——实话实说，从不自我炫耀。周老师受教于旧南洋大学，并到香港深造，精通中华文化。若以古典文学的文字来形容他，他堪称一位君子。"周老师在这本书中保持了他一贯的记事风格，秉笔直书，实话实说。书中众多话题都是华语世界的"大问题"和大课题，值得进一步深入思考。正如李宇明先生所言，这些所思所想"不仅是周先生的，不仅是新加坡的，也是华语世界的"。不过，我觉得，读者朋友从中看到的不应仅仅是"史"，也不应该只是"论"，应该还有周老师对华语的热诚、执着和奉献精神。因为这些文字都是有温度的，能真正体现语言学者和语文教育大家的信念、重责和直面担当。这是你读其他一些语言著作时感受不到的，而正是这种深一层的感动或许在某种意义上更有价值，因为它能够感染和激励大家继续支持华语、关心华语和爱护华语。

去年8月，周老师的学生厦门大学马来西亚分校的王晓梅教授来新加坡，周老师请她吃饭，当时我和胡月宝老师也都在座。当大家谈到今日新加坡华语快速滑落的现状时，周老师突然陷入了长时间的沉默。那一时刻我们都看出了他的忧心。不知怎的，我忽然联想到艾青的诗句"为什么我的眼里常含泪水？因为我对这土地爱得深沉"。我想，周老师对华语的执着和无私的奉献，也全是因为他对华语爱得深沉。

这本《华语人生》，既是一份珍贵的记录，也是对后人的一种启示。大时代下的华语人生有平静的岁月流淌，亦有起伏的波涛汹涌。每一位读者朋友都能在书中找到自己感兴趣的话题，也能在阅读中获得不同的思考和收获。

"每个人都应该在自己岗位上实际地为新加坡做点事。这是新加坡生存的基础。"周老师如是说。

徐峰
2023年11月19日
记于新加坡

中国学的研究与文化交流

一 关于中国学的访谈

1949年之后中国对海外的影响，不是来自中国台湾，不是来自中国大陆，而是来自中国香港。

南洋大学所提供的待遇足以把台湾一批优秀的学者吸引到新加坡来。把我带入中国学研究的就是从台湾过来的老师。华文教育的兴衰或演变对新加坡中国学或中国研究的程度是有影响的。

当英语成为新加坡的行政语言时，你没掌握好英语，就永远被边缘化。办学的华社领袖欠缺眼光，也欠缺应变能力，误了整代受华文教育的年轻人。

乡情协助了中国乡镇的发展，也协助了企业家在中国的发展。

采访人：王睿馨（新加坡国立大学中文系硕士研究生）
　　　　黄贤强（新加坡国立大学中文系副教授）
采访日期：2013年2月15日

问：为了了解您的成长经历与后来走向华文教育之路的关系，请您谈一下您的家庭背景。

周清海（以下简为"周"）：我父亲12岁从福建永春过来，

我母亲是新加坡移民的第二代。早期从中国到南洋来的，大部分是中国南方的农民，教育程度都很低。我小时候喜欢看地方戏和听电台的章回小说广播，当时王道在丽的呼声讲述的那些章回小说，《三国演义》《水浒传》《西游记》……这些东西让我很接近中国，也是后来走向中国学的原因。加上民俗活动，比如宗教活动啦，很多华人都是拜神的，这些活动也让我和中国文化有所接触。我就是在这样一个中国文化氛围里长大的。

问：您在回忆录《人生记忆》[①]一书中特别提到一位小学华文老师，姓庄，她是从中国来的吗？她是您的华文启蒙教师吗？您认为她对您的华文学习起到了多大的影响？

周：我不知道她是不是从中国来的，只知道她是基督教教徒，很年轻。我在有些地方提过：教会的活动对于中华文化的传播，其实做出了贡献。我当时就读的学校是浚源小学，那是一所教会学校，以华文作为教学媒介语的教会学校。学校里有很多老师是从中国过来的，但是她是不是我不清楚。

一年级到四年级，我没有感觉到她对我有什么影响。四年级的时候，她教我们华文，每星期一必须交大小楷作业，我没有钱买作业本子，不能交，又怕被打手背，就逃学了。

我逃学了两年半之后再回到学校，她仍旧是我那一班的班主任，对我特别关心。我想大概有教学良心的老师都会这样：这个学生被你逼得逃学了，现在回来，就特别得到照顾。我大

[①] 周清海《人生记忆》，八方文化出版社，2011。

量的阅读就是从那时候开始的，包括儿童读物、一般的图书等等。

问：您的回忆录《人生记忆》一书中提到您逃学两年半，回校后阅读欲望特别强烈，并且因为阅读，而开始喜欢写作，立志成为作家。这也是您报读中文系的原因。可不可以说您对华文的喜爱正是源于这段时间的阅读？能不能简单地介绍一下当时哪些华文图书给您留下了深刻的印象？

周：对，大量的阅读。我读小学是1948年，1949年中华人民共和国成立了，有大批的文人从中国大陆来到香港，也有一大批来到东南亚，当然还有一部分到了台湾。所有中国大陆出版的东西在新马这边都是禁书，我阅读的儿童读物不是从中国大陆过来的，是从中国香港。当时香港的出版业对全球华人、对整个东南亚的华人有很大的影响。我阅读的儿童读物，比如《好朋友》，就是香港出版的。

最近有个香港教育学院（现在的香港教育大学）的朋友要做这方面的研究，我鼓励他，也特别推荐给香港教育局，希望香港教育局发研究金给他。1949年之后，中国大陆隔离、封闭，东南亚这一代对华文、对中国有兴趣的人，得不到任何从中国大陆来的新信息。当时，国民党和共产党之间对抗得很厉害，他们的活动在东南亚都不受欢迎，而香港当局显得非常地中立。那样一个中立的环境，出版了很多东西，这些出版物有一些是大陆出版而在香港重新印刷的，但儿童读物全是香港的。所以，要讲1949年之后中国对海外的影响，不是来自中国台湾，不是来自中国大陆，而是来自中国香港。国共对抗，客观上成就了香港的出版业，也成就了香港的影视业。

问：您书中说您高中时期在反殖民、争取独立的大局面影响下，被灌输了爱护自己语言和文化的各种思想，更加坚定了长大后要成为华文作家，毕业后去南洋大学中文系深造的信念。可不可以详细地说一下当时的社会状况，您当时作为英国殖民地政府管制、领导下的华人的心情，以及您对自己语言文化的认同感是如何产生的？

周：那个时候，英国殖民政府只办英校，资助英校。民族学校，如华校和淡米尔文学校，都是得不到资助的。可是新加坡华人办的华校，入学率却远远超过英校。当时，我这个年龄的适龄孩童，有百分之五十五到百分之六十，是进入华校的。因为华校没有好好地教英文，培养出来的人无法进入殖民政府的行政系统，专业系统也进不去，因为医生、律师、建筑师、会计师等等全部都需要英文，结果就是超过一半的年轻人被主流社会边缘化了。新加坡的建国一代，年龄和我相当的，大部分是华校出身的。

第二个现象是华校系统里，继承了抗日时期留下来的爱国传统。办校的人，包括老师在内，很多都有左倾的思想。后来中国共产党取得了政权，显示无产阶级革命成功了，劳苦大众得到解放了，那号召对海外华人是巨大的，对于华校学生也有很大的影响。那一段时间几乎所有的华校生都是左倾的，所有华校出身的人都爱护自己的语言和文化。当你不被别人重视的时候，你就很自然凝聚成一股力量，这股力量又刚好碰上中国的解放，大家受到很大的鼓舞。抗日时候留下来的马来亚共产党反抗英国殖民政府,后来反抗马来亚政府,想解放马来亚。这批马共的力量失败后,进入了森林。现在他们都生活在泰国南部的马共友谊村。我们这批华校出身的青年,没有激进到走共产主义的路线,但是总觉得自己被轻视、被忽略。高中毕业以后不知道往哪里去,不能到中国大陆或者中国台湾升学。当时,陈六使等一批华社领袖提出建立南洋大学,获得了东南亚地区所有华人社会的支持。在回忆录《人生记忆》里,我就提到对陈六使的贡献,应该给予肯定。那个时候,陈六使先生的确是做出了很大的贡献。要不是有了南洋大学,我们这一大批受华文教育的青年就只能停留在高中的程度。

今天,新加坡、马来西亚、印尼有很多成功的企业家都是南洋大学毕业的,他们爱护自己的文化的思想就是那个时候奠定的。我们现在看到的在中华总商会活动的、在各个文化场合活动的企业家,他们都是跟我同一个时期成长的。

在那个大的社会氛围下,出现了一大批爱护自己的文化、自己的语言的年轻人。其实,他们都是被逼出来的。就和马来西亚现在的情况一样。马来西亚政府把马来人当作主流,华人被排斥在外。华人自然而然会凝聚在一起,形成一股力量。这股力量在马来西亚创办了华文小学、独立中学、南方学院大学、新纪元学院和韩江学院等等,出现了完整的华文教育体系。

你可以想象,当时殖民地政府的教育体系里排斥华文,排斥华校,华校毕业生不能进入社会的主流,这批人就在这种情况下更爱护自己的语言和文化。

问:能谈谈您在南洋大学中文系的华文学习情况吗?

周：我正式进入中文方面的研究，是在南洋大学。这是正式进入学术殿堂很重要的一个阶段。南洋大学成立时，正好中国大陆有很多知识分子去台湾、香港，而台湾刚在建设发展中。这批高级知识分子，包括台湾"中研院"的院士，他们在台湾的待遇都很低。南洋大学创立以后，所提供的待遇足以吸引他们，所以当时在美国的林语堂也到南大来当校长。你从南大当时教职员的情况，就可以看出南大所提供的待遇足以把台湾相当好的学者吸引过来。我的老师，启蒙我进入古文字学研究的李孝定老师，他就是"中研院"的院士。潘重规教授也曾在南大执教，他是研究《红楼梦》的专家，后来去了香港中文大学，当了新亚书院的中文系主任。当时南大的文学院院长严元章教授，后来也去了香港，担任中文大学教育学院院长。

香港中文大学创立之前，南大所提供的待遇足以把台湾一批优秀的学者吸引过来。对于南大中文系来说，当时的师资是相当好的，把我带入中国学的就是这批从台湾过来的老师。

问：您在书中提到大学停学的一年里读完了《论语》《孟子》《荀子》《左传》《说文解字》等书籍，您认为这一年的阅读对您以后的学术研究和教育事业有什么样的影响？

周：这一年为我奠定了很重要的"小学"基础。"小学"是读经的基础，这传统的看法是对的。我们今天的大学中文系里，忽略了这个，中国大陆、台湾和香港也逐渐忽略了"小学"。

真正奠定我的古汉语基础，就是在那一年。大徐本《说文解字》我看了两三遍，从头到尾抄了一遍，这就奠定了我研究古文字学的基础。你读甲骨文也好，金文也好，靠的是小篆的基础。《说文解字》也是一部辞典，让你更容易去读《论语》《孟子》这些古典著作。

《说文解字》奠定了我研究古文字的基础，研究古汉语词义的基础。大量的阅读，就像王力先生后来所提的，你真正要搞古汉语，必须要有感性的认识，王力先生认为至少要阅读两三百篇古文。阅读《孟子》《左传》等书就是奠定这个感性认识的基础。其实，那一年里比我在大学的三年里吸收得还多。

南大毕业后，我获得新加坡政府推荐，香港政府颁发了英联邦奖学金给我，到香港中文大学研究院攻读硕士学位。在中文大学研究院第一年，我就写了两篇研究古文字的文章——《古文字的考释与经典的训读》《读契小记》，发表在台湾大学中文系编的《中国文字》学刊上。

那个古文字的基础从哪里来的？都是大学休学那一年的学习奠下的。那一年的阅读，让我有认读古文字的能力，同时把古文字的研究跟经典结合起来。后来我看了郭沫若、闻一多、唐兰、于省吾等人的著作，就发现他们跟我几乎是一样的，都有一个古典的基础，然后结合古文字，用古文字的资料来研究古代经典，就有很多新的看法。单搞古文字或单搞《说文解字》的人，达不到这样的高度。我很庆幸把那一年的时间泡了进去。

那个时候也请教南大的老师，比如《说文解字》哪个版本适合我看？我真正接触《说文解字》不是接触段注，而是接触大徐本，因为那是最简单的。我也将大徐本全书抄了一遍。今天我也鼓励年轻人，如果要研究古文字，研究经典，应该把大徐本《说文解字》细心地读一两遍。休学的这一年，奠定了我研究中国学问的基础。

问：能谈谈您在香港中文大学以及此后在国大的华文研究情况吗？

周：在香港中文大学研究院的阶段，很多东西都靠你自己做了。我们不需要上课，只上一门外语课，剩下的时间就是写论文，没有其他的了。一个月有一次的讲论会，研究生轮流报告一下自己做了些什么。大学本科四年后，进入了研究院，你要独立做研究。因此，基础是非常重要的，如果没有的话，那是很辛苦的。有一些香港的同学没有办法在两年内完成硕士论文，就是基础不好。我到了香港中文大学，自己可以做研究，非常轻松，才能够写论文在台湾大学的学刊上发表。

大学本科四年的基础对你以后做研究是非常重要的。如果基础不好，你会觉得自己欠缺了一些东西，你不能左右逢源。所以大学本科的这四年，非常重要。大学中文系本科四年的课程设计，应该重新检讨、重新看一看，不能随人开课。

问：您先后一手创办了南大中华语言文化中心、南大孔子学院，又倡议编纂了《全球华语词典》《全球华语大词典》，您还曾是南大国立教育学院中文系主任，李光耀资政的华文老师……那么如果让您自我评论一下，您认为各阶段的事业重点是什么？最有成就之处又是什么？

周：大概要分阶段来看。最早的一个时期，是新加坡华文教学从第一语文转成第二语文的时期。这一转变，华文失去了作为各科教学媒介语的功用，变成单一的语言科。这对于所有华校出身的人，心态上是很难调整的。教学媒介语的转变，出现了一大批非中文系毕业的老师，他们面临转换教学科目的问题。你是物理系的，你本来用中文教物理，现在你却要用英文教。你是教化学的，要用英文教化学。这是非常不容易的。华校出身的教师，无论是南大毕业的，华文中学毕业的，都没学好英文。这段时期对以华文作为教学媒介语的各科目老师、学生，都是痛苦的。

当英语作为新加坡的行政语言的时候，你没掌握英语，你就被边缘化。当时，办学的华社领袖欠缺眼光，也欠缺应变能力，误了整代受华文教育的年轻人。到了华校消失的时候，教其他科目的老师，要转换教学语言，是很不容易的。只有少数人能转换教学语言，用英语去教数学、教科学、教物理、教化学，可是这批人常常受到指责：英校学生英文不好都是因为你们，因为你们在说不正确的英语，影响了学校的英文水准。

李光耀资政在他的《回忆录》里说，南大后期，南大和新大的联合校园里，新大的学生埋怨南大的学生拖慢了教学进度，他说如果是用华文上课，南大的学生绝对不会责怪你，会去协助你。李先生没提到的是在转换教学媒介语的时候，这一大批本来用华文教学的老师，突然要用英文来教数理科目，他们面对的困难非常大。他们没有得到很好的协助，同时又被责怪是他们拖了英校的英文水准。另外那一批从数理科转换来教华文的老师，也使得华文老师的语文程度参差不齐。他们本来对华文也没太大的兴趣，他们本来是学物理、生物以及其他科目的，现在转去做华文老师。他们转为华文教师，也造成华文老师过剩，教育学院就好几年停止培养华文老师。那几年里，大学中文系毕业的，也找不到工作。那一段时间，华文出身的大学生情绪是最低沉的,华文成为最被人看不起的语文。

我在回忆录《人生记忆》里面特别提到这件事,因为我是自己亲身经历的,我特别体谅这批人。那时我已经在国立教育学院工作了,凡是华文好的受训教师,我都尽量鼓励他们,照顾他们。这一个时期,我的贡献,就是在言论上强调华文在新加坡的作用。国家需要华文,需要华文教学。学华文不只是学语言,我们还有一个责任,就是让年轻的新加坡华人保留华人的特点。我常常提醒大家注意这个问题,华文变成第二语言的时候,我们仍旧规定,华人必须学华文,你如果不学,需要特别申请。为什么呢?因为我们要保留我们的特点:你仍旧是个华人。

换句话说,华文教学有两个目标,一个是语言的目标,一个是文化的目标。这是新加坡华文转为第二语言时候的两个轴心,不能失去。第一个轴心可以调整,如果学生觉得负担太重了,我们可以把程度调低一点;第二个轴心是文化的传递,让他了解他是个华人,这个部分是绝对不能失去的。新加坡一批搞华文教学的,包括教育学院的一批人,他忘了第二个轴心,以为教华文只是教语言而已。不是的,语言和文化是并重的。

那个时期,我在很多文章里提出这个问题,我让政府注意的是:华文不能成为不成功人士的语言,这是第一;第二,新加坡华文教学的两个轴心是不能失去的。如果失去,尤其是文化那个轴心,整个新加坡华人会在英文世界里,或者在马来人的海洋里被淹没。

中国改革开放了,我注重的就不只是华文教学问题了,我注重的是新加坡怎么样出现一些组织,能够在这一方面起带头作用。这是第二个阶段。所以，我创立了中华语言文化中心。我离开中心的时候，一再强调不希望它变成南洋研究中心。为什么呢？因为这个中心是研究中国语言、中国文化的，南洋研究只是其中的一个小部分。我离开以后，中心的整个目标就改变了。

中华语言文化中心成立的时候，要在语言上做研究。我们的语言教学如果以中国的普通话为标准，中国普通话和新加坡华语差异在哪里？有没有办法完全以它做标准？经验和现实告诉你，这是做不到的。我后来的看法是向普通话倾斜，这个看法是后来才提出来的。最早的时候，我也是一切以中国的普通话做标准。可是你发现我们真的是做不到的。所以，我在第二个阶段就是成立有关的组织，开始的一个是中华语言文化中心，出版了《南大语言文化学报》（每年2期，共14期）和"南大语言文化丛书"，也创办了南洋理工大学孔子学院。

当时的目标是非常清楚的。中华语言文化中心是从事中华语言文化方面的研究，孔子学院是向大众介绍中国语言文化，是普及性的。孔子学院是在普及这个部分做工作，中华语言文化中心是比较高层次的。这是第二个阶段。

第三个阶段，强调华人彼此的沟通，怎么样消除沟通障碍。我们发现华语跟普通话词汇的差异很大，怎么样让华语区相互沟通？这就出现了《全球华语词典》《全球华语大词典》。中国的朋友，一直以普通话为规范，认为全世界的华文都应该以他们的做标准。我说这是做不到的。我们要做的是沟通，然后慢慢地引导，柔性地引导。只要你中国强大起来，你的广播、出版、教育事业发达了，大家去你那里学习，做生意，听惯了你们的语言，语言也就会慢慢地融合起来。所以第三个阶段，就是在语言和文化的部分，怎么样引导它和谐地融合。这个观点，中国的朋友是接受了，北京商务印书馆支持编了《全球华语词典》，新闻出版总署再支持，再编了《全球华语大词典》。语法研究也启动了，由华中师范大学语言与语言教育研究中心的老朋友邢福义教授带头，将陆续出版六卷本的《全球华语语法》。语言的部分，我最熟悉的语法跟词汇，将来都有成果。这就是第三个阶段。

第三个阶段，还有一个很重要的研究，我也在推动。王力先生认为中国近现代汉语外来词是从日本进入中国的。我们今天发现的资料，否定这个说法。日本明治维新之前的整百年，传教士已经用汉语翻译这些词汇了。[1]

我们也可以从语言的变迁看历史，比如说关于"王"跟"皇"的争论，罗马的"教王"还是"教皇"，开始的时候清政府是坚持"教王"，清末没有办法了，变成了"教皇"，所以我们今天用的是"教皇"而不是"教王"。国家的盛衰反映在翻译里面，反映在外交使节的文献里边，那就开阔了语言研究的新领域——语言跟政治的关系。全世界的汉学研究，这部分是被大家忽略的[2]。

我觉得这些都应该做，都应该花精力去做。我带动了华语的研究，华语词典的编撰，华语语法的研究，近现代汉语词汇的研究。第三个阶段的影响是国际性的，第一、二两个阶段的

---

[1] 周荐《明清来华西人与辞书编纂》，商务印书馆，2022。
[2] 友人庄钦永在这方面做了不少研究。

一　关于中国学的访谈

影响是对新加坡的。所以李资政才会说我是"新加坡华文教学的先驱者"①。

问：新加坡独立后，华文教育的兴衰或演变对新加坡中国学或中国研究的程度有无影响？或有何关系？

周：研究中国学，第一要有很好的"小学"基础，古典语言的基础。缺了这个基础，要做研究是很困难的，你会面临太多太多的困难。新加坡整个教育体系里面，华文程度降低了，必然会影响中国学的研究。

中国学研究，指的是现代中国，还是文化中国？我觉得这两个有关系。如果以为自己研究的是现代中国，对文化中国可以不了解，我认为是不对的。我给你举一个简单的例子。我们的总理李显龙还没有当总理之前，访问了中国，大家都说他会成为总理，中国在礼仪方面用了很高的规格接待他。回来之后不久，他又访问了中国台湾。中国方面受不了了，抵制新加坡很长的一段时间。有一天，我们的教育部长，现在是副总理了，也是财政部长，给我一个电话，告诉我说，中国要举办一个亚洲政党会议，他代表新加坡的人民行动党去北京参加，他问我是不是中国改变了抵制新加坡的态度。两三年来抵制新加坡，现在邀请他出席亚洲政党会议，中国可能改变态度了。

因为他是教育部长，他要借这个机会访问中国的大学、中小学，所以要我看看北京能不能安排。我通过北京的朋友陆俭

---

① 《李光耀内阁资政致周清海教授贺词》，见周清海《人生记忆》附录，八方文化出版社，2011。

明教授，安排了北京师范大学，他们提出的条件是教育部长要做个演讲，部长也同意了。接下来是中小学。新加坡驻北京大使馆寄了个名单给我，让我挑选最好的中小学。过后，新加坡驻北京大使馆转给我一个电邮，电邮说9月1号中国学校刚刚开课，学校很忙，如果教育部长要访问这些学校，请你们直接跟学校联系。我一看那个电邮，马上感觉中国不欢迎我们参观。可是我们的外交部，驻中国大使馆的人，完全没有感觉。这是对现代中国的认识不足。教育部长访问，中国教育部应该直接安排，不会要你直接跟学校联系。中国告诉你的时候，已经拒绝你了，你竟然看不出来。结果呢，教育部长还是很高兴地叫我也同去，我知道是去不成的。出发的当天下午六点多，教育部长打电话跟我说今晚不走了。因为中国政府告诉他，如果以教育部长的身份不受欢迎，如果以个人身份到学校访问的话，可以安排。这个说明什么呢？——你不了解现代中国。

　　对现代中国，我们其实不了解。我们还缺一大批了解现代中国的人。对现代中国和文化中国的理解，这两方面我们都缺人。李资政给我的生日贺词里面说的，如果我们能培养两百到三百个这样的人才，已经很好了。我觉得培养两百个都很难。我们社会其他行业的出路太广了，现在最聪明的学生谁进入中文系？你吸引不到聪明的人才。你要想新加坡出现中国学的学者，我相信很难。

　　另外一个重要的问题就是，中英翻译的问题。大概从中文翻成英文，我们还可能出现一些人才，因为这只是阅读中文，理解中文，应用的是英文。如果把英文翻译成中文，我们的中文程度还远远够不上，所以这是我们面临的另一个大困难。

怎样解决这个困难？当然吸收中国移民，是一部分，自己也应该有人出来，这是国家的问题。我看到的是，对现代中国的了解，我们缺人；对文化中国的了解，我们也缺人。中英翻译的这部分，作为一个工具桥梁的这个作用，我们仍旧缺人。所以在我的一些文章里，我强调华语区出现中英翻译两种都好的，恐怕只能是香港，台湾也达不到这个水准。香港是有这个条件，新加坡没这个条件。

问：中华语言文字的掌握程度同新加坡的中国学（中国研究）的深浅有无直接的关系？有怎样的关系？

周：掌握语言文字，是一个重要的基础；对文化的掌握，是另外一个基础。语言文字的掌握，包括现在的中国台湾、香港的中文系都处理得不理想。我所谓的不理想，不是写的问题。我们已经不再用文言书写了。我说的是阅读，对于古典的阅读。对语言文字的了解一定要深入，如果不深入的话，会带来很多问题。我们今天对成语的理解，对《论语》《左传》里某一些篇章的理解，就出现了一些错误。[①]怎么建立这个基础，这是中文系应该注意的。

另一个是文化和历史的基础。我举一个简单的例子。中国台湾有一批朋友研究"耷耷"的语言，他们到新加坡来的时候，我请他们吃饭。我问他们："'耷耷'的语言是什么时候开始出现的？"他们回答："恐怕是太平天国被清消灭以后，一批流勇

[①] 详细的论述可参看周清海《汉语里字词的关系》，见《大华语与语文教育》，商务印书馆，2022。

从中国沿海福建、广东一带逃到南洋，之后才出现"峇峇"的语言。"

这个回答存在很大的错误——对中国历史不了解。"峇峇"语言出现时，在马来亚和印尼等地的华人一定是少数。少数华人，分散在马来亚、印尼不同的区域，自己不能组成一个组织，所以你用的语言一定受到马来语的影响。华人少数，不是太平天国流勇大批逃到南洋的时候。那些流勇过来，他们有自己的组织，能够生存下来。就好像今天的印尼，研究印尼历史的朋友告诉我，印尼有一个地方的方言，留下很多元代蒙古语的痕迹。一群人在马来亚和印尼等地，不会出现"峇峇"的语言。我认为，"峇峇"语言的出现，可能在郑和下西洋的时候。郑和下西洋到马六甲时，马六甲已经有少数华人了。少数华人留在马六甲，娶了马来老婆，长期生活在那边，就提供了"峇峇"语出现的社会环境。马六甲华人坟山，有一个墓碑，是明代万历四十二年（1614）的。华人为自己的马来太太立的一个墓碑。马来太太死了，墓碑用"明故妣汝来氏"。这个家庭的语言，一定是方言跟马来语混合。"峇峇"的语言应该在明代就开始出现，不会等到清代后期。这个是对文化的理解。

讲中国学，必须理解语言文字。怎么样奠定古汉语和现代汉语的基础？怎么样给年轻人打下适当的、精髓的中华语言文化基础？没有这个基础，就是把古代跟现代切断了。今天中文系要思考的问题，是怎么样把古汉语和现代汉语联系起来，怎么样把中国古典文化和现代文化联系起来。

应该考虑现代青年在学科上的负担。今天的大学生和我们以前的大学生不一样。以前可以修读训诂学，可以把《尔雅》拿来指导学生读；你读《史记》可以拿一些篇章分别叫学生去标点；……这个时代已经过去了。所以你应该考虑怎么样精选一些东西，让学生能够把古文学上来？

今天的语文教学里边，用选文的方式来教古文，中国大陆是如此，中国香港是如此，中国台湾是如此，海外的华人社会也是如此。如果在清代，你要学古文，就必须读整篇的古文，《古文观止》走的就是这条路线。最精彩的古文选文变成语言教学的教材——《古文观止》。今天我们不再写古文，所以我的提议是，毛泽东讲到的"古为今用"，古文里边哪些东西能够为今所用，你把那些不能为今所用的去掉。李斯《谏逐客书》的第一段和第二段是没有用的，那是在增加负担，第三段是有用的，所以是不是要读整篇？你不写古文，不做秦史的研究，读整篇没有用。

李斯当时为了说服秦王，所以他在第一段把秦的历史说得很详细，讲哪一个皇帝是怎样用了外来人才，这些对学生都是负担。读整篇，用文献的方式来处理语文教材，这个观点恐怕是要打破的。我主张只选第三段，并且也主张把古文跟现代的需要结合起来。

全球化的今天，外来人才对国家的重要贡献在哪里？这个课题中国很早就面对了——战国时候就面对了。李斯以一个外来人才的立场写了《谏逐客书》。这篇文章要影响秦对外来人才的政策，文章应该怎么写？通过什么渠道把《谏逐客书》送到秦皇手上？《史记》的《李斯列传》里没提这些，可是你想到赵高跟李斯的关系，后来把秦二世扶上来，就是李斯跟赵高这两个人。那么李斯是靠着赵高上来的,等到政治上有冲突的时候,他的下场会是怎么样?——这是人跟人的关系。一个人在布置人脉的时候,走上了这条路,李斯到后头的报应是必然的结果。赵高不会尊重他的,后来一定会对付李斯的。这些和现在做人、布置人脉,都有关系。

我还举过另外一个例子:"去年今日此门中,人面桃花相映红。人面不知何处去,桃花依旧笑春风。"你把这个当作唐诗欣赏,有意思吗?——我将来不写诗呀。我说要使教材变成学生生活的一部分。你可以把现代讨论恋爱观的文章提出来,和这首诗一起讲。我看到美的,我怎么样去追求?怎么样采取适当的手段去追求?你用现代的文章,结合这首诗让学生去讨论。你欣赏美,但是一点行动也没有,只能够看着那个桃花?从情诗的角度欣赏,让人家去体味。只欣赏,不敢去追求,后果就是那样,就是这首诗所写的。

我们今天面临的问题是,学生的课业负担越来越重,不能用传统的方法,应该要精选一些东西,应该思考怎么样把古今结合起来。中文系开了训诂,开了声韵,我认为这些都应该是在研究院开的课。

你要学生学电脑,学语料库研究,学语言学理论,学词汇学、语法学等等,这些东西,全部是新的。新学科越加越多,旧的又舍不得丢,而各个学科中间的关系,没有人去思考。有些中文系更出现"因人开课"的现象。系的课程没有从整个系的需要、学科结构的需要去考虑设计,这个老师是研究马华文学的,就开马华文学,那个老师是研究戏曲的,就开戏曲。这个现象不止新加坡,中国也如此,包括中国的台湾、香港都如此。今天讲中国学的研究，要整个成体系地去看，有计划地培养人才。

问：新加坡的中国知识的摄取主要有哪些渠道？

周：我看学校有，传媒也有。我们的华文第二语言教学里头，就有文化的成分，让你成为新加坡的华人，不只是新加坡人，是新加坡的华人。换句话说，中国学知识的摄取，除了社会环境，比如说社会的活动、宗乡会馆的活动，或者我们所谓的春到河畔的活动等等，这些是在社会氛围里边，通过传媒、报章传播关于中国的语言文化方面的信息。在中小学阶段，我们的两种语文教学里的华文教学，里边有哪些中国文化的成分是值得大家注意的？怎么样把这些成分融入到生活里边去？你知道我们设立的特选学校，很重要的目的，就是保留华校的气氛。所以如果我到特选小学去，学生看到我的时候，不说"老师早"，没有跟我鞠个躬，我会觉得学校出了问题了。到普通的邻里学校，我不会有这个期望。这是李资政很早的看法：华文变为第二语言了，但是华校的气氛，通过特选学校让它留下来。这些学校都是现在非常优秀的学校。你说新加坡华人会失去他的根吗？我相信不会。因为我们仍旧通过教育把它留下来。

今天谈新加坡华文作为第二语言教学的人，有的很偏激，认为应该用对外汉语的教法。这中间有个原则的问题。家里说英语的，你的教学方法比较偏向对外汉语教学的方法，就像教美国人、教英国人学汉语。可是你不要忘了，他是在新加坡的环境里长大的，在传媒氛围中，在听、在看，他已经有了丰富的词汇；平时的社会交际，他就在做母语训练。在教的时候，可以摄取对外汉语教学里有用的东西，可是不能向对外汉语过分地靠拢，这是一个很原则性的问题。你问我新加坡华文教学是对外汉语教学的类型吗？我说不是，百分之八十以上都比较靠近母语教学，可能百分之十到二十接近对外汉语教学。你不能只以这个作为重点，湮没了所有的。有一些人认为自己的看法是正确的，就把它夸大，他没有从整个新加坡社会的特点去看这个问题。

如果今天的华文老师，用英语去解释词义，用英语来介绍中华文化，这个对外国人没问题。在新加坡学校里，大量出现，就有问题。我希望华文老师看清楚，你是对新加坡的华人进行华文教学，不是对新加坡的外国人进行华文教学。

问：在新加坡摄取中国知识，有何特点？

周：孔子学院所开的课，我们是通过介绍现代中国，让那些在中国的新加坡企业、要派去中国的这批人了解现代中国，包括中国的社会制度。比如说中国的"人代会"是怎样一个组织，有什么功能？"委员长"是怎样一个职位？"书记"是怎样一个地位？大学校园里又有大学校长，又有大学书记，这中间是怎么分的？这是现代中国。换句话说，对于到中国去的这批人，我们注重他了解现代中国。来见你的人，名片一看，就知道他是怎样的地位，这是现代中国。

对于广大的新加坡华人，其实是文化中国。宗乡会馆的活动，包括开办的书法班、国画班等，我们希望通过这些课程把你带进文化中国。实际效用并不是很大，但这是文化中国，成为一个华人你应该有的、文化上的特点。

一　关于中国学的访谈

我们通过各种渠道，包括教学，包括你到中国去祭祖，包括你去看中国的名胜，到孔庙去看一看，了解一下孔庙——这是文化中国。对于大众，我们注重的是文化中国；对于到中国去的企业，我们注重的是现代中国。但这两个其实有关系的。就我上面所举的部长访问那个例子，中国教育部告诉你跟学校直接接触，你听到说这句话，就应该了解这跟他们的体制不合了。他不直接拒绝你，这是文化的部分。新加坡人的yes and no很清楚的，no, you're not welcome，很清楚。人家总觉得当面拒绝你，是很不礼貌，所以通过一个很委婉的途径告诉你。可是你不能理解，就只能用西方的方式yes and no告诉你了：你个人来访问，我帮你；你以部长的身份来访问，我不帮你。所以对现代中国、文化中国理解不深，就不能理解那句话的意思。

以现代中国的立场看，这和中国政治体制不合；以文化中国的立场，礼貌上不好直接拒绝，所以这两个是有关系的。这也是我们面临的一个问题：太注重现代中国的时候，你会把新加坡的观念套进去，你看不到很多东西，一篇文章或者说一个讲演、一封信里面隐藏着很多文化中国的因素。当你要提出某些要求，他们告诉你说，这些我们当然可以尽量照顾你的利益，会给你多少报酬，可是我们更希望你注意到这项工作的意义，希望你做出更多的贡献，有奉献精神。后面的部分才是重点。这就是文化和现代结合在一起。新加坡人大概只注意现代，文化的部分常常被忽略。

人家说中国很讲关系，难道新加坡不讲关系吗？也讲的，但是到什么程度？所以当你到中国去讲这个关系的时候，你对他照顾到什么程度，这是文化中国的部分。我们当面拒绝他，是很直接，可是我们有的时候也应该让他下得了台。我想这两个部分应该都要知道的。

问：新加坡的民间、学界和政府领导层的中国知识有无差异？如有，有何差异？有多大的差异？为何有这些差异？

周：这个问题让我想起另外一个问题。很多年前，当时李光耀先生还是总理，我向他提了一个问题：新加坡那些宗乡会馆没有什么活动，后来组成的宗乡总会，也很少活动。我说会馆都没有活动，为什么还要搞一个宗乡总会？李先生给我的回答很好，他说过去华人到新加坡来，能够生存下来，靠的是会馆。福建人初次到新加坡，福建人照顾他，广东人广东会馆照顾他。他说，我们不晓得什么时候我们还需要会馆。

李先生的这句话到中国改革开放时，我才深深地体会到。民间交流的活动靠的都是"乡情"，所以我们很多企业家，比如我很熟悉的客属总会会长，在他的家乡捐了学校，设备很好，那个学校里面都有游泳池。这样一个小乡村，能有这么现代化的学校！他的乡情，也建了医院。这批人到他的家乡去建设，家乡的人也对他有感恩之情，这是乡情。乡情协助了中国乡镇的发展，也协助了这些企业家在中国的发展。

普通大众的乡情依旧在那个地方。这个乡情对中国发展有什么贡献，是中国人应该去研究的。中国乡镇的发展，二线、三线城市的发展，多数跟海外乡情有关。我常常提醒研究现代中国的人，你要注意这个。苏联会解体，因为他们没有海外的支持；中国现代化能成功，有多少海外华人联系在里头，印尼的、马来亚的、新加坡的、泰国的、菲律宾的。普通大众对中国的了解靠的是乡情。乡情还要维系下去。这个，就看中国侨办怎样做实际的工作了。

我常常感觉中国年轻的一代不了解这些。侨办所联系的也都是老华侨。老华侨慢慢会过去的，新的那批人，继承了产业的那批人，乡情已经开始在慢慢淡化了，你应该怎么样去发展这个乡情？对普通大众来说，乡情是很重要的东西，同时乡情也在逐渐消失。我的孩子，对福建永春没有观念，他们更注意的是新加坡这个地方，更多的是他们个人的发展。这就面临一个大问题，皮肤还是和中国人一样，但是中国文化在慢慢淡化。这个工作是中国应该伤脑筋的。

你看中国的发展，了解中国的一批新加坡人到中国去，很快就融入了中国社会，靠的是他的乡情，靠的是他的方言。方言在新加坡的发展情况，是宗乡会馆的责任。如果年轻人要到中国去发展，福建人要学福建话，我们的正统教育里不会提供，孔子学院不会提供，宗乡团体要提供。这是普通大众怎样留下他的习俗的问题，客家的文化节，客家的仪式都可以由相关社团的活动保留下来。

对知识分子，更重要的是现代中国。中国怎么样和他们配合，让他们更了解中国？中国还没有发展起来的时候，这一批海外的专业人士，中坚的高级知识分子，多数是看不起中国的。中国发展起来以后，完全是两个中国。我到中国去，没有丝毫轻视的心理，但是年轻的这一批人，他们是在我们以英语为主流的教育制度里长大的，接受的是西方的东西，通过西方的眼光看中国，开始是看不起中国的，等到中国上来的时候，他们就开始感觉到压力了。

李光耀先生会见邓小平先生的时候，说了一句很简单的话。这句话给我留下很深刻的印象。他跟邓小平说，到南洋，到新加坡来的，都是农民的后代，而你们状元的后代都留在中国。我认为这句话对新加坡受过高等教育的所谓精英分子，是一个很大的提醒。换句话说，不是中国人比我们笨，而是他们比我们更聪明。所以中新两边怎么样结合起来，要好好考虑。

新加坡这些受过高等教育的，比较有现代的管理观念，有世界眼光的年轻人，应该知道中国年轻人的眼光虽然没有他们高，不等于说他们没有我们聪明。只是眼光不一样。彼此应该怎么样合作？

中国有太多太多的聪明人，我们只是眼光比他们高一点而已。那你怎么样通过你的眼光跟中国朋友合作，取得更新的发展。就好像我在语言方面有新的发展，不是说我对语言的了解比中国人深，只是我眼光比他稍微远一点。

这个优势很快就过去。中国改革开放，中国人和外边有了接触以后，他也会有我的看法。只是我比他们早一点，因为我不在庐山之内，我在庐山之外，所以我看到整个庐山。我们的政治领袖，对中国的了解因人而异。有一些有很深刻的了解，有一些却不一定。我们的李资政，我们的总理显龙，他们对中国的了解非常非常深，其他的人就很难说了。

问：中国改革开放之前和之后，新加坡民间或学界、政界对中国的认识有无或有何明显的不同？

周：明显的不同就是他们正式看到中国的创造力释放了出来，还有中国人的斗志表现了出来。这是我们以前看不到的。

一　关于中国学的访谈

我举一个简单的例子。中国改革开放之初，我们这里的办公室都为每个学术人员提供电脑，那时中国人还不知道电脑是什么。很多中国学术界的朋友说，他学电脑是在我负责的中华语言文化中心学的，因为中华语言文化中心给他们每个人都配备了一台电脑，他们的报告要输入电脑，然后打印出来给我。他们当时都是手写的。但是，现在他们对电脑软件的应用比我还清楚。很多东西我都没好好地去学，他们却早学上手了。中国人是非常聪明的。我们现在面对的是这样的一批人：他们的斗志，他们的创造力整个释放出来。这是不可估量的。那么庞大的人口，这两个东西被释放出来的时候，你还能轻视中国人吗？我看到很多新加坡年轻人开始知道，他们面对的是怎么样一个竞争对手。以前，我曾说新加坡很幸运，因为我们是生活在马来人的海洋里边。如果这个马来海洋换成是日本人，新加坡有机会发展吗？现在，我们面对中国的发展，我们需要考虑怎样和他们相处，怎样合作。

全球化的结果，小国家人才有限，我们面对的是一个创造力和斗志整个被释放出来的中国。过去对中国有很大的误解，其实也不能算是误解，因为当时中国摆出来的就是输出革命嘛。那时，大家觉得中国就是共产党，共产党就是革命，革命就破坏社会秩序。

邓小平是伟大的，他问李资政说为什么东南亚国家不信任中国。李资政回答，只要你在长沙仍旧有广播电台，对东南亚国家进行广播，要东南亚国家的人民推翻它的政府，东南亚国家怎么会信任中国呢？我最欣赏的是后边邓小平先生的反应。邓先生沉默了，他回答"我回去考虑考虑"。这个是很稳重很坦诚的回答。邓小平是很实际的。他不欺骗你，回去以后呢，不到一个月，长沙电台就停止了广播，后来邓小平发表"南方谈话"，说要向新加坡学习。邓小平要向新加坡学习，新加坡人怎么看？很多人以为我们有很大的成就，中国要向新加坡学习。我认为当时邓小平没得选择。中国大陆不能向香港学习，不能向台湾学习，除此之外还有哪里呢？——只有新加坡。

　　向新加坡学习，这里面隐藏着很多东西。邓小平会见李光耀，那里有很多中国因素。李光耀本人不抽烟，他却把内阁会议室窗户全部打开，在邓小平的面前摆了一个烟灰缸。这是我们的待客：对邓小平非常尊重。你是一个大国家的领导人，我们非常尊重你。可是邓小平那三个小时里头没点一根烟。邓小平座位底下也摆放了一个痰盂——当时中国领导人还用痰盂的，但他也没用。北京风沙大，老人家痰很多，但准备的痰盂他却没用。你敬我三分，我敬你一尺。中国文化因素在里边。不是硬邦邦的两国领导人的谈判，人情因素也在里边。新加坡领导人了解不了解中国？了解得很深刻，跟一般人不一样。小平先生在车上跟李先生聊天，问了那个问题，李先生很坦白地回答：只要你在长沙广播，让人民推翻当地政府，当地政府就不会信任你。邓小平回去后长沙广播取消了，接下来"南方谈话"，提到了向新加坡学习。学什么？当然是新加坡的管理。还有呢？我想是李总理的待客之道。

　　很多新加坡人忘记了李总理和邓小平会面的时候，摆一个烟灰缸在桌面上，把窗户打开，意思是你可以抽烟，我即使对烟很敏感，我还是不反对你抽烟。如果你到中国去，也是李资政那样的姿态，是不是在人情各方面会处理得更好？还是你摆

一 关于中国学的访谈

出一个我是个专家，我来指导你？李先生的回忆录出版了，中间的中国因素，很多人没看出来。

问：您对新加坡中国学的前景或未来发展方向有何看法？对新加坡从事华文研究或华文教学的年轻一代有什么忠告？

周：中国学的研究，我们需要有自己的人。李先生提出来的是三百个。我们能不能达到三百个，我自己都没有把握。从事中国学研究有多大的吸引力，能够把最聪明的学生吸引过来？这个我没有把握。

当然我们期望外来移民里会出现对中国学有兴趣的人才。这个我也是没把握。我看到很多外来移民来这里求学，他们主要是把英文学好，将来不是进中文系的。我们面临这一个大问题。所以对新加坡的中国学，我只能这么说，要尽量鼓励。

我们应该通过各种各样的渠道，尽量鼓励，包括颁发奖学金/奖励金。以前宗乡总会，在初级学院设了一个奖励金，读华文高级特选课程的学生，每年奖励一千块，给你买买书。后来取消了，取消的理由据说是从特选出来的这些学生，很少人准备做华文老师。你要的是特选课程这些最聪明的学生学高级华文，选修华文特选课程，让他们将来做华文老师？还是他们将来做医生，做律师，从事其他行业，但有很深厚的华文修养？你要的是什么？

换句话说，我们需要两种人才。其中一种是具有普及性的对中国的认识、对中国文化的了解。他不一定要成为华文老师，如果他是个医生，但对中国文化有充分的了解，是我们的特选课程培养出来的，我想宗乡总会应该高兴呀。但他们想得比较狭隘。后来把这个一千块给取消了。一千块对宗乡总会这些大老板是很少的钱，但对年轻人，如果我突然拿到一千块，给我买买书，我会多么高兴。所以你说要培养，人数不晓得有多少。这些奖学金，或者这些书籍奖等，要给少数了解中国学的，还是要给具有普及性中国学知识的？大家对中国有普遍的了解，有亲切感，这才是我们所需要的。所以孔子学院的那些公开演讲，全是免费的，不只是免费，还有茶点招待，我要的是普及，大家对中国文化的了解。把中国顶尖的管理人才请过来，他的演讲，让你了解中国：人家也有这样的管理人才。中国在新加坡的管理人员，他们的看法可能比你更先进，可能比你更顶尖。

你所谓的中国学，包括普及的和专门培养的两三百个。普及的要大量地做，因为在普及的基础上，大家对中国感到亲切，将来才会有年轻人愿意走上这条路，才能出现好的中国学人才。这个部分做得好的话，就可能培养两三百个专才。大家看不起华文的时候，两三百个都很难。这是我们今天要考虑的。

我觉得重要的是普及，重新恢复对中国语言、文化的热爱。我们就会有一批人，就像我的成长过程一样，走上这条路了。如果我们的年轻人有这样的环境，也会出现一批人的。

我的忠告是：第一，在教学的时候，你要把这个语言、文化当作你的文化，这是很重要的。如果这个东西失去了，只当作你赚饭吃的工具，你会做得很辛苦。对这个语言文化你必须热爱它。有这样的热诚，你像个传教士一样，你知道传教士其实生活过得并不好，到很多落后国家去，可是他那份热情，让你感动。他觉得他的生命就是为了这个。如果我们有一批人愿意这样，认为这是有意义的，那我相信我们的教学工作会做得更好。如果你有这样的热忱，愿意为这个事业奉献，你就愿意有深度地去研究，去探讨。

我现在担心的是新加坡的华文老师，把这个当作终身事业的这颗心在慢慢失去，因为外面有太多吸引他们的东西。这是目前的状况，你要说是危机也行。怎么样在社会层面、老师的层面，把这个热情重新点燃，这是不容易做的工作。我尽管退休了，我还一直在观察。国立教育学院是怎么样训练华文老师的？派到学校去，学校是怎么样引导他们？华文在比较低潮的时候，我们一批人，组织了一个"华文研究会"，大家集合起来，搞了不少活动。我现在看不到这一类的活动。

华文老师如果有献身精神，有热忱，他们也可以有这样一些组织的，举办一些活动。这些都是提升自己、培养从业精神的很好的渠道。现在，华文老师的专业组织几乎没有什么活动。孔子学院是目前活动最多的。整个社会应该怎样相互配合起来，我觉得这是值得去思考的。这里面缺的是领导。在华文教育界，到目前还没有出现年轻的、很优秀的领导。如果有一些优秀的核心人物来带动，这个会更好。

二　文化交流是不可避免的[①]

鸦片战争之前，中国抱着"文化内向"的心态。"文化内向"，不只唯我独尊，而且养成了"中原"心态。表现在政治上，便是"接受朝贡"的心理。鸦片战争之后，中国的文化优越感受到前所未有的巨大冲击，结束了"礼乐化外邦"的想法。

如果不了解自己的文化，而去研究外来文化的影响，就可能对外来文化做毫无根据的夸大与赞扬。

今后研究文化、文化交流，在自信的基础上，占有资料，才能客观地发现过去所没有考虑过的许多问题。

文化是人类的财富。人类的交往，就提供了机会，让不同的文化互相接触与交流。在不同文化的接触与交流中，人们根据自己所处的文化与社会状况而产生的心理，以及自己和社会的各种需要，决定如何去对待外来文化。人类有交往，文化交流就不可避免。

[①] 根据2001年11月4日发表于《联合早报》"论坛"上的专题论文修改，载《国际中文教育学报》2022年总第12期。

二 文化交流是不可避免的

我们结合历史的发展来观察文化交流,将文化交流问题分为三方面来谈论:(一)对待外来文化的三种态度;(二)有立场,包容而客观地研究文化交流;(三)具有民族自信,才能更客观、更有信心地思考外来理论,接纳外来文化。

(一)对待外来文化的三种态度

人类的交往,就提供了不同文化之间的接触与交流的机会。因此文化交流是不可避免的。在文化的接触中,人们根据自己所处的文化与社会状况而产生的心理,以及自己和社会的各种需要,决定如何去对待外来文化。

如果认为自己的文化是高尚的,别人的文化是低下的,必然鄙视外来文化,讥笑外来文化。这种强调自己文化的优越性,鄙视外来文化的例子,最早见于《论语》:

原壤夷俟。子曰:"幼而不孙弟,长而无述焉,老而不死,是为贼。"以杖叩其胫。(原壤两腿像八字一样张开坐在地上,等着孔子。孔子骂道:"你幼小的时候不懂礼节,长大了毫无贡献,老了还白吃粮食,真是个害人精。"说完,用拐杖敲了敲他的小腿。——杨伯峻《论语译注》)

原壤是孔子的老朋友。孔子臭骂老朋友,并且气得"以杖叩其胫",跟原壤的"夷俟"有密切的关系。当时中原人的坐势和夷人是完全不同的。这在甲骨文里看得很清楚。中原人的坐势是"跽",夷人的坐势却是"蹲"(我不同意杨伯峻"两腿像八字一样张开坐在地上"的说法)。甲骨文里与日常起居有关的字,其坐势都是"跽",如"即、既、吹"等字,全与夷人的坐势不同。夷，甲骨文就是"蹲"的形象。原壤以夷人的坐势——"蹲"着等孔子，这对于主张"攻乎异端，斯害也已"（《论语》）、"诸侯用夷礼，则夷之，进于中国则中国之"（韩愈《原道》）的孔老夫子，是绝对不能容忍的。难怪对老朋友以夷人的坐势（蹲）等着他，他会气得又骂又打。夷夏之别，在孔子那个时代是俨然的。所谓"非我族类，其心必异"（《左传·成公四年》）都是这种歧视心理的反映。

孟子也轻视外来文化，他把"为神农之言"的许行比作"南蛮鴃舌之人"，认为许行所说的是"非先王之道"，又说"吾闻用夏变夷者，未闻变于夷者"（《孟子·滕文公上》）。对于异己，除了见解不同之外，更重要的是这些见解是来自不同的族类，所以持断然否定的态度。

韩愈也轻视外来文化，对佛教更是恨之入骨，他说："夫佛本夷狄之人，与中国言语不通，衣服殊制，口不言先王之法言，身不服先王之法服，不知君臣之义，父子之情。"（《论佛骨表》）甚至要"人其人，火其书，庐其居"（《原道》）。但是，中国后来还是接受了佛教文化，虽然佛的造型具有外国人的色彩，但这些佛像的造型，中华民族却并不以为"外"。

中国接受了佛教，但同时也改造了佛教。佛教对中国的影响是巨大的，以至西方学者有"佛教征服了中国"[1]之说。

持着华夏文化的优越感，而鄙视外来文化，华夷之辩，就是文野之别。这种心态的进一步发展，就对他族文化缺乏兴趣，

---

[1] 〔荷〕许理和《佛教征服中国：佛教在中国中古早期的传播与适应》，江苏人民出版社，2003。

二 文化交流是不可避免的

认为外来文化完全没有值得了解和借鉴的地方,这便形成了"文化内向"。"文化内向"不只唯我独尊,而且养成了"中原"心态,表现在政治上,便是"接受朝贡"的心理。明郑和下西洋,虽然比哥伦布发现新大陆早了87年,比达·伽马发现新航路早了92年,比麦哲伦到菲律宾早了110多年,但西方殖民地遍布世界,而中国却从未占领任何地方,这恐怕也跟这种文化的独尊心态,以及"接受朝贡"的心理有关。

鸦片战争之后,在西方势力的压迫下,中国人的文化优越感受到前所未有的巨大冲击,发生了动摇。这个冲击结束了以前"礼乐化外邦"[①]的想法,以夷夏代表落后文化和先进文化的时代,就此正式宣告结束了。

自己的文化受到外来文化的冲击,更严重的是受到别人的轻视,可能出现三种态度:

第一种态度,是更热爱自己的文化。最早的例子见于战国时代的楚国。楚国文化,和中原文化不同,因此被认为是"异声",受到轻视。屈原却以楚声入诗,以楚民俗入诗,创造了"楚辞"。屈原是他那个时代非常突出的代表。秦统一天下之后,流传的"楚虽三户,亡秦必楚也",以及项羽战败之后无脸见江东父老而自刎乌江,都可以看成是这种精神的延续。民国期间强调的"国粹",多少也具有这种成分。

中国近代史上出现的强烈的"民族主义"情绪,更是和面对外来文化的压力有关。国家、民族处于衰败时期,以自己的

[①] 《宋史》:"中国者,礼乐之所存,恩信之所出,动止献为,必适于正。若乃听谗受间,肆诈穷兵,侵人之土疆,残人之黎庶,是乖中国之体,为外邦之羞。"

文化认同为武器来维护自己的民族,团结自己的民族,并将外来文化和国家存亡联系起来,这样就导致封闭排外。

或者认为外来文化的任何优点,都是自己的文化里早已具备的。梁启超所说的"清季承学之士,喜言西学为中国所固有,其言多牵强附会,徒长笼统嚣张之习,识者病焉,……顽固老辈之蔑视外国,与轻薄少年之蔑视本国,其误谬正相等。质而言之,弊在不学而已"①,就是在这样的环境之下出现的产物。

在多元种族的国家里,政权与经济利益、社会利益的分配不均匀,便出现了民族特权阶级和非特权阶级的对立,也会对文化的认同产生影响。马来西亚华人属于非特权族群,因此而强调"more Malaysia no less Chinese",以及在马来西亚出现华族文化复兴的局面,也是在面对外来政治和文化压力下,出现更爱护自己文化的例子。

第二种态度,是崇拜外来文化,认为自己一切都不如人。不少人尽管不同意或者嘲笑"假洋鬼子",但内心却难免多少认为自己不如人。尤其在鸦片战争以后的一大段日子里,中国被迫接受西方文化之后,中华民族多少都存在这种心理。世界上,英国统治下的殖民地人民,也存在这种心理。这充分表现在各种社会行为、学术行为、文化行为和语言行为上。在中英双语社会里,例如新马、中国港台,甚至中国大陆、美国等地,社会语言学者研究语码转换或语码混用,都发现华人用中文时,杂用英语的现象,非常普遍,而说英语时杂用中文的,却非常少见。造成这种现象的原因,除了是一时找不到适当的华语

---

① 梁启超《清代学术概论》,中国人民大学出版社,2009。

词语之外，也可能这个外来词还没有适当的中译词，但也和把"说英语"当作是受高等教育、代表高社会阶梯的心理有关。

在这种心理的压力下，虽然主张各个领域全盘西化，但对于传统的价值根源却也不能完全放弃，因此出现了"民族主义情绪与文化自卑感之间的矛盾"。这种矛盾成了"近代中国知识分子的特征"。但"抛弃黄土文化，接受蓝色文化"的崇洋现象，却是这个特征里的主导和最主要的倾向。

第三种态度，是以自己的文化为本，客观地审视外来文化，接受外来文化里有益于自己的成分。这样的主张者认为"没有深厚的民族文化传统也就不可能充分吸收外来的先进文化"，"充分地吸收外来文化不仅不会使自己原有的文化传统中断，反而会大大促进自身文化传统更快更健康地发展"，"当今文化的发展，必定是'全球意识'和'民族意识'的结合"。这种态度，通常只有在自己的民族自信心建立以后，才有可能出现。当民族国家处于兴盛时期，不仅对自己的文化认同强烈，并且也易于接受外来文化，从外来文化中吸取有益于自己发展的东西。这个时期对待外来文化的态度通常比较开放、宽容。

（二）有立场，包容而客观地研究文化交流

21世纪，中华民族重新建立自己的信心。有人认为19世纪是英国的世纪，20世纪是美国的世纪，而21世纪就是中国的世纪。民族自信心的重建，使中华民族有可能重新审视外来文化，更客观地对待、研究外来文化，接受外来文化。

文化行为，是人的行为。中华民族悠久的历史里，记载了、

表达了不少对人的行为的看法，比如对人才的分析以及怎样选用人才，不是西方才注重的。司马光在《资治通鉴·周纪一》里就有一段非常精彩、深入的论述：

> 才德全尽谓之"圣人"，才德兼亡谓之"愚人"；德胜才谓之"君子"，才胜德谓之"小人"。凡取人之术，苟不得圣人君子而与之，与其得小人，不若得愚人。何则？君子挟才以为善，小人挟才以为恶。挟才以为善者，善无不至矣；挟才以为恶者，恶亦无不至矣。愚者虽欲为不善，智不能周，力不能胜，譬如乳狗搏人，人得而制之。小人智足以遂其奸，勇足以决其暴，是虎而翼者也，其为害岂不多哉！夫德者人之所严，而才者人之所爱；爱者易亲，严者易疏，是以察者多蔽于才而遗于德。自古昔以来，国之乱臣，家之败子，才有余而德不足，以至于颠覆者多矣……故为国为家者苟能审于才德之分而知所先后，又何失人之足患哉！

这些精辟的论述，在现代讨论用人和人事管理的论文里，却不见引用，仿佛人事管理全是从西方输入的观念。这种现象的出现，是因为不了解自己的文化。

在对待外来文化，研究文化交流时，如果对自己的文化没有深入的了解，就可能出现文化虚无主义。如果缺乏对自己文化的肯定，不只不能保持自己文化的生命力，不能充分吸收各种适应时代要求的外来文化，也不能对人类文化的发展做出贡献，而更加可悲的是将失去民族的自尊。

不了解自己的文化，而去研究外来文化的影响，就可能出现对外来文化无根据地夸大与赞扬。我们必须站在自己文化历史的立场去观察外来文化。这是以什么为主的问题。就像香港

二　文化交流是不可避免的

的租借，客观上使香港有机会发展成为华语区的出版中心，也发展了影视业，在国共对抗期间，为华语区提供了精神食粮。香港也是现代的国际金融中心，在中国改革开放的初期发挥了不小的作用。但我们却不能因此认为香港的租借是合情合理的。叙述香港的历史时，被占领、被统治的经历，仍然应该是主要的，而对香港在现代中国改革开放中的偶然作用，也应该有开阔的胸怀加以承认。如果只看到香港现阶段的繁荣，而遗忘了被英国占领、被英国统治的历史，就是不平衡、没有立场的看法。这种不平衡的观点，也使一些香港人不能适应香港现阶段的变化。要做到客观，不但必须对自己有信心，而且也要有包容的胸襟。包容和客观，是我们应该培养的研究文化与文化交流的态度。

有立场，又能包容而客观地研究文化交流，是应该被充分重视的。我们在吸收西方近代文化的先进成就的同时，更应该发扬中国文化的优良传统，这样才能增强民族的自尊心和自信心，才能提升民族文化在世界文化中的地位，才能使世界文化更丰富多彩。只有肯定自己，有立场，才能客观、包容地讨论文化和文化交流问题。中国的语言研究，无疑是受到西方语言科学的影响，但对自己传统的语言研究，也必须有深刻的认识，这样在介绍西方的语言学理论时，才能做到有根据，有立场。中国现代的语言研究者对传统的小学，不甚了解，不能说不是遗憾。[①]

[①] 这种趋势，有所改变。濮之珍《中国语言学史》1987（上海古籍出版社），邵敬敏《汉语语法学史稿》1990（上海教育出版社），孙良明《中国古代语法学探究》2002（商务印书馆）等书，对中国传统语言学有了评价和介绍。

汤一介在《论利玛窦汇合东西文化的尝试》一文里说："从历史上看，一种外来文化在它开始传入另一个国家或民族时，必然会遇到如何对待原有文化传统的问题。如果要想使外来文化在所传入的国家或民族能比较容易流传和发生影响，就必须与原有文化有所认同，这是文化移植中的一个重要问题。"

利玛窦来华后，先后在澳门、肇庆、韶州、南昌、南京、北京等地传教。他对中国传统的习俗保持宽容的态度，容许中国教徒继续传统的祭天、祭祖、敬孔，认为只要不掺入祈求、崇拜等迷信成分，本质上并没有违反天主教教义。他还主张以"天主"称呼天主教的"神"，并指"上帝"概念早已存在于中国上古文献中，中国传统的"天"和"上帝"本质上与天主教所说的"唯一真神"没有分别。利玛窦本人更穿着中国士人服饰。这样分析利玛窦，就清楚地表明了以谁为主的问题。

西方传教士在明末来到中国，儒家的夷夏传统仍然蒙蔽着中国人对外部世界的认识，传教士对于西方文化教育的介绍，使得一部分中国人开始从夷夏传统中摆脱出来。这些来华的传教士传播的主要是基督教文化，也附带传播了一些西方近代或准近代的科学技术知识，而后一种文化对中华文化的发展起了有益的作用。这样的评论，是很包容的。

以自己的文化为本，有信心地、客观包容地审视外来文化，接受外来文化有益于自己的成分。这种态度，在自己的民族信心建立以后，将成为今后讨论文化与文化交流的主流态度。这也和今天所强调的文化多元化的主张相一致。

多年前，在新加坡举行的华文应用文国际讨论会上，我主张"华文应用文要在格式、用语、分类等方面达成国际化标准。

规范化当然需要时间，各华语区的步伐也不必一致，但是整体框架可以提出来，逐步实现。建立这个框架，我们应该适当地参考英文应用文，毕竟它的国际化比华文早"。这个主张就是站在这样的立场上提出来的。

如果不能汲取外来的、有益的文化以充实自己，并不断地扬弃本民族文化中不利于自己发展的东西，将阻碍自己的发展。只有以自己的文化为基础，不断地融合汲取外来文化中先进的因素，才有助于自己文化的发展。

（三）具有民族信心，才能更客观、更有信心地思考外来理论

与外来文化接触，让我们能从"只缘身在此山中"的处境里解脱出来。以语言研究来说，汉语音韵学的建立，和佛教的东传有密切的关系，这是大家都知道的。

与西方语言接触，我们才发现自己语言的特点。黄遵宪与外来文化接触，就发现了"盖语言与文字离，则通文者少；语言与文字合，则通文者多；其势然也"。胡适因此赞誉他为白话文始祖[①]。要做到"语言与文字合"，就必须在语文方面做些改革。白话文运动和以后汉语拼音化问题的讨论，以及现在用的汉语拼音系统等等，也都是中文和外语进行了语言接触以后才出现的。

马建忠要揭示经籍中的规矩，编写了《马氏文通》，以便让

---

① 胡适《五十年来中国之文学》，为上海《申报》五十周年纪念册而作，记载当时五十年新旧文学过渡时期的历史，完稿于1922年3月，次年发表于《申报》五十周年纪念特刊《最近之五十年》。

"童蒙入塾能循是而学文……其成就之速必无逊于西人"。这是他在比较了"华文之点画结构"与"西学之切音"以后，才提出的主张。马建忠因此成为第一个重视和肯定语法对语文教学有作用的学者，成为提倡"教学语法"的第一人。尽管《马氏文通》说的是文言文，但我们在讨论教学语法系统时，还是应该从《马氏文通》开始。研究教学语法的学者，不应该忽略马建忠在教学语法上的贡献。

中国有些研究《马氏文通》的学者，虽然肯定他的贡献，但也在批评他缺乏"历史主义的观点""以今律古"等等。关于这些批评，我认为：

我们不应该根据现在所达到的学术高度强求于《马氏文通》，更不应该为了一时的政治风向，将对古人的研究，或者把过去的学术研究当作取悦于当代的工具。只有这样，才对得起学术，才对得起古人，而民族的自尊才得以建立。[①]

研究文化或文化交流，应该避免再重蹈"为了一时的政治风向，将对古人的研究，或者把过去的学术研究当作取悦于当代的工具"的覆辙。

我们需要将学术研究与政治需要脱钩，让文化与文化交流的研究在更自由的空间里进行。

此外，研究文化交流，也必须有历史观念。就以现代汉语词汇的形成为例，这也与中外文化的接触有密切的关系。日本明治维新之前，中国早就和西方有所接触，将西方的科技、天

[①] 周清海《关于〈马氏文通〉的评价问题》，《第二届国际清代学术研讨会论文集》，高雄中山大学中文系编，1999。也见周清海《语言与语言教学论文集》，泛太平洋出版社，2004。

二 文化交流是不可避免的

文、医药方面的书籍译成汉文。这些翻译的文献与词汇,对日本的明治维新,曾经产生巨大的作用。马西尼说:"这些有关西方的最重要著作,约于19世纪中叶在中国出版,后于1868年前后在日本重版。它们构成了有关西方国家的信息宝库,这些书可能还向日语传去了在中国用来翻译西方概念的那些新词。"[①]后来,许多词汇更通过中国的留日学生、学者重新回流中国。但在研究现代汉语词汇方面,我们却将好些回归的词汇,都划入从日本来的外来词汇。这是因为研究者缺乏历史观念,也没有好好整理文献资料的缘故。

在讲述日本对汉语词汇的影响之前,先分析一下汉语对日语的影响是很有用的。汉语对日语的影响早在明治维新开始前几十年就开始了。19世纪末,有些词汇又回流中国,因为当时中国以日本为榜样。研究现代汉语词汇的一些学者,通常集中强调后面的这段过程。对于那些进入汉语的日语新词,以为是借自日语的。而事实上是,这类词汇中有好多是由中国传至日本的,几十年后又回流到中国。

就因为"当时中国以日本为榜样",主观地认为自己在那个时代不如人,所以就不可能客观地认识历史事实。从现代汉语词汇形成的研究这个例子,就彻底地说明了历史观念和占有资料的重要性。

岑麟祥:"一种语言的外来词,有的是从口语吸收进来的,有的是通过书面文献接受过来的,不管怎样,总是要把它加以

[①] 〔意〕马西尼《现代汉语词汇的形成——十九世纪汉语外来词研究》(黄河清译),汉语大词典出版社,1997。

改造以适应本族语言的特点。"①

　　主观地认为外来的理论是无缺的,不深思地直接套用在自己的研究上,也会造成许多似是而非的结论。这种祸害也是很大的。比如对汉语复音化的研究,都认为复音化是因为语音简化了,为了避免同音词过多和受外来语影响的结果。王力尽管知道"从先秦的史料看来,汉语已经不是纯粹的单音节语",但他还是认为:"语言随着社会的发展而发展,词汇必然越丰富、越纷繁,即使语音不简化,也不吸收外来语,汉语词汇也会逐渐走上复音化的道路,因为这是汉语发展的内部规律之一。不过,由于有了这个重要因素,汉语复音化的发展速度更快了。"②

　　但唐钰明却认为:"总之,汉语复音化由最早的突破开始直到今天的日趋多音化,只有语义的精密化是它一以贯之的基本原因,而避免同音词也好,外来语的吸收也好,都不过是次要的因素罢了。"③唐钰明是在充分掌握了甲骨文、金文的词汇资料、不迷信外来语言学理论的基础上,提出新的看法。这是必须加以肯定的。

　　民族信心的建立,让自己能更客观、更有信心地去选择、思考外来理论,在借用外来理论时,不至于盲从。

　　中国是历史悠久的国家,古代学者对教育有许多可贵的看法,都应该研究和整理。目前教育界大量地借入西方的教育理论,而不重视古代学者对教育的看法,也是应该检讨的。

---

　　① 岑麟祥《汉语外来语词典·序言》,商务印书馆,1990。
　　② 王力《汉语史稿》中册,中华书局,1980。
　　③ 唐钰明《金文复音词简论——兼论汉语复音化的起源》,《著名中年语言学家自选集·唐钰明卷》,安徽教育出版社,2002。

二　文化交流是不可避免的

　　重视自己的传统文化，无论从事哪方面的研究都非常重要。我曾经对研究文学的朋友说，如果有一天，有人用中国古典文学理论去审视外国文学，那将是一个怎样的局面？

　　今后研究文化、文化交流，在自信的基础上，占有资料，就能客观地发现许多过去所没有考虑过的问题。我盼望中外文化交流的研究，在中国发展的大前提下，在有利的大环境下，能更上一层楼。

三 谦卑做人，专心治学[①]

——周清海老师访谈

温文尔雅，不亢不卑，是周老师最常用来形容近代汉语学开荒者吕叔湘先生的词语。我以为，这些词语用来形容周清海老师亦不为过。作为一个享誉国际学界、发起《全球华语词典》《全球华语大词典》的编纂工作以及全球华语语法研究项目的资深学者，周老师给人的感觉更像是一个笑看晚辈嬉笑打闹的慈祥老爷爷。谈吐间不时流露出岁月沉淀的睿智、时光凝聚的谦逊。无论是对于文学独到而精辟的见解，还是对于世界华语发展深刻透彻的认识，或是对学生诚挚的忠告和祝福，都不免让人心生崇敬。

心怀作家梦，走入中文系

周老师走上中文这条路的理由很简单，没什么戏剧性的原

[①] 新加坡国立大学中文系陈子卿同学采写。

三　谦卑做人，专心治学

因，只是因为没把握好英文，又想当作家，所以中文系成为唯一的选择。然而，对于这种看似别无选择才做出的决定，周老师却从未有过一丝后悔。他坦然笑道："因为我觉得在这一方面的了解相当深入，在华文这个领域，非常满足。在这个窄小的选择里，做出了我最大的贡献。"

问及是否写过一些文学作品时，老师亦爽快地承认，早期曾写过一些小说，然后便接着幽默地说道："所以我才能出版自己的回忆录啊。因为我有那个文学底蕴嘛！"

谈及文学，见解独到

谈及文学，周老师亦表现出与众不同的见解。就以屈原为例，自古以来，屈原多被刻画为一个忧国忧民、在国家灭亡之时不能苟活于世而选择以身殉国的爱国诗人形象。然而，周老师却认为在评价屈原之前，应该先了解他所生活的时代背景。孟子斥许行是"南蛮鴃舌之人"。《论语》上说"原壤夷俟。子曰：'幼而不孙弟，长而无述焉，老而不死，是为贼。'以杖叩其胫。"可见春秋战国时，南方文化是被轻视的。这是因为商代灭亡了，商的文化就留在南方。商代遗留的贵族就封在宋国，春秋战国时期都在嘲笑亡国奴。"宋人有闵其苗之不长而揠之者"，"揠苗助长"的主人翁是宋国人。"楚人有涉江者，其剑自舟中坠于水，遽契其舟曰：'是吾剑之所从坠。'""刻舟求剑"的是楚国人。但屈原却以自身的语言和文化为傲，不以雅言写诗，却以楚国方言写诗，他的种种行为都说明他不屑于和中原主流文化同流。

"你说,这样的一个人在楚国要灭亡的时候能活下来吗?他活不了了,他非自杀不可。他只有一条路。"所以,周老师认为,要突出屈原的爱国精神,要先了解那个时代。楚国饱受他国歧视的处境,却造就了楚国人更强的凝聚力与归属感。"为什么说'楚虽三户,亡秦必楚'?因为楚国人最爱国。项羽面对的是'四面楚歌',可见项羽手下的士兵都是楚国人。所以我说,楚国人爱国,与它的文化和语言被轻视有莫大的关系。你也就知道项羽的反秦是必然的了。"

和谐对待"大华语",终有一日相融合

除此之外,周老师也谈到他对世界华语的看法。今天谈到汉语,就会谈到中国的标准语"普通话"。普通话是"大华语"的一部分,和中国台湾地区的"国语",中国香港、新加坡和马来西亚的华语一样,都是"大华语"底下不同的分支。"大华语"像个大花园,百花齐放,多姿多彩。但是,语言的发展本质上仍以强国的语言为尊。

新加坡华语若是固步自封,只发展自己的特点,不和其他区域的华语区沟通,是不现实的。所以,我们一方面应以平和的心态看待自己的语言特点,让语言和谐;另一方面,也应该了解各华语区之间的差别。语文教育就要慢慢地减少这些差异。这也是周老师发动中国大陆、台湾、港澳及马来西亚和美国学者一起编纂《全球华语词典》和《全球华语大词典》,以及对全球华语语法进行研究的初衷。语言是会相互融合的,最多人使用的语言,势力最大。

三　谦卑做人，专心治学

知识多面，信心的来源

　　周老师认为中文系的学生也应该多涉猎中文以外的知识。今时不同往日，中文系的毕业生不仅有教书这一条路。我们在双语教育之下成长，精通行政语言（英语），又比一般人更好地掌握自身的母语，语言能力是我们最独特的优势。但对其他各科的知识，也应该抱着虚心接纳的态度。拥有更广泛的知识面，毕业后就有机会进入不同的行业。周老师也指出，作为中文系的学生，最引以为傲的应该是掌握了平常人所不了解的东西，即华语所包含的文化与历史成分。提到这点，老师也对中文系的学生表示期待。"我很希望，我们中文系的学生在这部分，要比别人强。如果这个部分和别人也差不多的话，那么你的信心就失去了。对这个语言所代表的文化、对这个语言的历史的了解，这是你跟一般人不一样的地方。"

　　最后，周老师真诚地表示，他对中文系学生的能力很有信心。前路漫长，即使有任何不足之处，也还有时间弥补。最重要的是，要对自己充满信心，了解自己想要什么，做到不亢不卑，做一个敬业乐业的年轻人。我们吸收了中国上下五千年博大精深的智慧，这是人生的一个修养。这种修养，能够在我们人生的高潮低谷中，帮助我们保持自己，不忘初衷。

四　答新加坡国立大学中文系毕业生问

华语全球化——必须说好新加坡的故事

周老师认为，随着华语全球化的发展，华文的教学与研究需要放眼世界，借用整个大华语区的力量来进行。这就意味着，新加坡的华文教职人员与研究人员，不应该只着重在新加坡。新加坡华文的标准，是"向普通话倾斜"，但同时也保留新加坡华语自身独特的地方。提倡"大华语"的目的，就是要建立一个更具包容性、更和谐的全球华文教学与学习环境。同时我们必须要建立一个很好的奖励制度，鼓励对中文有兴趣的、有才能的人，从事华文教学与研究。

周老师希望，新加坡能够发展成为一个华文教育的中心。我们需要思考如何发挥新加坡在海外华文教学方面的作用，以我们良好的华文学习环境与精通英语的能力，吸引世界各地的人士来新加坡学习华文、华语。在新加坡，课室里学习的华英语言，离开课室，在社会上就能直接应用。这是我们双语社会的显著特点。因此，周老师经常强调，我们必须要说好新加坡

四　答新加坡国立大学中文系毕业生问

的故事。

问：新加坡双语政策的大环境似乎使得我们的华语程度有所降低，同时也将方言边缘化。这是否意味着语言的实用意义比其情感价值更为重要？您对此有什么看法呢？

周清海（以下简为"周"）：新加坡是一个移民社会，并没有自己的主要方言。考虑到每个人的语言能力有限，我们选择了保留华语跟英语，在很早的时候就让方言退出教育的舞台。方言是带有情感的语言，但是这种情感会慢慢消失。我是福建人，但却不会和孩子说福建话，而是选择用华语和英语沟通。这就涉及个人为下一代所做出的选择。早期的新加坡，方言是生活的语言，现在的共通语却是英语。所以为了让年轻一代学好华文，我们必须让华语成为生活的语言，也必须对华文程度做出相应的调整。我们的华文教育口号，是不能失"底"，但也不会封"顶"。

至于对语言、文化的归属感则是另外培养的。只要你仍旧觉得你是个华人，而这个文化与你有关，即使你不会说方言，我觉得这已经很好了。而我也算是为下一代，完成了很好的工作。

问：听您说在这个学年以后就会停止您在大学的教学工作，请问是什么因素让您坚持了多年对汉语语言的教学与研究？

周：新加坡独立以后，英语成为了国家的行政语言。因为我是华校生，英语能力不及华语，而且又喜欢写作，所以高中毕业之后，便进入中文系。我原先的兴趣是文字学，尤其是甲骨文和金文的研究。但是由于我和李光耀资政的交情，使得我由华文教学者的立场，转移到政策决策者的立场，由政策的高度去看新加坡的华文教学。因为我关心华文教育政策，我必须在古文字学研究和语文政策之间有所取舍，于是选择了搁置甲骨文和金文的研究。但对华文和华文教育的兴趣，使我能够一直持续地进行教学与研究。学术人员维持学术生命一个很好的方法，就是不断地发现新的问题，产生新的看法、新的发现，近年提出的"全球大华语"就是其中之一。研究成果与贡献的可持续性，能够成为教学与研究人员不同阶段的新动力。

问：在您的汉语研究生涯中，有什么人令您印象深刻？

周：我印象最深刻的是在南洋大学求学时期，写信问老师关于《说文解字》的问题，老师非常用心地，以极其工整的文字，写回信给我解答。所以我认为老师对学生的关心应该是无微不至的，老师对学生的爱护与关心，是让学生往前走的最好的动力。

此外，在交友方面，我也和中国大陆、港台的一些学者建立了很好的友谊，彼此坦诚相处，互相欣赏对方的成就。懂得欣赏他人的成就是作为一个学人的重要品格，如果只会孤芳自赏，自命清高，那么将会失去很多朋友。

问：在人生的旅途中，我们都扮演着不同的角色，而您不仅仅是老师，是汉语研究者，您也是一名父亲。之前在班上听到您分享您和您女儿的故事，可否分享您这么多年来做父亲的心路历程？

周：父母对孩子都有期望，但是即使孩子失败了，还是自

四　答新加坡国立大学中文系毕业生问

己的孩子。父母亲都不希望自己的孩子失败，因为失败对于孩子来说可能是暂时的，但父母亲所承受的比孩子更多。老师与父亲的身份是不一样的，作为父亲会帮自己的孩子规划，但是孩子的年龄越大就越难掌握。譬如说我的三个孩子都没有从事华语的教学与研究工作，但我尊重他们的兴趣和选择。孩子成人以后，我会像对待朋友一样，尊重他、欣赏他，而不再去管束他。但是要确保他的是非观念是正确的，因为这是做人的原则。

问：最后，请问您对于即将毕业的学生，或是即将任教与仍在任教的教师，有怎么样的期许？或是想说的话？

周：无论从事什么行业，都必须要对这个行业保持兴趣。除了兴趣之外，也必须理解这个行业的发展前景，作为持续下去的推动力。否则，看不到发展前景，一直在周而复始地重复着同样的工作，会对这份职业产生不满。因此我常常鼓励年轻人进修，参加一些合适的课程，出席演讲或者讨论会，可能比在大学正式的修课获益更多。

双语教育与语言研究

五 谈李光耀资政的华文学习[①]

2005年3月25日,笔者接受世界科技出版社钟宝玲、何惜薇的访谈,回答她们所提及的我和李资政一起学习华文的一些问题。

问:请问您是什么时候开始给资政上课的?

周:记得是1975年。这30年间,我曾两次休长假,由同事王永炳、云惟利、梁荣源、叶汉源代课。

问:从1975年到现在,有没有一些不一样的变化?比方说,70年代比较针对哪些词汇,到了现在又是怎样?

周:70年代时,资政已经掌握了不少词汇,但怎样将这些词汇串成句子,句子和句子之间怎么连接起来,他没有太大的把握。也就是说被动的语言能力——听,资政当时有比较好的基础,但主动的表达能力——说,就比较弱。资政的语音有很好的基础,他华语发音的准确性,在世界华人政治

[①] 蔡志礼主编《学语致用——李光耀华语学习心得》,八方文化出版社,2005,页106—114(节选)。

领袖当中是少见的。所以，早期我就特别注意句子的串接。换句话说，怎样用"虽然……但是"，怎样用"与其……不如"，怎样用"因为……再加上……所以"等，让他说的句子不会断开了，就成为学习的重点。他有表达所需要的词汇，但话语没有完整地说出来，听的人需要替他把欠缺的部分补上，才能了解他的意思。……我开始为他上课的时候，他掌握了相当多的词汇，在流利度方面没有问题，缺点是句子的结构有问题。所以，我专门为他编这方面的教材，让他说话的语句，在结构上是健全的。

另一方面，资政当时自己也说，学习语言是"逆水行舟，不进则退"（当时他背了很多成语和谚语，了解其中的意思，也能引用）。我的另一项任务，就是既要帮助他巩固原有的基础，也要协助他"更上一层楼"。

问：那个年代是否也注意政治、经济方面的词汇？

周：当然。但是每个时期资政所关注的问题都不一样。例如，最近他很关心语言问题，大海啸发生后，他也很关注。我们的学习就会偏重在这些方面，以备他需要对这些问题发表演讲时有足够的词汇，可以自如地应用。……成人学习语言，要把所学的变成他长期的记忆，比较困难。因此必须让资政有机会经常复习。

现在他能够用华语谈论语言、文化、政治、经济、风俗习惯等等问题，如果没有经常复习，过一段时间，一些词汇就会慢慢地从积极的词汇转为消极的词汇，甚至在他的记忆中消失。在看到或听到时，会觉得似曾相识，但要用来表达，那就不容易了。资政出国访问回来后曾说,如果他到中国几个星期,他的华语就会流利起来。因为他有机会把记忆中消极的词汇叫活起来。所以,成人学习语言,给他打下基础后,过一段时候,你要再回过头来,让他复习。……在他不需要发表演讲的时候,你要有计划地让他复习。你的教材要适当地给他复习以前的东西。如果你没有计划,就是在浪费他的时间。

所以,在编选教材时,你先要预测对方可能在三个月或半年内,对什么问题发表意见,用华语谈哪些问题。你的教材就必须有计划地环绕这些问题。如果你不了解时局的发展,就会让他所学的和所将要用的脱离关系。也就是说教的人必须有相当的政治敏感度,才能编写适当的教材。

有些人教得不好,原因就在这里:今天选一篇教育新闻报道,明天选一篇经济新闻,下一次是另外一篇。你给他的词汇是没有计划的,他是没有办法掌握的。……即使有一些基础,也学了就忘,没有办法成为深刻记忆的东西。等到要发表演讲的时候,糟了,他要的词汇没有学到,要匆匆忙忙地,花很大的精力去准备,负担就很重。

问:您在准备这些教材时,平均大概要花多少时间?
周:那很难说。大概你教一个半钟头,准备最少是三倍的时间。因为你是根据自己的初步感觉选教材,选定了以后,你还要去改写这篇文章,还要找出生词。哪些是生词,哪些不是,全靠经验,全靠我对他的了解。甚至那个生词他以前是学过的,我估计他已经忘记了,便得选出来处理。所以,一个生词可能前后出现好几次。

这一次上完了，我根据他练习的情况，编写下一次的练习，选下一次的教材。我在选下一次的教材时，除了根据他这一次的情况外，同时也要预测一下他可能要谈些什么问题。如果他没有要谈的问题，那无所谓，以前学过的要不断地让他复习。

词汇是有领域的，语言程度高的人在所有的领域几乎都能应付。但如果专业性太强，语言程度好的人，也未必全能应付。你谈经济的问题，有些我也不大清楚，但基本上我听得懂。一个政治领袖学语言，不可能各个领域的词汇都掌握，他做不到。你要在不同的领域，让他建立他对这个领域的问题发表意见的信心，那你一定要有计划地包括这些方面的教材。

问：成人学语言，是不是一定要有一个老师专门一对一地教导？

周：效果会更好。因为你根据他的需要替他编教材。

有人说："我学了华文后，到餐馆去不能点菜。"如果你学华文是为了到餐馆点菜，那很简单。我所有的教材都是餐馆的菜名、跟招待的交谈，就可以了。所以，一个成人如果为了餐馆的礼仪、点菜来学华文，你得告诉你的老师。他可以在这方面训练你，那就行了。一个经理、CEO等等，他到中国和别人打高尔夫球，打高尔夫球这部分的词汇他就得学，你就得教他。他到餐馆，餐馆里的餐具、礼节、菜名啦，你也要教他，不要随便选一篇给他读就行了。所以，不是会说这个语言的人，就能教好这个语言。

五　谈李光耀资政的华文学习

问：在新加坡，一个成人想学华文，他要怎么找华文老师、选择课本呢？

周：根据学习者的需要，给他编教材，让他马上学、马上用。中国编了很多语言课本，感觉上没有一套适合新加坡用。这些课本是编给外国留学生用的，他们都生活在中国，因此对我们完全不合适。很多中国人或本地人教成人学华语，效果不好的原因就是：你教给我的东西不是我马上要用到的。教完以后我不能用，也不是我常听到的东西。如果语言教学里所学的，可以在不同的场合得到加强，然后自己实际上又能够用所学的来表达自己的意见，那么学习者就很容易能把所学的语言内化，变成自己的东西。

问：也就是说，我找哪一个老师其实并不是最重要的，重要的是我要什么，然后我的老师可以帮助我什么？

周：对，因为一般老师他完全没有这个概念，他也不知道。结果东找一篇，甚至找一本课本，就以为是很好的东西，最终会有很多问题。

问：凭您30年教李资政学习华文的经验，您认为他的进步是怎样的呢？

周：他学习的不是写，主要是说和读。现在，他几乎可以用华语谈任何的课题。他听说的能力很高，阅读能力也很高。我就看着他进步。他不需要写。其实，成人学华文，写是很艰难的、很困难的。所以说，资政的消极词汇很丰富。（问："消极词汇"是比较少用的词汇？）不，我现在听得懂人家在台上用英语发表论文,很多词汇我知道,我听得懂,可是要我用那些词汇发表那样的意见,我就说不出来。换句话说,我英文的消极词汇远远超过我的积极词汇。任何成年人学语言都是这样的;消极词汇一定超过他的积极词汇。所以,当听人家用华语谈话,其中有一两个词可能听不懂。但在语言环境里边,就用前后文、交谈的环境去推测那个词的词义,了解那个词的意义。时间久一点的话,你也能了解那个词的意义,可是你不一定会好好地用那个词。这些词汇都是你的消极词汇。也就是说没有完全掌握的词汇、完全内化的词汇,都是你的消极词汇。

问:那么多年来,教学上你们(李资政和您)并没有大的改变?

周:没有太大的改变,一直都是环绕他所关心的一些东西。换句话说,我们没有时间去兼顾文学。这是不可能的事,学了美丽的语言对他是一点儿也没用的。

问:除了李资政之外,有没有教其他的人?

周:没有。我只教资政,其他的我都没有时间教。吴总理曾经找我,我只看了他的教材,提了一些意见,并且向他推荐了一个教育部的朋友。因为预备教材很花时间,你教一次,一个半钟头,你的选材跟你给他的复习,跟你找他要学的重点来选这篇文章,都是很花时间的。我没有办法分出更多的时间。

问:如果是他的华文演讲稿呢?您会参与意见吗?

周:会。这通常是到了文字定稿的时候,因为我要预备他

五 谈李光耀资政的华文学习

演讲的嘛。

问：有没有出现过意见分歧的情况？这个部分会不会难解决？

周：有啊，但是不会难解决。我告诉他我的意见是这样，他能接受就加进去。他不能接受，也可以听到另一方面的意见。我们之间总是很坦率的。有一些我觉得这样说，我看起来很不舒服，他有时候也会把这一部分删掉，因为我就是一个最好的读者。我是受华文教育的，如果谈某些问题我都感觉到很不舒服，那么其他受华文教育的人也同样会有这种强烈的感觉。

人跟人之间的关系是很重要的。你要让学习者本身觉得愉快，你跟他相处很愉快，学习才比较自然。我知道他要什么，他也知道我要求什么，所以，我们相处得非常愉快。我协助他学华文，在学习过程中我有一定的要求，他也有要求。

六　华文与华文教学研究

我一辈子从事华文与华文教学研究，虽然退休了，但仍然放不下华文和华文教学。和李光耀资政相处的40年里，除了一起学习华文之外，我们谈的最多的话题，就是新加坡的华文和华文教学问题。

资政无时无刻不关心新加坡的问题。华文是新加坡的可贵资产，他当然也关心。怎样在非常不利的社会环境下，保留华文，让它在我们需要的时候，能够在这个基础上往前发展。这是中国改革开放之前考虑新加坡华文教学的前提。许多措施，都是在这个前提下出台的：规定华文必须及格，才能进入本地的大学；减轻学习华文的负担，降低阅读报章的困难；积极向普通话靠拢，推行讲华语运动；等等。这都是为了保留和普及华语文。

但在政策的制定和推行之间，难免出现一些偏差。比如广泛地用汉语拼音拼写新加坡人的名字，负责这项工作的文化部与教育部次长，对媒体交待得不清楚，引起了华社的误解，以为政府要放弃汉字。当天，我们上课时，我就反映了华社这个担忧。资政当时非常生气，就马上要秘书打电话给这位次长。

资政在采取任何措施之前，都征求各方面的意见。我在

六　华文与华文教学研究

华文教学方面，也提了许多建议。我的任何建议，都是经过周详地考虑，在热爱华文之外，也充分将国家当前和未来的需要放在心上，从来不标新立异。我想，就因为我的慎重，资政在2008年教育部准备成立"华文教研中心"时，才会对时任教育部的高级政务部长说"中心主任的人选问题，应该征求周清海的意见"[1]。

资政关心华文，但他没有研究华文和华文教学问题，因此在接受建议时，难免出现偏差。他接受我对《我一生的挑战——新加坡双语之路》[2]一书的一些修改意见，就充分说明了这一点。在《君子之交——忆李光耀先生》[3]一书里，我也特别写了《双语教育与双语并用教学法》一章，一方面是想为新加坡的华文教学法留下一些史实，同时也想让时间去证明哪一种看法是正确的。

在华文与华文教学方面，我先后负责成立了南洋理工大学中华语言文化中心、南洋理工大学孔子学院；发起编纂了《全球华语词典》。在词典出版之后，跟着继续编纂《全球华语大词典》，也发起了"全球华语语法研究"。这些工作，不只有益于新加坡华文的推广，有益于华语区之间的交流，而且开拓了新的研究领域，也影响了中国朋友对语言规范的看法。目前，就我所知，《全球华语词典》发布之后，短短的两年内，以这部词典作为研究对象而写成的硕士论文，就有两篇，一篇是北京语言大学张倪佩的《马来西亚华语与普通话词语对比研究——基于〈全球华语

---

[1] 周清海《人生记忆》，八方文化出版社，2011，页139。
[2] 李光耀《我一生的挑战——新加坡双语之路》，联合早报，2011。
[3] 周清海《君子之交——忆李光耀先生》，中译出版社，2021，页129。

词典〉的考察》，另一篇是北京大学刘全惟的《马来西亚华语词语使用情况考察——兼析〈全球华语词典〉的微观结构》。

许嘉璐先生说："《全球华语词典》的编纂和出版，就是为了消除因变异而形成的障碍。有了这样一本词典在手，首先是大陆、港、澳、台、新、马等地的华语在词语方面的差异就不成其为障碍了。……在华人交流畅通的基础上，一方面很有可能加快有些语词由异趋一的进度（有些则由一趋异），另一方面对各国学习华语者也是不小的帮助。起码，受它的启发，今后编写中华大词典一类的工具书时，会把港、澳、台、新、马等地的用语和语义都收进去并标以流行地区。这实际上是这部词典在为华语的进步、扩散、发展所做出的贡献。"[①]

邢福义教授对《湖北日报》的记者说："从2009年开始，新加坡……周清海教授多次发来邮件，希望将全球华语语法的研究提上日程。这一倡议反映了世界华人的寄托和期待。于是经过两年多的准备，组织起一支内外结合、协同攻关的国际性研究团队。……对全球华语语法进行全面考察，无论在国内还是国际上都是首次。这意味着汉语语法研究迈上了一个新起点，将从语言研究的角度，对中华文化的弘扬起到有力的推动作用。……"[②]

我也发现中国在汉语新词汇研究方面，有不足的地方。王力先生认为中国的现代词汇是通过日本进入中国的，比如"议会"，就是从日本传入的，因为早期很多知识分子是留日的。他

---

① 《全球华语词典·序》，商务印书馆，2010。
② 《湖北日报》2011年10月24日。

六　华文与华文教学研究

把这些词称为"来自西洋，路过日本"的词。[①]其实，现代汉语的新词有很多是传教士翻译的。传教士要把西方的地理知识、科学知识、政治知识、历史知识介绍到中国来，以期改变中国人以中国为世界中心的观念，不得不创造汉语新词。传教士的汉语翻译著作，有许多是在新加坡、马六甲印刷的，然后通过澳门进入中国。有一部分进入日本。我们对过去了解不够，而误把很多新词的创造权归给了日本。我们对近现代汉语的研究，更应该有世界眼光。我们承认传教士对汉语新词的贡献，也是我们的大和谐。圆明园的废墟应该铭记，而承认西方所做出的贡献，则表现了我们的大度。[②]

我是新加坡纯华校出身的华文与华文教学从业员，在特殊的时机里，能为华文的教学与研究做些力所能及的事，特别感到满足。能完成这些工作，靠的就是朋友的信任和支持，这些朋友包括陆俭明、邢福义、李英哲、董鹏程、李宇明、周洪波、汪惠迪、郭熙等人。我常常抱着"无伐善，无施劳"（我做人的态度啊，就是不伐善——不夸耀自己的好，不总是把自己为别人做了什么挂在嘴上；不施劳——不把那些劳苦的事情推给别人去做[③]）的态度和朋友相处。

我所完成的事，没有朋友的协助，是完成不了的。就让我以上面所引的《论语》里的这两句话向协助我的朋友们致谢。

[①] 王力《汉语史稿》修订版，中华书局，1980，页517。
[②] 庄钦永先生在近现代汉语新词方面做了很多工作。相信他的研究成果，能在汉语近现代汉语新词的研究方面，带动新的方向。庄先生是土生土长的新加坡人。
[③] 叶教授对于"施劳"的说法是可信的。这里就采用她的说法。见叶嘉莹《中国古典诗歌的美感特质与吟诵》，大块文化出版股份有限公司，2013，页17—18。

七　语言、语言教育的融合与发展应该关注的问题[①]

我们现在所做的事不只是为了今天，更是为了下一代。所以无论是考虑语言问题还是语言教育问题，都要问自己二三十年后面对的局面会是怎么样的？如今我们是为二三十年后的局面做该做的工作，尽应尽的责任。

1949年到1978年中国改革开放之前，是汉语的分离时期。在这段时间里，中国内部的现代汉语跟海外的华语根本没有交流，海外整个大华语区是"国语"的天下。

改革开放之后，就开始了汉语的大融合。在汉语大融合的时代里应该注意些什么？我将对以下问题进行讨论：（一）考虑语言和语言教育融合与发展的重点，尤其在语言的地区融合问题和古今汉语的融合问题上，有哪些需要注意的地方？（二）华语文教学我们现在能做些什么？

[①] 在新加坡国立大学讲课的讲义。

七 语言、语言教育的融合与发展应该关注的问题

（一）考虑语言和语言教育融合与发展的重点

首先，不能唯我独尊，不应该以自己的标准为唯一的标准，要尊重不同地区的语言差异，需要以和谐的观点看待语言差异和语言融合的问题。这就是提出"大华语"概念的主要原因。

第二，要注意不同的华语区有不同的历史背景，有不同的需要。如果抓不住不同区域的需要，就会带来或制造很多语文和语文教育上的矛盾问题。

第三，面对华语跨地区的应用，我们应该做哪些调整？二三十年后，华语的跨地区应用，中国自己有没有做好准备？

语言的地区融合

1949年以后，中国逐渐使普通话成为全国人民的通用语言。普通话的普及，对中国社会的发展、语言的变革或者改革、语言教育的发展等，都做出了重要的贡献。

大华语区跟改革开放以后中国的语言教育应该注意哪些调整？地区的语言融合方面，应该注意些什么？

先秦留下来的是统一的书面语。秦始皇在文字上所做的只是少数文字的统一，贡献没那么大。《说文解字》以小篆为字头，小篆之下所列出来的六国"古文"和"籀文"，并不多，可见秦文字和战国文字的结构大部分差别并不大。只是口语差别比较大，甚至难以沟通。孟子用"南蛮鴃舌之人"说许行，就是因为许行的口语和孟子不同。

中国出现统一的口语，是1949年之后的事。这是对汉语发

展真正的大贡献。没有统一的口语,中国不可能实现今天的发展。口语的统一是中国语言规划最重要的成就。

使普通话成为中国全国通用的语言是在什么基础上完成的?——普通话能普及,靠的是中国全国人民高度的爱国热诚。广东人学普通话比较困难,但他们都愿意学,现在中国广东人说普通话说得非常自然,非常流利。在海外其他地区,可能做不到。这是要特别注意的。没有强烈的爱国热忱为基础,要某些华语区放弃自己通用的语言(方言),接受普通话,困难是很大的。所以,我认为,在香港推广普通话,需要从普及开始。只有在普及的基础上,才能逐步向标准迈进。

我们的语言有一个统一的书面语,这是很可贵的。今天大家看得懂《诗经》《论语》,读得懂屈原的诗歌、《史记》,是因为有统一的书面语。如果没有这个认识,进而对整个历史里统一的书面语进行破坏,则会给自己带来很多问题。中国改革开放之后,书面语逐渐脱离"文革"时强调的工农兵的语言,回归到传统的白话,这是必然出现的趋势。

华语区口语方面差异比较大。我常常提醒香港的朋友,在香港推广普通话,普及比提高更重要。为什么呢?因为说得不标准也无所谓,大家听惯了,有感情了,再去提高,困难也就不大了。可是内地的朋友不理解这点,香港朋友也不理解。在香港教普通话从标准开始,从提高开始,因此语言学习困难非常大。我主张"教学从严,评鉴从宽",教的尽量靠拢普通话,但评鉴时不以普通话作为唯一的标准。

有人去研究港式中文,研究是可以的,但是如果加以推广就是破坏大家所共同拥有的书面语。台湾说闽方言的人有多

七 语言、语言教育的融合与发展应该关注的问题

少？其实整个福建省说闽方言的人数远远超过台湾，整个东南亚地区的闽南人也远远超过台湾。但我们都学习普通话，尽管不能说标准的普通话，我们说的是"华语"。

语言问题是最能动人感情的，但是处理语言问题需要更多的理智，是最不能动感情的。在汉语大融合的特殊时代，应该更注重华语区之间交流中达意的准确性，让华语在交流中融合。只有了解华语区语言的差异，才能减少差异，更好地为华语的和谐融合建立基础。这是我这些年来一直在做的事情。

我倡议编《全球华语词典》，编《全球华语大辞典》，进行全球华语语法研究，目的就是要减少语言沟通的障碍，让语言融合更和谐。因此，我强调华语的应用和规范问题，不能只从中国国内的需要考虑，更不能以中国国内的标准去要求华语区。陆俭明先生和李宇明先生提出的"大华语"概念，就是一个非常重要的观点。

在汉语的国际推广过程中，《全球华语词典》《全球华语大词典》除了能在华语使用中起协调作用之外，在对外汉语教学和汉语交流上，也将能发挥大作用。能和"一带一路"的发展相配合的词典，就是《全球华语词典》《全球华语大词典》。这两部词典的作用，还没有充分被认识，词典的作用还没有充分发挥出来。

汉语教师到海外教学，教的普通话，只是"大华语"的北京版。如果教"大华语"，那么教的人就不一定是从中国来的，他也可以是当地的华人，也有可能是马来人、印尼人、菲律宾人。当地人更适合在当地教华语。

华语国际化的一个重要标志是教的人不一定是中国人。我

们应该去当地培养人,让这些人在当地教学,让当地的人组编教材,这样他们就会觉得这是自己的责任,而不是外来的事务。新加坡、马来西亚所编的教材,也适合在东南亚区域推广。

汉语的古今融合

现代汉语里面古的成分很多,如果在处理语言问题和语言教学时,将古代汉语与现代汉语的教学严格分离,认为二者没关系。这是不对的。现代汉语有太多古的成分。中国改革开放之后,古汉语融入现代汉语的越来越多。语文教学也应该思考如何在现代汉语的基础上进行古汉语的教学?

普通话并非全部都是北方方言。事实上,南方方言也影响了现代汉语的语法。比如"研究不研究、整齐不整齐",用双音动词或双音形容词的否定重叠来提问,在《红楼梦》里都是这样说的。但如今许多人使用"研不研究、整不整齐",频率远远超过"研究不研究、整齐不整齐",这是受南方方言的影响,也是融合的结果。

"不畏浮云遮望眼,自缘身在最高层",这是王安石的诗。我们语言研究也是如此,如果没有从最高处去看语言和语言教育,那么对语言、语言教育的处理将是一笔糊涂账,因为没看透。古文里的东西,到了现代,人们还在用,这就表示中国文化很丰富。

毛泽东的《沁园春·长沙》提到"百舸争流"。"舸",《说文解字》里没有,是个后起字。"豫备走舸,各系大船后",意思是能够划得很快的小船,系在大船后面。"舸"的本义是船,这是《三国志》里的例子。闽南话里的大船叫"大舸",就是古汉语的遗留。

七　语言、语言教育的融合与发展应该关注的问题

中国一个有名的作家写了，"他真担心骨折……不光是'宅'在家里，而且连上下楼梯都有困难。"句子中的"宅"字原本是名词，是住宅的意思，这里用作动词，所以作者用了引号。《现代汉语词典》进一步把"宅"的第二个意思划为动词：呆在家里不出来。这个词在口语里用作动词，用例非常多。名词下带宾语或补语，充当谓语，用作动词，是古汉语的语法现象。

另外的一个例子："这句话，温暖了整个冬天，美丽了整个中国。""温暖"是个形容词，而"温暖了整个冬天"里的"温暖"用为动词。后面一句"美丽了整个中国"，"美丽"也用作动词了。可是《现代汉语词典》里"温暖"有第二个解释，划为动词，"美丽"只是形容词，没有再划为动词。古汉语里名词、形容词用为动词，是常见的。《现代汉语词典》要处理好这些现象，就必须考虑古今的关系。

汉语走向世界，语言研究、编课本的人远远没有跟上。在教学中，这些问题要怎样解决？名词和形容词带上宾语，要不要看作动词？比如"登泰山而小天下"里的"小天下"，"小"要再归为动词吗？换句话说，我们的语言里存留了很多古汉语的东西，但是很多人只把它当作古汉语的特点，没有和现代汉语联系起来考虑，认为二者没有关系。

这样看来，我们还有很多工作要做。语文研究、语文教学、词典编纂，都必须建立在了解古今汉语的基础之上。

（二）华语区与华语文教学

现在是一个特殊的时代，推广汉语/华语/中文，责任不全

在中国，一定要和华语区充分协作。我们的观念还没有打开，一直从对外汉语教学的角度考虑华语教学，只考虑从中国向外派人，没有想到和中国以外的华语区协作。在"大华语"的观念下，应该鼓励华语区参与华语的教学与研究工作，充分调动华语区推广华语的积极性。

马来西亚、菲律宾都有不少华语人才。马来西亚的学生到中国学习汉语，毕业以后由中国选派到泰国去教汉语，恐怕比中国的教师更加了解泰国。马来西亚有完整的华文教育体系，华语人才很多。让马来西亚参与华语的国际推广，有助于发展马来西亚的华文教育。

我们应该认真考虑怎样调动华语区推广华语的积极性，从推广"大华语"到教学人员的当地化，到引导中国以外的华语教学人员编写教材、课外读物等，都是中国可以考虑做的事。

此外，中国本土的语文课程与教材，也必须从整个华语区的需要着眼。这是非常重要的。中国"一带一路"提倡往外走，那么二三十年之后，中国往外派出的年轻人，对"一带一路"沿线国家的了解有多少？马来西亚、新加坡有很多写得不错的文学作品，可以作为中国本土的语文教材，作为儿童读物，能让中国的年轻一代了解马来西亚、新加坡，有助于更好地引导中国年轻人走出去，愿意走出去。中国语文教材容纳华语区的作品，对华语区的写作人，也是极大的鼓励。

我们可以通过教材或读物，通过语言的学习，重建中国和华语区年轻华人的人际联系，让他们了解不同的华语区。文化上的认同，应该体现在华语文的教学中。过去，中国的语文教材容纳苏联作家的作品，现在是适当的时候考虑容纳华语区的

七　语言、语言教育的融合与发展应该关注的问题

作品了。

我们也应该有一个机构，有计划地收集与出版华语区的优秀教材、儿童分级读物，并为华语区的语文学习编写词典。汉语教材都在中国编写，在海外不一定适用。应该在当地组织编写小组，为当地提供合适的教材。

八　全球化环境下的华语文资源与语文教育[①]

（一）前言

1.1 在中国发展的大背景下，在全球化的环境下，华语文的语言资源和语文教育都面对前所未有的好时机。

在语言资源方面，我们应该更注意语言和谐，语言沟通；更注意调动和整合各华语区的语言资源，让各华语区参与华语文传播与研究的工作。如果能有计划、有步骤地带动，就能让各华语区的语言资源，充分发挥作用。

语言和谐，语言沟通方面，我们已经做了不少的事情。在李宇明教授的带领下，在北京商务印书馆周洪波总编辑以及中国新闻出版总署的支持下，出版了《全球华语词典》《全球华语大词典》。在华中师范大学邢福义教授的带领下，启动了"全球华语语法研究"，以期将研究成果编写成"全球华语语法长编"，

[①] 在新加坡国立大学讲课的讲义。

八 全球化环境下的华语文资源与语文教育

作为以后编写各地华语文教材,以及华语文语言规范的必要语法参考书。

这些工作都调动和组织了各个华语区的人才。更可贵的是,在研究中,总结了"大华语"的概念。李宇明先生说:"这种新华语观,不再忽视对海外华语和唐人街华语的关注,不再把普通话作为教学的唯一规范标准,不再人为强化普通话与台湾"国语"之间的差异与对立(包括简繁汉字之间的差异与对立),而是把各种华语变体都看作是华人的语言智慧而珍重它,而是更加关注各华语社区的交流与沟通,在交流与沟通中相互理解、借鉴和吸收,进而使各华语变体趋近趋同。同时,各华语社区也利用自己的资源,协力向世界传播华语和中华文化。这种新华语观,无疑会理性推进华语社区的语言互动,加大华语变体间的相互影响。"[①] 向平教授说:"让更多的人先用起来,满足各华语区交际需求,构建和谐语言生活,这是当务之急。"[②]

1.2 2016年5月22日,在华侨大学贾益民校长和台湾世界华语文教育学会董鹏程先生的积极支持下,华侨大学举办了"世界华文教育发展专题研讨会",并发表了《21世纪世界华文教育发展愿景与行动倡议》一文。这篇倡议论文,集合了各个华语区对华文教育发展的思考。

在上面的基础上,我考虑了全球化环境下华语文的语言资源与语文教育问题,并从下列两个方面提出自己的看法:一、全球化环境下考虑华语文教学应注意的事项;二、建立"大华

---

① 李宇明《大华语:全球华人的共同语》,《语言文字应用》2017年第1期。
② 向平教授从微信上给笔者的意见。

语"的观念以及保留华人的共同文化特点的必要性。

（二）全球化环境下考虑华语文教学应注意的事项

在全球化环境下考虑华语文教学问题，至少应注意下面几件事。

2.1 对于个人或者国家，善用语言，语言就是一种资源，在全球化的环境下，更是如此。

全球化的环境下，我们不能把华语文教育只看作是民族的语文教育，只是为保留民族的特点、文化的特点服务。只强调语言的民族性、文化性，不只是比较狭隘的，至少在目前，更是容易引起别人的戒心。因此，在推广和支持汉语的学习方面，中国除了派出汉语志愿者之外，更应该吸引各地的华人及非华人到中国读书，积极培养华人与非华人的汉语语言教师。

在中国发展的大背景下，华语文的经济价值越来越显著。但是华语文要成为国际语文，不能只靠经济因素。华语文成为国际语文也不是十几年或二十几年内的事。经济价值，只是让这个语文更容易推广，更多人愿意学习。我们不能企望只靠华语文，就能配合全球化发展的需要。华语区的华人更不能只限于华语文的学习，不能让华语文的学习妨碍当地华人学习当地的语言和学习国际语言。只有掌握多种语文，才是华语区华人今后发展的路向。

在全球化和中国发展的大背景下，华语区的高等教育，应更注意培养具有国际观的双语或多语人才，也应适当地模糊语言和族群的界限，这才有助于汉语成为国际语言。通过语言的学习，也能对建立华人子弟之间的人际关系做出贡献。

2.2 我们必须从汉语走向世界的角度观察，从语言是一种资源的角度从新思考华语文教育的问题。从这个观点出发，语言、文化、历史、文学的教学，就是提供语言训练、文化了解的教学；而且应该尽力让语言文化等的学习当地化；让教学人员当地化；让语言企业当地化。这样，我们才能在全球化的环境下，让更多人参与华语文的推广和学习。我们也应该逐步模糊语言和族群的界限，培养更多非华裔的汉语教师，这才有助于汉语成为国际语言。

汉语的国际推广，中国大陆和中国台湾以往都没有充分考虑华语区的作用。无论是"请进来"或者是"走出去"，都单独的从中国大陆或者中国台湾的角度考虑。我认为，我们应该更全面地调动华语区推广华语的积极作用，组织、带领或创造条件，让各华语区参与华语的推广。特别应该将新加坡、马来西亚、菲律宾等地发展成为华语文的学习中心，这对华语文的国际化是有利的。

从语言研究、教材编撰、读物编写到师资培训与认证、教学人员的交流等等，都需要全面考虑。

汉语教材都在中国大陆或者中国台湾编写，在海外不一定适用，造成了大量的浪费。只有在当地领导组织编写小组，才能为当地提供合适的教材。以地区为中心编写的教材，才能切合当地的需要。目前，华语区各自编写教材，但缺乏统筹，这种遍地开花的做法，不只不能保证质量，也没办法推广好的教材。北京商务印书馆如果能稍微调整业务，改变只偏重中国国内市场的做法，出来领导统筹这件事，就非常好。当然，北京商务印书馆也可以考虑在香港、马来西亚、新加坡等地寻找有潜能的出版社合作统筹；香港当然也适合带头做这件事。这是语文教学的企业化，同时也可以在教材编写的过程中培养华语教学与研究人才，建立团队。①

这里，我特别要强调语言教学与出版的企业化，让企业家参与大华语的传播工作。最合适的语言教学与出版企业化的地区，我认为是香港。香港是国际化开放的城市，和中国大陆、澳门、台湾以及其他华语区都有密切的联系。

2017年10月28日的《光明日报》报道了马箭飞先生对延续和推动全球的"汉语热"的看法。他认为要实现四个转变：一、从基本的语言学习需求向全方位的认知中国需求转变；二、实现从规模、数量发展向内涵、质量发展转变；三、实现从我派出教师为主向教师本土化转变；四、实现从传统教学模式向以信息化为主的现代教学方式转变。

马先生的这些考虑，显然是比过去宽广了许多，尤其是强调"实现从我派出教师为主向教师本土化转变"，但他对全面调动华语区推广华语的积极性的认识，似仍有不足。

2.3 语言教学当地化，将更广泛地带动华语文的学习，让更多人参与。这样做，不只能调动他们对华语文的积极性，更可

---

① 更详细的论述，请参考周清海《"大华语"与华文教学》（香港教育大学主办的第一届语文教育国际研讨会主讲论文，2016年12月16—17日），载《国际中文教育学报》总第1期。

八　全球化环境下的华语文资源与语文教育

以大量借用华语区的语文人才。我们必须认识到，推动华语文教育不一定完全靠中国。

新加坡华文教研中心前主任陈之权先生给我的电邮也说："在目前的国际形势下，从事华文教学与研究必须有国际视野，不应再各自为政，受限于一国一地，要往优势互补、人才与资源共享的方向努力。"关于华语教育资源共享，在加拿大卡尔顿大学孔子学院担任中方院长的向平教授给我的意见是："应该有机构出来牵头，拿出具体的方案来。如果没有人或机构当'吸铁石'，就很难吸引世界各地各种优质教学研究资源，就很难形成合力，从根本上改变单兵作战、重复消耗、事倍功半、欲速不达的格局。"台湾已故董鹏程先生提议的华语文教学大联盟，就具有方向标的作用。这个联盟应该怎样组织起来，值得我们进一步思考。

除了优势互补，中国高校提供奖学金，让非华族的学生在华学习。泰国、马来西亚和印尼等东南亚国家，如果越来越多非华族从事华语文教学与研究，都是好的发展。模糊语言和族群的界限，有助于汉语发展成为国际语言。

中国大学延聘国际人才，对大学的发展是有利的，唯独在华语文人才方面，受了"汉语故乡"观念的影响，和华语区的交流不够，也很少让华语区的教学人员参与汉语的推广工作，更少延聘这方面的研究人才。这都是需要进一步考虑的课题。重视华语区的语言教学与研究人才，将鼓励更多人从事华语文的教学与研究工作。

2.4　现在是网络时代，实体书店在华语区的作用逐渐减弱。

新马的实体书店逐渐消失,也是一个大趋势。面对全球化的网络发展,汉语教学也必须考虑怎样和这个趋势配合。

从语言的应用看,以新加坡为例,随着双语教育和国际化的发展,年轻人的英文程度远在中文之上。他们更方便通过英文接受新的知识和信息。泰国、马来西亚、印尼和菲律宾,也有同样的双语发展趋势。以前只注重单语的出版,今后可能要考虑中英双语了。尤其是儿童的读物,更应该注意双语;应该考虑怎样利用英语,把中华文化传播出去。

利用网络和双语,才能为世界华语文的推动和发展,多做点事。《全球华语大词典》、全球华语语法研究丛书等的网络化、双语化,也是大势所趋。

应该重视带动和组织各地学者,编撰读物、词典和丛书。《全球华语词典》《全球华语大词典》,全球华语语法研究丛书的出版,只是这方面工作的开端。

2.5 配合"一带一路"的发展需要,中国的青少年要了解世界,因此,需要有计划有组织地向他们提供各华语区的神话传说、风土人情等方面的读物。这要求中国出版界从只注意国内的市场、国内的人才,逐渐转向国际,考虑怎样调动和组织国际的中英双语人才。

除了语言文化的传播,也应该考虑如何带动世界华语文的出版,怎样将出版界组织起来,为中华文化和语言做点事。

东南亚地区的某些国家,比如新加坡、马来西亚、印尼、菲律宾等,都有自己的华语文出版物,可以从中挑选特出的,再编辑出版。这对华语文的推广,能做出贡献;也能通过出版联系各地有发展潜能的书店、出版商，共同推动、传播华语文。

希望在中华语言文化的传播和信息提供方面，中国不只考虑本身的需要，更应该关注、带动世界华语文的推广。

2.6 考虑到人类学习语言的局限性，能同时掌握两种第一语文水准的语言，只有少数人，因此，多数华语区的华语文学习，恐怕只能留在第二语言的水准，而不是等同于中国大陆或者台湾、香港的第一语言水准。怎样让华语区第二语言水准的华语文与中国大陆或港台的第一语文水准相衔接；第二语文水准的华文怎样和专业华文相衔接，都是今后应该注意的。

（三）建立"大华语"的观念以及保留华人的共同文化特点的必要性

3.1 从事华语文工作的人员，无论是教学者，或者是研究者，都需要建立共同的"大华语"观念。建立"大华语"的观念，能减少不必要的内耗，能凝聚力量，更全面地做好华语文的推广工作。从"大华语"的角度思考，推广华语文就是所有华语区的责任。华语区怎样互相配合，做好华语文的推广工作，需要共同思考。

3.2 语言的使用人口和语言的经济价值决定了语言的选择与语言的标准，所以我主张新加坡华语向普通话倾斜。华语区目前的需要，是普及华语，而不是提高说华语的标准。印尼的陈友明先生认为"高度追求单一规范，是给华语硬套小鞋，不利于汉语本身的发展","有条件也罢,你有那么多的北方普通话老师派来教学吗?"①

新加坡一位教师给我电邮说:"只是我对现在的用语已越来越感到迷惑。大陆方面的用语用词已越来越网络化、生活化,甚至新闻报道时也出现'立马、接地气、萌、呆萌、小编';形容气氛热闹,叫'燃';还有很多很多。在中国如果出现在考试中是可以接受的。可是在新加坡,由于老师根本没听过,直接说不规范,是错误的。网络媒体发展太快,鲜活的语言大量产生,有些流行语很快就被大众接受。新加坡老师这边真的跟不上。"

只有在"大华语"的概念下,才能避免上述的难题,才能做好华语的普及工作。

3.3 我们也需要改变只将华语文当作民族语文的看法。如果华语区将华语文教育局限在民族的语文教育里,并且以中国大陆或者中国台湾的语文水准为标准,在所在地办学,而忽略所在地的语文,以及全球化环境下的世界通用语文,必将让自己在所在地被边缘化。

在中国发展的大背景下,将华语文教育局限在民族的语文教育里,并且以中国大陆或者中国台湾的语文水准为标准,将进而造成华语区下一代的人口迁移。这恐怕不是明智的做法。某些华语区过去这种语文教育的倾向,如果不加以纠正,在中国发展的大背景下,年轻人口觉得在居住区没有前景,必将大

---

① 陈友明先生在华侨大学研讨会上的发言。

迁移到中国。这种迁移趋势也将更为显著。这恐怕不是好事。

3.4 在国际化和现代化的冲击下，保留华人的共同文化特点，更显得重要。在处理语言教材和文化教材方面，需要关注下面的两个原则：一、华人和华侨是有分别的，不能混为一谈。二、语言教材和文化成分必须分开处理。语言教材更重实用性，注意当地化；文化教材更重普及性、民族性。

我们必须认真考虑共同文化核心的问题。哪些是华人的共同文化？怎样将这些共同文化融入到语言教学中？对华人子弟教学华文，显然和以汉语作为外语的教学不同。这些问题，都应该受到重视。[①]

3.5 华语区的华语文教学以民族认同和民族文化为核心，减低对华语文的程度要求，并且鼓励年轻下一代掌握当地的高层语言和国际语言，是今后应该慎重考虑的。

华语口语的流利度、书面的表达能力以及读写能力的分级、认识的汉字数量等，都应该提到日程上来。这些问题，涉及语文评鉴、语文课程的设定与课本的编撰、师资的培训与资格认定等等，需要全面思考。

有人认为：今天世界各地中文没有过去的半文半白的书面语优雅，不是普通话错了，而是书面语教不好、教不深。这种看法，只能针对中国大陆、台湾、香港等地区的华文第一语文，而不应该要求世界各地。已故新加坡资政李光耀先生重复提出

---

① 周清海《21世纪大都会的语文教育》，《汉语学报》2000年上卷第1期。

"想办法使华语简单点,学华语比学英语多几倍的时间"[①],就是从华语传播的角度提出的。亚太区都是双语或多语的社会,这要求语文的学习,不可能是"文学语言"的学习。在推广、普及与应用的要求下,语言的"大众化"是必然出现的现象。所以,应该重视华语文的"口语化""大众化",而不是"文言化""地方化"或者"方言化"。[②]

3.6 语言是一种资源,鼓励华语区年轻一代学习多种语言,积累语言资源,才有利于他们投入全球化的竞争中。乘中国经济发展的快车,衔接"一带一路"发展的需要,华语区之间相互配合,通过华语文学习,增进彼此的了解,并建立人脉关系,以弥补老一辈华人之间乡情的消失;鼓励华语文学习与出版的企业化等,都是应该重视的。

3.7 最后,我要再强调北京大学陆俭明教授对新加坡华语规范问题的看法:"普遍性和系统性这二者之中,普遍性是首要的,系统性最终要服从于普遍性。"所以,我们应该尊重各华语区不同的语言差异。在这个看法的引领之下,我才有了"大华语"这个概念。在语文教学里,我也提出了"教学从严,评鉴从宽"的原则。所谓"教学从严",就是在选材与教学中,特别注意向普通话倾斜,而"评鉴从宽"则是应该充分考虑语言应用的事实。

---

① 周清海《人生记忆》,八方文化出版社,2011,页191。
② 周清海《语言与语言教育的战略观察》,《中国语言战略》(南京大学)2016年第2期,特稿。

九　全球化环境下中文的研究与教学问题

本文将涉及语言研究和语言教育研究两方面的问题。先谈语言研究。

我们正处在一个特殊的时代——汉语的大融合时代。

1949年到1978年中国改革开放之前，是汉语的分离年代。中国改革开放之后，汉语就开始了大融合。这个大融合的时代，给汉语研究和汉语教学研究提供了更大的平台，要求我们以更大的、更宽阔的视野，去研究语言和语言教学问题。

（一）

1949年之前，中国有很多学者通过中南半岛往南迁移，有很多到了东南亚，特别是新马，就留了下来。也有很多学者由广州到香港、澳门，之后就留在香港、澳门，或者通过香港到了其他地方去。更有一大批学者从上海、福建等地移去台湾。他们带去的"国语"和"国文"，在所居地发展形成了当地的

"华语""华文",有的地方叫作"中文""国语""国文"。

各华语区之间的政治制度比较接近,交往比较多,彼此之间的相互影响也就比较大。从语言来看,华语区多数是双语或者多语社会,这些地区的华人又多数是操南方方言的,因此华语和外语直接接触,并受到影响,就是必然的;南方方言也对华语产生深刻的影响。这些因素造成了各地"华语"之间具有相当多的共同性。香港报章所使用的书面语词汇,如"坊间、公帑、诟病、绯闻、斥资"等,语言学者认为"颇为接近早期的现代白话文"[①]。这些词汇,新加坡和其他华语区也用。这些都是"国语"现象的存留。

1949年以后,很少和海外华语区交流的中国现代汉语,在经过了数次的政治运动之后,出现了自己显著的特点。中国学者刁晏斌将1949年以后中国的现代汉语划为三个时期:1949到1966,1966到1978,1978到现在。他并且认为改革开放以后,汉语又一次受到外来语言的影响,并向传统回归。[②]到目前为止,中国现代汉语和各地的"华语""华文",差异还是相当明显的。

(二)

中国改革开放之后,中国和华语区的交往频繁,在你来我往之中,现代汉语和华语的相互融合,就是不可避免的。融合

---

① 郑定欧《语言变异——香港粤语与广州粤语比较研究》,《中国语文》1998年第1期。

② 刁晏斌《关于现代汉语历史发展研究的构想》,《语文建设通讯》36期。

九 全球化环境下中文的研究与教学问题

的速度随交流的频繁而加快,其中以词汇的相互吸收最为显著。目前,现代汉语吸收了相当数量的华语词汇,这些词汇,就有许多是"国语"词汇的回流。许多过去在"国语"里本来就用而现代汉语却不用的词语,从新出现在现代汉语里,而被中国的语言学者误认为是新词语,如"吊诡""同侪",1937年出版的中国大辞典编辑处编的《国语辞典》就收了这两个词,改革开放之后传入中国大陆,被认为是港台传入的新词。"寮",《国语辞典》里就有"小屋"的解释,而"寮屋、寮房"竟然被当作港台词语。一些旧词语,在大陆出现了新的形式,如大陆用"温文儒雅",而把"温文尔雅"当作是错误的。《国语辞典》没收"尔雅",也没收"温文尔雅",但对"儒雅"的解释是"温文尔雅之谓"。

随着中国大陆和华语区之间的频繁交往,因通商、投资和就业而在大陆居住的其他华语区人越来越多,台湾人在大陆居住的就有一百万人;中国人出外旅游、访问、学习、考察、移民的也越来越多;加上中国传媒影响力的扩大,现代汉语的输入局面可能很快就转为向华语输出。

在这个新的局面下,我认为,汉语与汉语教学研究应该思考以下六个问题:

1.应该从全球的视角看待汉语语言和语言教学研究

中国的语言和语言教学研究,一向都是以中国为中心,眼界还没有完全开放。中国友人们强调汉语传播、汉语研究,仍旧是以中国为基点,而没有放眼世界,致使汉语与汉语教学的研究，还远远没办法满足汉语国际传播和汉语发展的需要。①

"姥姥"是"外祖母"，"姥爷"是"外祖父"，华语区根本不用"姥姥""姥爷"，都用"婆婆""公公"。只有书面上或者间接叙述时才用"外祖母""外祖父"。中国对外汉语课本都用"姥姥"和"姥爷"。学了这些称谓，在华语区却不能运用。汉语的学习已经从"请进来"到"走出去"了，学习汉语的人，可能不生活在中国，也可能在其他华语区活动，我们编写的汉语课本需要做一些调整，做得更包容些。课文里教"菜市""菜场""菜市场"，而新马泰等地，却说"巴刹"（泰国用"芭莎"）。马来亚的朋友说，她告诉孩子说"今天去巴刹"，孩子认为妈妈说错了。

为了让华语区之间的相互沟通更为顺利，1999年开始，我就提出了编纂《全球华语词典》的建议。《全球华语词典》已于2010年5月出版，当月也在北京人民大会堂举行出版座谈会。五年后，将在《全球华语词典》的基础上，出版《全球华语大词典》。这将是目前唯一的一部从全球华人的立场，为全球华人服务的词典。这也是对不同地区华人智慧的肯定。

新加坡华语里的"提呈"，大概是"提出"和"呈上"的简缩，和"提成"发音完全一样。这两个同音词，会不会造成运用上的混乱，能留下来吗？新加坡的"素质"有"高素质"的用法，现代汉语却得说"高品质、高质量"。这种差别，大概是新加坡人没有好好掌握"素"的语素义所致。词汇的这一类问

---

① 周清海《华语研究与华语教学》，载南洋理工大学孔子学院基金语言文化丛书①《变动中的语言》，2009，页100—117。

九　全球化环境下中文的研究与教学问题

题，值得我们加以探讨。

现代汉语和各地华语的交流与融合，将使现代汉语出现较大的变化。这个融合还在进行，还没有固定下来，因此词汇之外，各地华语语法的差异，也值得我们观察研究。我和邢福义教授、陆俭明教授、李宇明司长等人因此有了编写《全球华语语法长编》的构想。我们认为这是汉语传播、汉语走向全球必须做的工作。只有对词汇和语法有了比较全面的了解，才能把汉语传播的工作做得更有信心，做得更好。

邢福义教授曾对记者说："从2009年开始，新加坡……周清海教授多次发来邮件，希望将全球华语语法的研究提上日程。这一倡议反映了世界华人的寄托和期待。于是经过两年多的准备，组织起一支内外结合、协同攻关的国际性研究团队。……对全球华语语法进行全面考察，无论在国内还是国际上都是首次。这意味着汉语语法研究迈上了一个新起点，将从语言研究的角度，对中华文化的弘扬起到有力的推动作用。……"

2009年7月7日下午，新加坡资政李光耀先生在新加坡总统府接见了时任中国教育部副部长、国家语委主任郝平先生。李先生说了下面的话：

"新加坡有华文媒体，也有自己的一些词汇，没有办法。比如"自行车"叫"脚踏车"，"出租车"叫"德士"，"市场"叫"巴刹"。忽然间改变，听起来不舒服，不习惯。法国有些办法，世界上许多讲法语的国家和地区，如越南，非洲也有一些，把学者组织起来，相互联络，对一些新词提出意见，减少差别，对各方都有好处。中国也可以这样做，不是行政办法，用说服的办法。台湾我看会改变，有超过100万的台湾人住在中国大陆。这方法不是统一，是减少差别。"①

这段话就是从汉语走出去着眼，看语言规范的问题，以及汉语将来的变化。郭熙教授强调，规范是对中国国内说的，而华语和普通话之间，只能协调。②如何协调，就是今后该好好研究的。

王力先生认为中国的现代词汇是通过日本进入中国的，比如"议会"，就是从日本传入的，因为早期很多知识分子是留日的。他把这些词称为"来自西洋，路过日本"的词。③其实，现代汉语的新词有很多是传教士翻译的。传教士要把西方的地理知识、科学知识、政治知识、历史知识介绍到中国来，以期改变中国人以中国为世界中心的观念，不得不创造汉语新词。传教士的汉语翻译著作，有许多是在新加坡、马六甲印刷的，然后通过澳门进入中国。我们对过去了解不够，而误把很多新词的创造权归给了日本。我们对近现代汉语的研究，应该更有世界眼光，更全面地了解早期现代汉语的情况，对语言与文化交流的实况，将能提供更可靠的实证。比如"小时"这个词，在时钟传入中国时，应该就出现的。清宫内府的档案里可能就有这个词。钱大昕《十驾斋养新录》有二十四时的解释。"小时"是中国原有的词，还是外来词？

"长颈鹿"，黄河清先生认为是1848年《瀛环志略》（卷八）

---

① 周清海《李光耀二三事·十、语言标准和语言规范》，《人生记忆》，页187。
② 郭熙《普通话词汇和新马华语词汇的协调与规范问题》，《词汇学理论与应用》，商务印书馆，2009，页291。
③ 王力《汉语史稿》（修订版），中华书局，1980，页517。

九　全球化环境下中文的研究与教学问题

首次使用。①庄钦永先生发现1843年的《万国地理全集》早就用了。

"恒星"，黄河清不收，而收了"恒星年"等词，认为是1930年开始用。庄钦永发现1826年在马六甲出版的 English and Chinese Student's Assistant 一书里，就有"恒星"这个词。

"群岛"，黄河清最早的语料是1843年马礼孙的《外国史略》，而我们发现1838年的《东西洋考》就已经用了。

"元首"，香港中国语文学会的《近现代汉语新词词源词典》引的资料出自1899年的《清议报》；黄河清的提早到1889年，例子出自傅云龙《游历日本图经》卷十九；庄钦永的提早到1838年，例子见于《东西洋考》。

"文明"，高名凯等人编的《汉语外来词词典》认为源于日本，黄河清最早的语料是1880年三河石川英《〈日本杂事诗〉跋》，而我们发现1839年新加坡出版的郭实猎《犹太国史》就用这个词了。②

几年前，台湾友人为了调查峇峇的语言到了新加坡。交谈中，我问他们，峇峇语言大约产生于什么时候。他们说，可能是清朝平定太平天国之乱以后，许多太平天国的残余部队逃往东南亚。我却认为应该是明代。庄钦永先生对马六甲华人坟山墓碑的搜集，就有一件是明万历四十二年（1614）"明文来氏"的墓碑，女的是当地人。③峇峇语言只能产生在华人只占少数

---

① 黄河清《近现代汉语辞源》，上海辞书出版社，2020，页82。
② 庄钦永、周清海《沿用与创制——1800—1843年间流行的汉语新词》，未刊稿。
③ 庄钦永《马六甲、新加坡华文碑铭辑录》，《民族学研究所资料汇编》第12期，1998。

并且与当地人通婚的情况下。太平天国的残余部队逃往东南亚，并不能提供这个条件。

在方言研究方面，研究者开始扩大自己研究的范围，从事海外方言研究。2008年首届海外汉语方言研究的学术会议就在广州暨南大学召开。研究海外方言在多语环境下的变迁、方言消亡的情况与消亡的速度、外来词对方言的渗透、方言的合流与变异等等，都是没有完全展开的研究课题。

马来语的baru有形容词的用法，意义是"新的"；也有副词的用法，意义是"刚刚，刚才，仅仅"；但借用到闽南话来，却只有副词的用法。是不是因为汉语的形容词用来修饰名词时，位置在名词的前边，而马来语的形容词却要放在名词的后边，和汉语的语序完全相反，所以baru的形容词用法不被闽南话接受？马来语和闽南话的副词修饰动词时，语序完全相同，所以闽南话就只能接受baru的副词用法。这完全是语法上的差异决定的吗？mana马来语是代词，意思是"哪里""怎么"，闽南方言"去哪里？"绝对不要mana，而"怎么可以？"却常用mana，mana被借用到闽南话来，只留下一个意思，原因又何在呢？

词汇的交流融合，有时是不容易解释清楚的。如新马闽南话里的"奎笼"，《全球华语词典》解释为"搭建在浅海上的捕鱼设施，马来语音译"。现在我们才了解是闽南话的"鸡笼"。"奎笼"这种捕鱼设施，一面宽，另一面窄，形似鸡笼的上窄下宽。鱼从宽的部分游入，就出不来，所以得名。如果这种捕鱼设施是由闽南人或者潮州人带到南洋的，那么，在福建或者潮州当地，必定还存留这样的设施，而且也应该叫"奎笼"。

但是，我没办法证实这种捕鱼设施仍然存在于福建或者潮州当地，同时也叫"奎笼"。所以词典该词条下的"马来语音译"也就保留了下来。

前年在台湾，友人李英哲教授给了我一个新的例证，台湾的基隆港，就是形似"鸡笼"而得名，后来才改为"基隆"。地名由"俗"变"雅"，就像我们的"红毛桥"变为"宏茂桥"一样。

新加坡是个多语社会，方言是弱势语言。"在弱势语言里，一些反映新事物、新观念的概念就不再有人去创造，一些符合现代人思维的语法结构和表达方式也无法建立和形成。久而久之，弱势语言的表达系统和表达功能越来越萎缩，越来越难以完全适应人们的需要……。"[①]这个结论，对我们的双语教育很有启示。

2.应该重视对语言的理智分析

中国的语言教育，大部分是在有口语的基础上进行的，因此语言教育被认为是"识字"的过程。识字不识字，就是有没有受过教育。汉语的语法体系、基本词汇、大部分的常用词汇，早已在中国人的口语中建立了。习得的语言能力使大家都具有语言的感性认识，语感很强，因此就忽略了对语言的理性分析。

汉语教师常常知其然，却说不出其所以然来。但在汉语教学方面，我们需要的恰恰是教师必须能说出所以然来。

中国台湾的汉语教学者曾向我提问：为什么外国人学汉语，总是逃避使用"把字句"，或者使用得不正确？我回答说，不

[①] 曹志耘《生存还是消亡：汉语方言面临的抉择》，《世纪之交的中国应用语言学研究》，华语教学出版社，1999。

只外国人,连香港人也逃避使用,因为粤方言里就没有"把字句"。使用"把字句",其中的一个条件是动词必须有补充成分,也就是说,"把字句"必须在学生学了相当数量的动补结构动词,或者动词后边有补语的结构之后,才适合教。我们的汉语课本编写者,考虑过学生应该在学了多少个动补结构的动词之后,才教"把字句"吗?在母语习得的环境下成长的语言研究者和语言教学者,对第二语言和外语学习者所面对的困难往往缺乏了解。

多语环境里的华语教学,要求语言教学者,对所教的语言,有比较深刻的认识;因此,多语教育里的华文教学,就不只是多用英语教学华文就能完全解决的。课文的撰写、语言现象的解释等,都对语言研究者提出加强汉语研究的要求。

3.应该加强对语言不稳定性的研究

现代汉语标准语,是一种"古今杂糅,南北混合"的语言,华语的"古今杂糅,南北混合"现象更甚于现代汉语。这个语言(既指现代汉语,也指华语)的口语和书面语,就有许多地方还没弄清楚。

朱德熙说:"研究书面汉语语法比研究口语语法难,还有另外一个重要的原因,就是对于书面语语句的可接受性不容易做出判断。一种句式是否能说,往往会引起争议。这说明有些书面语句式的可接受性只有程度上的差别,不像口语里的句式那样界限分明。"[①]其实,口语的不稳定性也是存在的,尤其是华语

---

① 朱德熙《现代汉语语法研究的对象是什么?》,《朱德熙文集》第3卷,商务印书馆,1999,页147。

九　全球化环境下中文的研究与教学问题

区的口语。

目前大部分的语法著作都是以书面语为研究对象，这些语法著作都没有把书面语语法的不稳定性适当地反映出来，更少讨论华语与现代汉语的书面语和口语的语法差异。这给教学带来困难。

例如，赵元任说："假如问：'你抽烟不抽？'可以答：'抽。'但假如问：'你望东不望东走？'就不能只答'望'，要说'望东走'或者'望东'。"并且加注说：还不懂文法的小孩（三岁或三岁以下），有时候听到"你跟我出去吗？"这句话就回答说"跟"。①

张志公也说："'这列火车从不从上海来'不成话，正确的说法是'这列火车是不是从上海来的？'。近年来，有的介词有被这样用的情形，但是这样用法的规范性还是一个有待研究的问题，因为，纵然有人问：'你往不往公园去？'回答的人也不会单说'往'或者'不往'，而是说'去'或者'不去'。"②

介词难道真的不能独用吗？粤语的"同"就可以独用，回答"你同不同我出去？"粤语就可以用"同"。因此华语区的介词独用现象比较普遍。新加坡华语里对这类提问的回答，视所用介词的不同而有差别。"在""往""从"之类，肯定的回答可以单用"在""往""从"，否定的回答是"不在""不往""不从"。

中国的现代汉语书面语是在有意模仿外语（尤其是英语）的基础上产生的，和外语接触而产生的影响是通过知识分子的

---

① 《中国话的文法》，《赵元任全集》（第一卷），商务印书馆，2002；页311。
② 张志公《汉语语法常识》，广东教育出版社，1991，页152。

书面语而传播形成的。这是间接的语言接触,因此汉语书面语比较不稳定。老百姓很少接触外语,他们的口语就比较稳定。在华语区,华语和外语的接触,却是直接的接触,因此华语口语和书面语一样不稳定。没有对这些现象的研究,语言教学的标准就难以确定,语言的评鉴就很难客观。

4.对融合中汉语的研究

在华语走向全球的时期,也正是现代汉语和各地华语相互融合的时期。现代汉语和各地华语相互融合,使现代汉语出现较大的变化。这个融合还没有固定下来,因此给语言研究和教学带来许多新的挑战。词汇的融合演变比较容易观察,这里只讨论语法的融合现象。

(1)"被"字句

"被"字句里的动词如果带名词宾语,名词所指往往是主语的不可分割的部分:

他被炸弹炸断了腿/我被太阳晒破了皮。

下面的句子,都是不可以接受的吗?

他被朋友偷了钱。

我被老师问过那个问题了。

我被他从身上偷了手表。

现代汉语表示被动的介词,书面语用"被",而口语用"叫、让",新加坡的华语没有这个分别,都用"被","叫、让"反而非常罕用。在可以省略"被"或不用"被"的地方,无论书面语或口语,新加坡华语大都倾向于用"被"。如果做词频统计,新加坡"被"字的词频,恐怕比其他华语区都高。这是受英语影响的结果。香港传媒也有"疑含剧毒信件,被寄给奥巴马""被很多人知道"等用法。

（2）有人认为"'V在不V在+处所词'的句子本身站不住",如：

放在不放在家里

住在不住在河西

写在不写在上面

这样的用法,在华语区却是相当普遍的。吕叔湘说"'在'和'向'也有附着于单音动词的倾向"①,他举了下面的例子：

走到小店门口,他一软就坐在了地上。(《骆驼祥子》,29页)

还是那两条烟,放在了敌人仓库的木箱上。(《人民文学》,1955年12月号,108页)

她急忙打开了箱子,把麦子放在了箱子里。(《剧本》,1955年4月号,11页)

既然"坐在了""放在了"的用法,和"坐了在""放了在"一样,"坐在""放在"等就像个双音动词,那么华语区出现了"坐在不坐在""放在不放在",就一点儿也不奇怪了。

我们对1949年以前的"国语",现在的各地华语,无论词汇或语法现象,无论书面语或口语,都研究得很不够。

5.应重视汉语里的特殊现象

语言里普遍存在一般规律,但也存在特殊现象。在华语全球推广的新局面之下,对华语的研究者和教学者,提出新的要

---

① 吕叔湘《现代汉语单双音节问题初探》,《中国语文》1963年第1期。

求：研究和说明这些特殊现象。

所谓特殊现象，是指那些已经约定俗成而又不完全符合，或者不符合一般规律的语言现象。这些特殊现象，常常不能用一般的规律加以解释，因此常常困扰语言研究者和语言教学者。

如"养病、养老、养伤"，显然和"养鱼、养家"的谓宾式结构不同，"病、老、伤"都是"养"的原因，表示"为病而养"，"为老而养"，"为伤而养"，不是"养"的对象。李行健先生因此认为："我们只有按照动状结构去分析这些词语，才能使语法结构形式和意义统一起来。因此，在构词法中，可以考虑设立"动状"结构这种构词形式。这种结构格式正是来源于古代汉语中的状语后置的造句法。"[①] 其实，古汉语里的谓宾结构如"死名""图吾君"等，语法结构是谓宾结构，语义上就表现了状动的意义，给构词法增加"动状结构式"是没有必要的。[②]

我们知道，语言符号和意义形成了固定的联系之后，这个符号的组成原因，不是语言学习者必须了解的，如，"蜗牛"为什么不叫"牛蜗"？"熊猫"为什么不叫"猫熊"？语言学习者可能是没有兴趣知道的。但是，像"吃了""看了"，"看在了眼里"还是"看了在眼里"？涉及所有的动词，就是语言教学者和学习者需要知道的了。

和"熊猫"一样结构特殊的词汇还有：

[①] 李行健《汉语构词法研究中的一个问题——关于"养病""打抱不平"等词语的结构》，《语文研究》1982年第2期；又载《语文学习新论》，陕西人民教育出版社，1997，页342—353。

[②] 周清海《现代汉语里的特殊现象》，广州暨南大学华文学院2009年11月16—17日主办的第二届华语论坛主讲论文。

九　全球化环境下中文的研究与教学问题

脚板（比较"板鸭"，是以"鸭"为中心。）

脸蛋（比较"鸭蛋脸"，是以"脸"为中心。）

骨盘（《现代汉语词典》只收"骨盘"，不收"盘骨"，新加坡就叫"盘骨"。"盘骨"才是以"骨"为中心。）

宅院（带院子的宅子，泛指住宅。）

卧病（因病躺下）（《现代汉语词典》不收"病卧"。"病卧"才是以"卧"为中心。中国港台、新、马"卧病"和"病卧"都用。）

除了"卧病"还有"病卧"的说法外，上面其他的词都是中心语素在前的，结果跟"熊猫""蜗牛"一样，没有第二种说法。台湾特别将"熊猫"说成"猫熊"也就没什么根据了。

上面的一些例子说明了发现和解释特殊现象，不是一件简单的事。但是，特殊现象的发现和解释，对以华语作为第二语言或外语的教学者，特别重要。因为他们教学的对象，都没有或者很少有口语的语感基础。

因此，我建议有关研究机构，组织研究人员编写一本参考工具书，专门处理现代汉语里的特殊现象。这是有必要的，这样的工具书将对汉语的国际推广和汉语的融合做出贡献。

6.发展泛华语和早期现代汉语语料库

我一直关心香港友人邹嘉彦教授所建立的语言资讯科学研究中心里的泛华语地区汉语共时语料库（LIVAC）。这个语料库包含了华语和现代汉语。我并且认为，这个语料库是一个宝库，但没有好好地加以开采，而收词的范围似乎也应该扩大些。

"第一时间、手机"等词，这个语料库里好像没有。至于

"房配、打房、超级车模"之类的新词,收了没有?只有扩大收词范围,才能表现"共时"的特点。①

我和陆俭明都认为,新加坡华语口语体不成熟。其实,口语体不成熟应该包括所有的华语区。因为华语区都是在没有北方基础方言支持的情况下,推广华语的。

以新加坡为例,我们的华语,在新中建交之前,完全没有普通话的直接影响。没有普通话口语为基础而发展起来的新加坡华语,在发音、构词和用法等方面,几乎都以《现代汉语词典》为依据。《现代汉语词典》在维持华语核心的一致性方面,起了非常大的作用。②

现代汉语的语气词"呗",其他华语区几乎不用,而"咩"作为语气词,除了新加坡以外,也不见于其他华语区的口语里。新加坡"被"字的词频,恐怕比其他华语区都高。这些现象,都值得注意。适当的照顾口语,更能使语料库表现"共时"的特点。

在汉语教学与传播方面,泛华语地区共时语料库对语言教材编写方面的词汇选择,能提供参照。对编写本地适用的语言教材,以及为华语区交流需要的教材,语料库都能提供参照的资料。应该在泛华语地区汉语共时语料库(LIVAC)方面,做更大地投入,使它成为这一类型的杰出的语料库。

以泛华语地区汉语共时语料库为基础而进行的研究,也应

---

① 周清海《汉语融合时代的语言研究与语料库》,香港教育学院语言资讯科学研究中心2011年5月6—8日举行的"汉语语料库及语料库语言学圆桌会议"论文。
② 周清海《现代汉语词典和全球华语词典》,《全球化环境下的华语文与华语文教学》,新加坡青年书局,2007,页67—74。

九 全球化环境下中文的研究与教学问题

该好好地发展起来。这方面的研究,对语言学、词典编撰以及语言教学都能做出巨大的贡献。

各地区不同的语用习惯,在词库里也应该有所反映,这些也应该是语言研究所关心的范围。

上面提到的早期现代汉语新词研究,也要求我们考虑为清宫内府档案资料、《海国图志》以及清代外交使节的著作、传教士的翻译著作等建立语料库,为早期现代汉语的研究提供资料。

我们谈论了语言研究,也涉及一些语言教育研究。接下来将着重谈论语言教育研究。

和语言教育有关的首要问题,就是语言规范问题。以新加坡为例,上个世纪80年代,我们就开始注意新加坡华语和现代汉语在词汇和语法方面的差异,也考虑如何处理新加坡华语和现代汉语标准语的差异。

我们在语文教育(包括语文教科书的编撰、师资的培训)以及大众传媒等方面,一贯强调趋同,让华语保留共同的核心,避免出现不必要的差异。也就是说,具有大面积影响的,我们都严格把关。我们认为,华语的发展与应用的前景,不是由我们决定的,所以,华语必须和普通话保持密切的关系。过分地强调自己的语文特点,是没有必要的。这不只增加了交流的困难,走不出去,而且会使自己陷于孤立。因此,我强调华语必须向普通话倾斜。三十多年来的实践证明,我们的做法是正确的:我们并没有因为强调和普通话保持密切的关系,而失去新加坡人对自己国家的认同,失去新加坡人的特点。在华语区里,新加坡华语是最接近普通话的。这在《全球华语词典》里也反映出来:新加坡华语的特有词汇,是华语区里最少的。

1994年，我们正式研究新加坡华语和现代汉语在词汇和语法方面的差异。

1996年，我们也对新加坡华人语言使用情况和语言态度进行调查，这是为了观察了解我们社会的语言应用状况，以便在华文教学方面，考虑可能出现的、必需的调整。这些研究都和新加坡的华文教学相关，对华文课程的设计、选材、评鉴、教学方法，都产生影响。

香港教育学院在2002年完成了"用普通话教中文的研究计划"，并且出版了《用普通话教中文的问与答》一书。我在书的序言里说了下面的话：

"中国大陆、香港以及其他的华人地区，共同拥有成熟的、比较一致的书面语，这是我们的财富。这个共同的书面语，为各地区之间的交流所提供的便利，在资讯时代里，将更大、更多。口语方面，由于社会历史的特殊性，过去曾人为地要让香港人独具一格，遂出现了粤语一枝独秀，占据所有交际场合的局面。现在这个局面已经开始改变了，港人必须重新审视，重新为自己定位。这个重新定位的要求，让一部分港人觉得不十分舒服，是可以理解的。"

用普通话教中文的研究，对香港是非常有意义的研究。希望教育学院能继续这个研究。

1949年之后，香港作为一个特殊的地区，曾在教育、文学以及儿童读物方面，对华语区产生影响。教育学院同仁计划研究香港出版的《好朋友》，是一个很好的开始。但这个研究，不应该只是着眼于香港，更应该从全球的眼光研究1949年以后香港对世界华人的影响。在大陆和台湾都积极地从事统战等政治

九 全球化环境下中文的研究与教学问题

活动时,华语区能接受的中华文化的出版物,只有香港出版的。

我就是受香港出版的读物影响长大的。在我的回忆录里,我说:"当时我最喜欢阅读的刊物是《好朋友》。因为阅读,我便喜欢写作,希望自己成为作家。这就是我后来报读中文系的原因。"①

儿童语言能力的研究也应该进行。在语言习得中,先习得华语或者粤语,后习得英语的儿童(两岁到四岁),和先习得英语后习得华语或者粤语的,他们的口语表达能力以及听的能力,是有差距的。但实际的情况如何,也不得知。对儿童实际的双语能力,能用双语表达哪些课题,我们所知更少。缺乏这些了解,要做好双语教育,困难是很大的。

关于语言教学方法,我强调"因材施教",必须了解学习者的程度和需要,才可能采取适当的教学方法。因此,没有一套教法是绝对好的。引用"黑猫"和"白猫"的说法,只要能引起学习兴趣,达到学习目的的方法,就是好方法。

用双语教学华文,通过现代科技教学华文,用戏剧表演教学华文,通过唱流行歌曲教学华文,或者通过诗歌朗诵教学华文,等等,只要用得适当,都是好方法。任何一种方法,都有优点,也都有缺点。不应该不顾学生的语言背景,过分地强调一种方法;应该尊重教师的专业判断,提供不同的教学方法,让他们选择。

通过自己熟悉的语言学习另外一种语言,是语言学习者的普遍经验,这是有效果的,但也有局限性。这有助于阅读理解,

---

① 周清海《人生记忆》,八方文化出版社,2011,页21。

可以提高阅读理解的效果,有助于从上下文理解词义,但对培养语文的应用能力帮助不大。更何况将华文词汇的意思,用英语翻译或者解说,也不是所有的老师都能胜任的。香港教育局编的《中英对照香港学校中文学习基础字词》,"书"的英语解释是book,举的课本词条是"书包、书本、书局、书店、书房、书法、书信、书架、书面、书展、书桌、书记、书报、书写、书签、书籍、书院、书画",就十分不妥当。其实"书"的语素义有"写、成册的著作、文件、字体、信"等。教学中,应先教哪个语素义、哪些词,孩子用的学习词典应包括哪些语素义、解释哪些词汇,都是应该研究的问题。

过去,新加坡的华校通过华语教学英语,结果是华校毕业生只有看、写和听英语的能力,没有说英语的能力。现在,中国的学生学英语,英语说得不流利,听的能力也比较差,和中小学用华语教英语有密切的关系。

在教华语时,多用英语,就减少华语的应用机会。过多地、没有必要地用英语教学华文,对学说、学听华语是没有帮助的。因此,我建议,语文课本,增加英语的说明部分,而教学中,尽量减少应用英语。

现在,年轻的华文教师在必要时用英语解释华文生词,是普遍的现象,就像用图画告诉学生什么是"乌龟",改用英语,也一样。重要的是见到"乌龟",会用华语说"乌龟"。我们更应该研究通过英文学习华文,到了哪个年级可以逐渐减少,就像不必用拐杖而能走路一样。

新加坡在短短的四五十年内改变了社会用语,建立了双语教育制度,这些经验都值得世界借鉴和汲取。观察今后的双语

九　全球化环境下中文的研究与教学问题

教育的走向、人民语言态度的转变以及语言教学方法的研究等，都需要教育部和大专机构关心和注意。怎样在过去的基础上，往前看，往前发展，更是应该关心和思考的。

对于香港的语文教育情况，2002年我应香港大学教育学院的邀请，发表了《多语环境里语言规划所思考的重点与面对的难题——兼谈香港可以借鉴些什么》一文。我的文章里有这样的结论：

"新加坡的华语能力，需要相当的时间才有办法提升；台湾地区的"国语"，人为地增加了太多的地方色彩；而台湾和中国大陆一样都缺乏说英语的大环境。只有香港，具有高程度的华语书面语能力，具有说英语的大环境，在新的语言压力下，将来肯定会有不可忽视的发展。香港具有双语的环境，如果有了普通话的大环境的支援，将来华人社区真正的双语精英，可能出现在香港，而不是新加坡、中国台湾或者中国大陆。"

李光耀先生看了我的文章，他给我电邮说："你全面地分析了语言和建国的关系。这篇文章应该以中英文出版。"但对于我的结论，李先生有不同的看法：

"我不同意你对香港双语前景的预测。人民大众以及精英阶层应用英语的情况，香港永远不能和新加坡相比。香港是中国的一部分，他们和中国大陆的关系，远比和英美的关系密切。粤语是人民和立法议会的语言。英语在香港社会正在失去重要性。"

在美国教授、专栏作家汤姆·普雷特的《李光耀对话录》第137页里，他也提出同样的看法，而且对前特首董建华说："英国人留给你——故意留给你的人民——粤语作为官方语言……如果我是你，我会把重点放在汉语和英语；推行英语是因为你必须与世界接轨。"

资政的"英国人留给你——故意留给你的人民——粤语作为官方语言"的说法，我完全同意。1968年到1970年的两年间，我在香港居住，当时邵氏拍的电影都是华语片，而广东话的影片很少人看，水准也差，被说成是"广东残片"。"文革"之后，香港的粤语影片大行其道，香港人只说粤语，成为香港人和大陆广东人的语言分别。

至于大陆和台湾所关心的东南亚的华文教育问题，也应该从汉语的全球化发展的视角来观察。当汉语成为国际语言时，华文就不只是华人的语文，也是国际语文，像英语一样。在这个局面下，东南亚的华文教育问题就能彻底解决。现在许多东南亚国家都对华语解禁了。只有华语成为国际语言，我们才可能看到东南亚华文教育的发展前景。

我认为，今后大专学术机构有必要做几件事：1.举办国际性的中文和双语教育研讨会，总结经验，加强同世界研究中文和双语教育机构的联系。2.成立中文、双语研究中心，长期观察、研究今后的中文和双语教育走向、人民语言态度的转变、语言教学方法以及语言的比较研究等等。3.香港有条件设立中文和双语研究基金，以鼓励中文和双语的研究。

十　从全球华语的发展趋势看华语区的语言问题[1]

（一）大华语与语言融合

中国改革开放之后，汉语开始了大融合。从汉语走向世界这个新的视角观察，汉语的应用与规范问题，就不可能也不应该只从中国国内的需要或者角度考虑。我们应该更注重华语区之间的交流，调动华语区对这个语言的爱护与热忱，共同推动汉语的全球化。就在这样的看法下，我们发起编纂《全球华语词典》《全球华语大词典》，以首先解决华语区交流中出现的词汇问题。

在编纂《全球华语词典》以及《全球华语大词典》的过程中，我们逐渐有了"大华语"的概念。李宇明先生"把'大华语'定义为'以普通话/国语为基础的全世界华人的共同语。'这是在多年探讨、多人研究的基础上得到的一个共识性

---

[1] 本文在"第十届海峡两岸现代汉语问题学术研讨会"（澳门大学，2017年4月10—11日）上宣读，载《中国语文通讯》2020年7月 第99卷第2期。

表达"。①

提出"大华语"这个概念，是充分考虑了现代汉语和各地华语从相互隔离到现在的相互融合的情况，这种融合现在还没有完全稳定下来。各地华语因为与现代汉语长期的隔离，各自发展，不同地区都出现了自己的特点。这些特点，现在仍然保留着。

华语区之间的语言差异，不适合强行规范，强行统一，只能在交流中慢慢融合。在中国发展的大背景下，华语区之间频繁的交往，提供了语言融合的可能性。中国改革开放初期，从各华语区引入了不少词汇（包括旧国语词汇的回流），也引进了新的表达方式；现在，普通话逐渐从输入转为向华语输出。这个输出的局面，正在发展与形成中。

我们知道，最多人使用的语言，常常也是引导语言发展的原动力。华语区的语文教育，一向都是注重统一的书面语，加上使用汉字记录语言的历史传统，华语在多数使用者的引导下重归统一，是可以预期的。

"大华语"的提出，就是强调语言的和谐，就像我们共同应用的汉字一样，大陆用的是简体字，台湾用的是正体字（繁体字），无论简体或者正体（繁体），都是汉字。我们没有必要将华语和现代汉语对立起来。有意制造语言的对立，是将语言政治化。语言政治化，受伤害的是下一代。

---

① 李宇明《大华语：全球华人的共同语》，《语言文字应用》2017年第1期。

十　从全球华语的发展趋势看华语区的语言问题

（二）中国发展给华语区带来机遇和不同程度的语言压力

中国的发展给华语区带来机遇，同时也给华语区带来不同程度的语言压力。这个语言压力，受到政治有意的操作，变得更为复杂。港台地区的语言问题，就是历史遗留下来的社会语言问题。

过去，台湾人为地强调所谓的"河洛话"（闽南语），香港突出粤语的认同作用，都是增加社会成本与负担的做法，对港台年轻的下一代非常不利。

1968—1970年，我获得香港政府颁发英联邦奖学金，在香港中文大学攻读硕士学位。当时香港邵氏公司的影片占据了所有的海外市场，左倾的凤凰和长城的影片只占少数。但是，这些影片公司的影片所用的语言都是国语。广东话影片在香港市场很小，也完全没有国际市场，被香港人戏称为"粤语残片"，只在半夜播放，让年老的观众观看。

七十年代之后，为了使粤语成为香港人认同的语言，香港的影片和传媒逐渐转为粤语，港式中文也逐渐出现了。现在的语言现实是"连着重语言文字规范的《大公报》都如此大篇幅地刊登港式中文，这种文体的广泛性可见一斑"。①

对港台的语言问题，已故李光耀先生的意见是："中国台湾是故意要与中国大陆不同，中国香港也有特殊的粤语词汇，但

---

① 田小琳《港式中文面面观》，第十届海峡两岸现代汉语问题学术研讨会（澳门大学，2017年4月10—11日）论文。

没有意义。以前当家的英国殖民当局对此持放任态度，有他们的政治目的，这样可以使香港人与内地区别开来。今天的香港人也很坚持，很为自己的语言骄傲。但他们的词汇在中文字典里是找不到的，我认为这样很不智慧。"[1]

香港第一任特首董建华先生认为李光耀先生是一位伟大的人。李先生接受汤姆·普雷特采访时说："当他即将任职特首时，我人在香港。我对他说：你知道吗？你可以做的最重要的事是把教育搞好，因为英国人留给你——故意留给你的人民——粤语作为官方语言，而中上阶级的人懂得一些英语是为了与英国人保持关系。如果我是你，我会把重点放在汉语和英语；推行英语是因为你必须与世界接轨。"[2]从第一任特首到现在，香港都只能在"两文三语"中徘徊，谁也不敢尝试改变香港现在的语言现实。粤语成为香港语言政治化的工具，这种局面的持续，对香港的下一代是不利的。

台湾曾经大力推行所谓"河洛话"（闽南话），创造自己的拼音系统，提倡特点突出的台湾"国语"，但随着台湾青年教育程度的提升，台湾"国语"逐渐向标准国语靠拢，也是不可避免的趋势。闽南话作为语言政治化的工具，已经逐渐消失了。

在中国的发展过程中，新加坡和马来西亚没有感受到语言压力，因为这两个地区的华语都尽量向普通话倾斜。中国香港、台湾所面对的语言问题和语言压力特别值得关注。

---

[1] 李光耀《我一生的挑战——新加坡双语之路》，联合早报，2011，页239—240。

[2] 汤姆·普雷特《李光耀对话录》，现代出版社，2011，页137。

十 从全球华语的发展趋势看华语区的语言问题

（三）港台新马的语言调整

对香港的语言问题，我一贯的看法是："香港的语言劣势是可以避免的。逆潮流，不能应变，可能被边缘化。……香港推广普通话时，没有说普通话大环境的支持，因此更需要注意创造说普通话的大环境，而不是提高说普通话的水准。……在教学上，必须建立说普通话的信心，因此说普通话的流利度比准确度更为重要。……但在大众传媒和教育方面，注意建立标准，是可行的。"[①]

过去，香港和台湾在语言、教育和影视传媒上，对世界华人地区曾起着非常重要的作用。华人地区相互之间沟通也都用"国语"，只有少数情况下用方言。如果将沟通的语言转为"粤语"和"闽南话"，对香港和台湾是有利还是有害？在中国发展的大背景下，港台将来所起的作用，也和语言的选择密切相关。

香港的特殊书面语——港式书面语，也会在和大陆以及其他华语区的交流中，逐渐向汉语标准语靠拢。田小琳认为"港式中文要想有发展前途，要往通用中文方面靠拢"是正确的分析。

新加坡《联合早报》受到华语区的欢迎，和我们在语言表达上向普通话倾斜，不特别制造新加坡式的华语书面语有密切的关系。

中国改革开放之前，所有的华人社区，包括欧美、东南亚、

---

① 周清海《多语环境里语言规划所思考的重点与面对的难题——兼谈香港可以借鉴些什么》，《普通话教育的发展和推广国际研讨会论文集》，2002；又载周清海《全球化环境下的华语文与华语文教学》，新加坡青年书局，2007。

中国港澳等地，都和中国台湾有密切的关系。许多高级知识分子都在台湾受过高等教育。台湾应利用多年来建立的海外关系，以开放性的态度，从中华民族的立场，推广华语文教育，相信这样能得到海外更多的支持。这种不保守、开放的胸怀，将为中华民族的未来立下榜样。这样做，完全摆脱冷战的思维，能建立台湾在华人社区的形象。

如果为了制造台湾人彼此的认同特点，而人为地、刻意地扩大台湾"国语"或者"闽南语"的用途，将台湾"国语"用于广播传媒上，只有台湾的闽南人、懂闽南语的外省人，以及少数有闽南语背景的其他华语区的华人听得懂，这对台湾和国际接轨，不是好事。具有闽南话特点的台湾"国语"，随着台湾人教育程度的提升，也会在国际交流中逐渐向标准国语靠拢。

我认为：有意地强调自己的语言特点，对地区自身的发展，是不利的。我特别强调："在全球化的情况下，语言的规范就必须要既注意交流的需要，也要顾及各个区域相对的自主性。过分强调现代汉语的规范性，将产生语言霸权的不良作用；过分强调自己的自主性、自己的语言特色，不只妨碍国际间的交流，也使自己陷于孤立。如何在交流的需要和自主之间保持平衡，是各华语区应该慎重考虑的。"[①]

新加坡的经验与面对的难题：李光耀先生认为："我们可以让新加坡华人讲正确的华语，这就是吸纳新移民的优势。电视、电台不应该说不规范的语言，我在2010年5月到北京为周清海

---

① 周清海《论全球化环境下华语的规范问题》，《语言教学与研究》2007年第4期。

十　从全球华语的发展趋势看华语区的语言问题

倡议的《全球华语词典》主持发布仪式,现在全世界都说华语,新马、港台词汇和短句的用法都不一样,这本词典当然有其作用。周清海认为,语言始终会有一个当地的版本,但必须向普通话倾斜。我的看法相反,为什么我们需要一个单独的语言?外界要理解你会变得困难,我不认为我们应该这样做。其他国家可以这样做,但我们只有300万华人,为什么我们要形成自己特色的'方言'?我们应跟随13亿人正在使用的语言,制造自己的语言用法并没有为我们带来任何优势。"[1]

"中国台湾我看会改变,有超过100万的人住在大陆。……我们要跟着大国的(语言)标准,英国要跟美国较劲,输了,美国有3亿人。新加坡老一代学的是英国英语,我越来越多地听到播音讲美国英语,常听就不能分别了,就接受美国英语了,美国媒体是英国的十多倍。中国也是这样,最好的办法是用法国的做法:减少差别。"[2]

"我们必须在日常生活中和在公共场合讲华语,以便全体新加坡华人都生活在讲华语的环境中。我们也必须努力促使3%——可能的话5%——的华族双语者掌握高层次的华文能力,以便到中国做生意,以及为在新加坡营业的中国公司服务。最困难的挑战是培养掌握高级华文的那0.1%去培训华文教师。他们是新加坡华语文的监护人。他们的任务是发扬华语文并传授给下一代。但我们面对的问题是,大多数最杰出和最优秀的学

---

[1] 李光耀《我一生的挑战——新加坡双语之路》,联合早报,2011,页239。
[2] 周清海《人生记忆》,八方文化出版社,2011,页187—191。

生不选华文教学为职业。"①

　　面对新加坡华文人才的难题，解决的办法是输入外来人才。我们曾经为了推广英语，从不同的英语区聘请教学人员。在华语的推广方面，可能复制这个办法。

　　对于其他华语区的华人，汉语只是华族认同的语言，而不是所居地国家的高层语言。华人生活在不同的地区，不同的国家里，除了自己的民族母语之外，如果不能掌握该地区或者该国家的主要语言，自己或者整个族群都将被边缘化。保留民族认同的语言不应该以民族的边缘化为代价。

　　东南亚华人，特别是马来西亚华人，就面对这样的难题。如果期望维持与掌握自己民族认同的语言，并且语言程度要达到中国大陆或者中国台湾、中国香港那样的水准，同时又要掌握该地区或者所属国家的高层语言，达到能与当地民族竞争的水准，是非常困难的。因此，马来西亚华人的语言和语言教育也就面对第一语言和第二语言的选择问题。人类的语言能力显示，只有少数人能掌握两种第一语言，能掌握三种第一语言的，更是微乎其微了。

　　如果只掌握华语第一语言，没掌握好当地的高层语言，到中国大陆或台湾升学之后，就留在那里，只有小部分回到原居住地。语言教育里把民族认同的语言保留在高水准，而造成下一代的人口大迁移，也是不适当的。

　　华语区的青年，只有掌握不同程度的双语能力，才能有更

---

① 《李光耀内阁资政致周清海教授贺词》，《人生记忆》，八方文化出版社，2011，页221—225。

十 从全球华语的发展趋势看华语区的语言问题

多的选择。掌握原居住地的高层语言和国际语言（英语），是面对全球化的必要条件。这三种语言，应该如何抉择？如何处理？是马来西亚华人面对的语言和语言教育的现实问题。不能只把华文能比得上中国大陆、台湾、香港的程度，当作马来西亚华语学习的唯一目的，当作办校的唯一宗旨。

从全球的华文发展趋势来看，汉语如果有一天像英语一样，成为国际语言，在东南亚，汉语的学习也就有可能不再与民族情结紧密相连，就像今天学习英语一样。中国经济的发展，吸引了许多东南亚的非华族人民学习汉语，这个趋势如果顺利发展下去，用汉语的将不只是华人，教汉语的也将不全是华人，这对华语和当地的华文教育是绝对有利的。只有在华文成为国际语文时，东南亚国家内部华文所面对的难题，才能最终得到解决。

（四）全面地发挥华语区推广华语的积极作用

汉语的国际推广，中国大陆和台湾以往都没有充分考虑华语区的作用。无论是"请进来"或者"走出去"，都单独的从中国大陆或者中国台湾的角度考虑。我认为，我们应该更全面地发挥华语区推广华语的积极作用，组织和带领各华语区参与华语的推广，这对华语的全球化是非常有利的。

从语言研究、教材编撰、读物编写到师资培训与认证、教学人员的交流等等，都需要全面考虑。这里，我特别强调语言教学与出版的企业化，让企业家参与大华语的推广工作。最合适的语言教学与出版企业化的地区，我认为是香港。香港是国际化开放的城市,和中国大陆、澳门、台湾以及各华语区都有密切的联系。

汉语教材都在中国大陆或者中国台湾编写,在海外不一定适用,造成了大量的浪费。我们应该在当地领导组织编写小组,为当地提供合适的教材。北京商务印书馆如果能稍微调整业务,改变只偏重国内市场的做法,出来领导统筹这件事,就非常好。当然,商务印书馆或者也可以考虑在华语区之一的香港、马来西亚、新加坡等地寻找有潜能的出版社合作统筹;香港当然也适合带头做这件事。这是语文教学的企业化,同时也可以在编写的过程中培养华语教学与研究人才,建立团队。[①]

(五)结论

观察与分析"大华语"的发展趋势,我认为逐渐融合几乎是不可避免的。高度统一的书面语和正式的标准口语,以及采用汉字记录语言的传统,是汉语融合的坚实基础。随着中国整体国力的扩展,普通话的影响力将越来越大,这将使各地华语相互靠拢,使华语原来具有的共同核心更加坚实。但是,这个影响应该是在交流中逐渐发生的,而不是强行统一的。如果要这种趋同更显著,华语区之间就必须有更大的共识,必须积极进行引导的工作。

推广华语,是所有华语区的责任。从这个角度考虑,就必

[①] 更详细的论述,请参考周清海《"大华语"与华文教学》,《国际中文教育学报》总第1期。

十 从全球华语的发展趋势看华语区的语言问题

须在推广的做法上进行一些调整,组织与调动华语区的积极性,是今后必须重点进行的工作。

我们也应该充分考虑华语区之间的合作以及语文教育的企业化,更应该考虑通过语言学习,培养华语区年轻一代的人际关系;让年轻的华语区语言学习者通过语言学习了解不同华语区的状况,从新建立华语区年轻人的人际关系。分国开办语言班级,不如根据语言水准,多国合班;通过学分的安排,让语言学习者到不同的华语区学习华语,对建立华语区年轻人的人际关系,更为有利。上一代华人靠"乡情"建立的人际关系已经渐渐淡出历史舞台了。我们在处理华语区华人事务方面,应该更注意这个变化。

十一　华语文教育与区域发展的关系[①]

从华语文国际化发展的角度,讨论三方面的问题:面对华语文跨地区的应用,语言教育需要做的调整;区域发展与华语文教育;华语文教材的在地化编写。

(一)面对华语文跨地区的应用,语言教育需要做的调整

中国这二十几年来的迅速发展,让我们必须从中国和华语区之间关系的角度来考虑华语文的发展与推广的问题。过去单方面以中国大陆或者以中国台湾为中心,考虑华语文推广的做法,已经不适合现代发展的需要。

我主张华语文的推广,应该是多中心的。这是华语文国际化的要求之一。因此,在语言的标准、推广的方式,教材和读物的选取、编撰,教学人员的培训等方面,都需要做一些调整。华语区之间有语言的差异,其中以词汇方面的差异最为显著。

[①] 《华侨大学学报》(哲学社会科学版) 2021年第5期。

十一 华语文教育与区域发展的关系

因此,对词汇的规范与用法,也必须有更大的容忍度。[1]

1.1 2002年,我在发表于《中国语文》上的《新加坡华语变异概说》一文里总结说:"处在中国改革开放的年代,在面向世界的年代,我们对汉语应该有一个世界的观点。制定语言政策时,思考角度要宽广一些,要顾及世界各地区华人使用汉语的情况。中国的语言工作者、研究者也应该研究世界各地区的华语,了解它们在当地的使用情况,它们和大陆普通话有哪些变异和区别,在这方面应该做些什么有益的事情等,都应该提到日程上来了。"[2]

这二十几年来,我们的确做了不少有益的事情。李宇明主编的《全球华语词典》(2010年)、《全球华语大词典》(2016年)相继出版。在《全球华语大词典》的序里,李宇明说:"编辑华语词典的设想,起源于上世纪末本世纪初,由新加坡周清海教授所倡导。……华语内部在向着'求同缩异'的方向发展,大华语在向着'整合优化'的方向发展。在如此之大趋势下,集各华语社区的词语于一册,无疑会更方便华人社会的交流,促进大华语的整合优化。读《全球华语(大)词典》,不仅读到了一个个华语词,更读到了华人的智慧,读到了华人的情怀。"[3] 在了解华语词汇差异的基础上,学者们提出的"大华语"概念,也让各地的华语逐渐和谐地融合。

不少学者也关注华语在各华语区的使用状况,如陆俭明、

---

[1] 周清海《新加坡华语变异概说》,《中国语文》2002年第6期。
[2] 同①。
[3] 李宇明主编《全球华语大词典》,商务印书馆,2016。

邢福义、李宇明、汪国胜、徐大明、田小琳、邓思颖、吴伟平、冯胜利、李如龙、周长楫、邵敬敏、刁晏斌、汪惠迪、郭熙、王晓梅、邱克威等人，都在华语词汇和语法以及社区的语言应用等方面，做了不少的研究。

汪惠迪编的《时代新加坡特有词语词典》[1]是区域性用词词典的第一本著作。汪先生在《前言》里说："南洋理工大学中华语言文化中心成立后[2]，主持其事的周清海教授拟定了一系列跟本土有关的科研专题，在周教授的鼓励和推动下，笔者才下决心整理所搜集的资料，撰写论文，并编写了这本词典。"

从编辑新加坡的特有词语开始，学者们也关心其他区域的华语词语，编撰了《全球华语词典》。2010年5月17日，在北京人民大会堂举行的《全球华语词典》出版座谈会上，我发言说："在全球化的情况下，我们必须既注意交流的需要，也要顾及各个区域相对的自主性，词典从收词到释义，都把握住这个精神。"

《全球华语大词典》的《凡例》说："本词典是一部全面反映全球华人社区华语词汇面貌的大型华语辞书。主要华人社区包括中国大陆（内地）、中国港澳、中国台湾，新马印尼菲、泰国、越老柬缅文莱、东北亚，以及北美、欧洲、大洋洲等。"

除了各华语区的词汇之外，《全球华语大词典》也收了《现代汉语词典》的大部分词语。如果我们根据全球华语的发展情况，在《全球华语大词典》的基础之上，按期加以修订补充，

---

[1] 联邦出版社，1999。
[2] 南洋理工大学中华语言文化中心1994年成立。

十一　华语文教育与区域发展的关系

增加收录各种区域性词典里的新词语，就能将《全球华语大词典》发展成为全球华语的代表性词典。《全球华语大词典》显然比《现代汉语词典》更能配合华语国际化的需要，必将成为世界性的华语词典。

1.2 尽管华语的国际推广越来越受重视，但大家的观点难免还有些局限。这些局限表现在下列几方面：

1.2.1 以中国为中心，看待华文教育，认为"华文教育是面向海外华侨华人开展的华语与中华文化教育。"在这个观点下，海外华人华侨到中国是为了学习华文华语，学习中华文化，因此中国编撰的语文教科书，都是固定在单一的地区——中国。语言的训练也集中在标准普通话。

中国国内自己的中小学语文教材，也只是关心中国国内的情况，缺少关注其他的华语区。

这和中国的发展严重脱节。现在的中国年轻人，特别是大城市的年轻人，向外发展的机会很多，他们需要了解中国以外的世界，特别是需要了解各华语区。过去中苏关系密切的年代，语文教科书以认识苏联为中心的教材、课外读物不少。相比之下，现在中国忽略了面向各华语区、面向世界的读物和教材。

如果我们考虑二三十年之后，汉语的运用将不只在中国，也包括广大的华语区，尤其是东南亚的华语区，那么关于语言交际的训练、国别化的教材，都需要进一步扩展。怎样推进中国的年轻人了解其他华语区，同时进一步让在中国学习汉语的学习者也了解华语区，并促进各华语区之间的相互了解，都是应该受到重视的问题。

我曾说:"华人大都会里的语文教学所面对的是国际化、现代化、本土化和民族化的问题。在教学内容方面,将更突出国际化与现代化的重点。……但是,国际化和现代化必须以本土化为基础,因此加强民族传统文化教育……将更受重视,借以树立民族自尊、自信和自豪感。也就是说,在面对国际化和现代化,这些地区的教育将更重视价值的取向。"

"在华语扩大它的用途时,华语区的语文教材容纳不同华语地区的作品也是必须的。各地不同的作品、语言现象,可以让语言学习者了解其他华语区的社会与语言,方便学习者以后与其他华语区交往。因此,我们的语文课程与教材,就不能只是考虑自己内部的需要,而必须从整个华语区的需要着眼。"[1]

马来西亚的马来学者达祖丁教授《在两个种族之间筑起一座文明的桥梁》一文里说了非常有意义的话:"最后,我想说的是,如果中国人可以在伟大的河流上筑起桥梁和水坝,在马来人之间筑起一座横跨知识、价值观和信仰的桥梁,对大马华裔来说肯定轻而易举。"[2] 这正表达了海外友族有识之士的期望。

1.2.2 华语的国际推广,中国学者说出了"中文国际推广""中文国际教育"的名称,虽然机构的名称也有"中国华文教育网""华文学院"等。但因为传统上强调"中文",以为"中文"是中国的语文,因此,在语文教材方面,只由中国大

---

[1] 周清海《从全球化的角度思考语文教学里的文化问题》,《汉语融合与华文教学》,社会科学文献出版社,2020,页14。

[2] 马来西亚《星洲日报》,2021年2月6日。

十一　华语文教育与区域发展的关系

陆、中国台湾编写，再向世界推广。其实，这不是好的做法。

如果我们了解"华语""华文"，各地都有一些差异，就应该进一步鼓励当地人，特别是华语区的教学人员参与教材的编纂，才能编出更切合当地需要的语文教材。这样做能更进一步培养当地的语文教学人才。中国也可以考虑资助华语区编写适合当地的教材与读物，再由中国统筹出版，这可能是比较切实可行的做法。

要积极地带动华语区推广华语文，就不能只限制在中国本土一个中心。应该在有条件的地区，例如中国香港、菲律宾、马来西亚、新加坡等地区发展和组织团队，为华语区提供教材和读物。特别是马来西亚，有许多这方面的人才，需要组织和带领。在中国之外，马来西亚也有条件发展成为另外一个华语文推展的中心。马来西亚的槟城，曾经在东南亚排斥华文的年代里，为东南亚的华人子弟提供了华文教育。马来西亚如果能够发展成为另外一个华语文推展的中心，对马来西亚华社，对马来西亚独立中学的发展，都是一剂强心针。

对新加坡来说，这就意味着，新加坡的华文教学与研究人员，不应该只专注新加坡。新加坡华文的标准，是"向普通话倾斜"，但同时也保留新加坡华语自身独特的地方。以新加坡为内容的教材，除了可以向华语区提供另一方面的社会认识，也向他们提供可预测的社会发展前景。华文的学习，也是知识的相互传播。华语文的多中心推广，新加坡就是这样的中心之一。我提倡"大华语"，目的就是要建立一个多中心，更具包容性、更和谐的全球华语文推广、教学与学习的环境。

1.2.3 我们既看到世界各地的华语有共同的核心,也看到各地华语有自己的一些表达特点,因此只有把握"大华语"的概念,才有助于减少语言的矛盾,让语言和谐地融合。[①]我们不能以自己的语言标准,去要求其他的华语区。这会造成不必要的语言矛盾。普通话只是大华语的北京版。因此,我强调,华语有共同的核心,应该向普通话倾斜。[②]这个观点,在我们的语文教学里是应该这样贯彻的:教学从严,评鉴从宽。也就是教学上尽量靠拢现代汉语,而在语言评鉴和应用上尽量从宽,容忍差异,承认差异。这个"大华语"的概念,还需要在教学和教材上不断地贯彻下去。

1.2.4 二三十年后,华语的应用将是跨地区的,更国际化的,没有掌握好华语,将面临语言交流的困难,自己也会失去不少的竞争优势。现在,有些地区人为地将语言政治化,比如一些香港人,将粤语和普通话对立起来,拒绝学习普通话。这样做就让自己在交流中形成语言孤立,是非常不明智的。这种把语言文字政治化的结果,将使下一代受到伤害。当我看到香港特区政府和中联办的官员,在面对媒体时,除了用普通话之外,也用一些粤语:这是明智的做法——避免语言被政治化。[③]用粤语介绍大湾区的发展,能增加香港人的亲切感。同时,我们也应该引导香港的语言发展。1968年后,我在香港生活了两

[①] 周清海《"大华语"的研究与发展趋势》,《汉语学报》2016年第1期。
[②] 周清海《论全球化环境下华语的规范问题》,《语言教学与研究》2007年第4期。
[③] 周清海《从"大华语"的角度谈语言融合、语文政治化与语文教学》,《中山大学学报》(社会科学版) 2021年第3期。

十一　华语文教育与区域发展的关系

年，那时香港人把回大陆说成"返乡下"。这说明了现在整个香港都需要时间来适应大陆发展的新局面。

早期的新加坡，方言是生活的语言，现在各民族之间的共通语却是英语。为了让年轻一代学好华文，我们对华文程度作出相应的调整。我们的华文教学口号，是不能失"底"，但也不会封"顶"。华文在新加坡这个华人人口占大多数的国家里虽然是非主流语言，但却是一个通行的语言。因此，新加坡依然具备了学习华文的社会语言环境。在任何时候，新加坡都有三十余万在籍学生在学习不同程度的华文。

"特殊的语言环境致使新加坡不能直接采用由中华文化地区所编写的华文教材，也不能采用欧美地区开发的教材。新加坡需要自行编写在地化华文教材，以满足不同源流、不同背景学生的学习需要。"[①]

世界各地的华人有共同的语言，是一个财富，应该继续爱护和保留的财富。面对华语文跨地区的应用，如果要为将来出现的局面做好准备，有些地区的语文教育就不能不做一些调整。

1.2.5　吴伟平、冯胜利两位先生认为："不开设地方普通话教学的课程，同样既是我们的教学观念还比较保守的体现，也是缺乏主动利用汉语语言环境资源意识和行动的表现"，"以熟悉和听得懂地方普通话为教学目标，增强来华留学生用普通话

---

① 陈之权《聚焦新加坡——华文教学、课程与师资培训》，华侨大学丛书，待出版。

或地方普通话与当地人沟通和交流的能力,提升和拓展来华生汉语适应和交际能力"。[①]

这些论述,充分说明了吴、冯两位先生非常了解利用汉语语言环境资源的重要性,和我们所提倡的"大华语"概念是相符合的。在这个论述的基础上,可以进一步思考:将来学汉语的人,要在广大的华语区活动,就必须注意充分利用华语区的语言环境资源,更需要调动华语区的语言教学人员。华语学习者不只需要听得懂普通话、地方普通话,也需要听得懂华语区的华语。因此,扩大语言教学听说读写的训练范围,就是需要的。

吴伟平先生在给我的微信里也表达了下面的看法:"对海外华人来说,华语水平的高低,在某些情形下,其实决定了他们生活质量的高低","华语走向世界,职场华语教学这一块土地好像也值得开垦"。这些意见都是非常深刻的,有前瞻性的。发展职场华语,还没有受到华语文教学界的充分注意、充分关心。

印尼人、马来西亚人、菲律宾人学习华语,只以大陆的普通话或台湾的"国语"为标准,教的人也只限制在大陆或者台湾外派的教师,显然是不适当的。如果能打破这个限制,就能让华语区的语文教学从长期困扰在普通话/"国语"之间的困局里解脱出来,也能充分调动华语区推广华语的积极性。当我看到中国教育部中外语言交流合作中心2021年5月21日的"关于招聘国外本土中文教师的通知"时,心里是非常高兴的。这个通知说明了中国教育部也开始注意调动华语区的教学人员,让

[①] 吴伟平、冯胜利《语言学与华语教学:始于本体、学以致用、与时俱进》,香港商务印书馆,2020。

十一　华语文教育与区域发展的关系

他们有机会参与华语文的推广工作。

王海峰也认为：语言教育的"本土化"或叫"当地化"（李宇明、施春宏，2017）、"在地化"（李如龙，2012）等，就是语言教育适应当地的国情、民情、地情和文化，最大程度地融入当地的教育体制，教材、教法、课程设置、教学管理和评价标准等符合当地的教育特点和要求，教学任务主要由当地中文教师完成，实现语言教育的自主化、主动化和本地化。[1]

我希望各华语区也能研究自己的华语，教学自己的华语。邓思颖认为："汉语研究的范围，应放眼于全世界的华人群体。以这样宏观的角度，研究当前汉语的整体面貌，让我们对语言的本质会有更深刻的认识。全世界华人所使用的汉语，可称为'全球华语'。全球华语研究的对象，就是包括全世界华人所听所说的汉语、华语，所读所写的中文、华文。全球华语的研究，对认识当前汉语的整体面貌，非常重要。"[2]这些看法，我都是非常赞同的。

我给《马来西亚华语特有词语词典》[3]写的序言里也说："这部词典的出版，能带动马来西亚华语研究者对自己语言的研究兴趣，摆脱一路来摇摆在'国语'和普通话之间的窘境。我更希望词典的出版，能引起马来西亚语言教学者与研究者的注意，对选词与词义解释等，提出不同的看法。学术研究需要讨论，

---

[1] 王海峰《复杂形势下的中文教育国际化之路》，《海外华文教育》，2020年第5期（总第112期）。

[2] 邓思颖《全球华语语法研究：以"扎根"为例》，《中山大学学报》（社会科学版）2021年第3期。

[3] 王晓梅、庄晓龄、汤志祥编《马来西亚华语特有词语词典》，联营出版（马）有限公司，2022。

一片死寂,是不健康的。"

从调动华语区推广华语的积极性,以及华语的国际推广思考,如果由中国孔子学院带领到各国访问交流的华语教学人员里,也包括其他的华语区的本土华语教学人员,将带来更大的影响。其实,淡化孔子学院的官方色彩,对推广华语文可能更有利。

当然,也可以考虑另外成立世界性的华语文教学组织。这个建议在暨南大学华文学院、华侨大学华文教育学院联合主办的"第三届华文教育国际研讨会"(2018)上,正式被提出来,也草拟了《全球华语文教育联合会章程》,供讨论。这一类的民间组织,更适合世界多变的局势。①

(二)区域推广与华文教育

基于上面的分析,我们考虑华语文推广与华语文教育时,就应该打破过去的局限,不能只以中国大陆或者中国台湾为唯一的中心。

2.1 新加坡、马来西亚、印尼、菲律宾等地区,是独特的双语社会②,给华语学习者提供了运用华语的社会环境,也有足够的华语教学人员。我们应该进一步考虑,让在中国大陆、香港或者新马学习中文的人,也能到不同的华语区进行交流、浸濡,这对于扩大华语的运用,增进学习者对这些地区的了解,将有

---

① 贾益民《新时代世界华文教育发展大趋势》,《世界华文教学》第六辑。
② 王晓梅认为"马来西亚是多语社会,马来语和英语也是生活语言"。

十一　华语文教育与区域发展的关系

更大的作用。华语文成为国际语言，其中一个显著的标志就是参与教学的不一定是说普通话的中国人。

我希望，新加坡也能发展成为另一个华语文教育的中心。我们需要思考如何发挥新加坡在国际华语文教学方面的作用，以我们良好的华语文学习环境与精通英语的能力，吸引世界各地的人士来新加坡学习华语、华文和英语、英文。在新加坡，课室里学习的中英两种语言，马上就能在社会上普遍应用。这是新加坡的特色，这是其他华语区所不具备的。因此我经常在强调，新加坡人必须要说好新加坡的故事。

2.2 我们必须充分利用不同华语区的优势，做到优势互补。高等教育学术机构更应充分利用不同华语区的优势，让学习者在这些区域进行学习与交流。这样既可以学习语言，同时建立华语区彼此的了解，做到学习汉语不一定在中国大陆，或者在中国台湾。这样能扩大语言学习者的国际观，为他们建立国际联系，这是应该受到适当关注的。中国大湾区的发展，也可以和华语文的推展结合起来。大湾区的发展前景，也应该融入各地区的汉语学习教材里，这对中国，对其他地区都是有利的。中国大陆、台湾、香港等地都有一些基金会，可以设立交流奖学金之类以促进这件事。

过去，中国大陆、台湾等地对东南亚或世界各地的华人所推行的"原乡化"[①]倾向的华语文学习，完全不能配合华语文的

---

① 中原大学应用华语文学系编《印尼华文教育与教学》，中原大学应用华语文学系，2006。

国际化发展，更可能带来原居地居民或政府的许多猜疑。"原乡化"的华语文学习，应该做一些调整。

2.3 将华文的学习与区域的发展联系起来，对中国自身的发展也是非常有利的。中国国内"在语文教材里容纳华语区的作品，对以华语文创作的写作人，是极大的鼓励。有计划地结合语文教学推动介绍各华语区的读物、教材，能促进华语区之间的了解，都是应该受到重视的。过去中苏关系密切时期，屠格涅夫的《麻雀》、高尔基的《海燕》，曾经作为语文教材，如果换成华语区的作品，将能让下一代熟悉华语区华人的生活"。[①] 这是建立区域发展共同体所应该关注的。

教材内容的扩展之外，也应该逐渐做到教汉语的教师不一定是来自中国的；编教材和读物的也不一定是中国人。这才真正地做到汉语的国际化。

我曾说："汉语教材都在中国大陆或者台湾编写，在海外不一定适用，造成了大量的浪费。如果我们能领导组织当地的编写小组，为当地提供合适的教材，就能占有华语教材的市场。也可以将这些教材转换成繁体字，以符合海外学习者阅读台湾出版物或到台湾学习的需要。

"要增加全球华人之间的了解，我们也可以考虑：（1）借鉴"美国之音"（VOA）的做法，出版一本关于全球各地华人生活的网上中英杂志。杂志的文章应是真实语料，可以用作华语教材。

---

① 周清海《"大华语"与语言研究》，《汉语学报》2017年第2期。

（2）各地高等学府合作，根据这套教材制作一些教学配套。"①

（三）华文教材的在地化编写

随着华语全球化的发展，华语文教材的编写，华语文的教学与研究需要放眼世界，借助整个大华语区的力量来进行。因此，华文教材的在地化编写，便是非重视不可的。

要编写出适合当地的华语文教材，就必须借助当地的人才，也必须了解在当地应用已久的教材情况。

3.1 冷战时期，北美的汉语教学特别发达。当时大批语言和语言研究人员从中国台湾移民美国。中国香港、澳门的华人移民到北美（包括加拿大）的，多集中在唐人街，广泛使用粤方言。中国改革开放之后，大陆移民逐渐增多。现在，北美汉语更像是一个汉语变体的大融合。对于北美，大学的汉语课程，可以从诸多的教材中，选取最受欢迎的，加以改编或出版。

北美中小学和周末学校，也需要教材，有很大的发展空间。他们也有一些用了新加坡小学的课本作为教材。

澳洲和欧洲的汉语教学没有北美的发达，大学的汉语教学，教材不统一，各大学用不同的汉语教科书。意大利有独立的华语学校，用自己的课本，但其他中小学没有适当的汉语教科书。这些语文教科书，都难免只集中在单一的中心——中国大陆或台湾。有几所大学的汉语课本，增加了听力的训练。听力部分，

---

① 周清海《"大华语"的研究与发展趋势》，《汉语学报》2016年第1期。

有中央电视台的节目,也有台湾的节目,透露了"大华语"的概念。我曾经向主持欧美教材的编写学者建议,在听说的训练方面增加新马等地区的华语广播节目。

亚洲的情况比较多样化。新加坡教育部属下的课程组自编中小学教科书。马来西亚的华文独立中学也有自编的教科书。印尼方面,部分采用了新加坡的小学教科书。菲律宾也编了自己的教材和读物。这些教材和读物,都没有好好地向华语区推广。中南半岛诸国也需要本地化的汉语教科书。

我们应该考虑配合"一带一路"的发展而展开、引导编辑在地化的语文教科书和分级读物,也应该向不同的华语区推介其他地区的华语教材和读物。这是当前的急务。

3.2 编撰在地化教材,必须充分利用该地区的条件。

3.2.1 东南亚有些地区,老一代的华人仍在当地的校友会、华教团体担任要职,有一些也在学校里负担教学责任。他们和来自东南亚各地而毕业于暨大、华大、厦大等高校的留学生,都是编撰东南亚当地汉语课本的可选人才。但这些人才和其他地区也缺乏交流。在华语全球化发展的前提下,应该考虑拓展他们的视野。

中国对在华的华语区学生,也应该增加他们彼此交流的机会。这些学生,是将来发展华语文教学的人力资源。

3.2.2 新加坡正规教育的语文课本,完全是官方编辑的,只有国际学校没有正式的、统一的语文教科书。新加坡的国际学校遍布亚洲各地,为这些国际学校编撰课本,是可行的。其他

十一 华语文教育与区域发展的关系

国家在各地也都办了国际学校或者自己的国家学校,这些学校开设的华语文课程都需要课本。

我们缺乏一个专门的机构来处理上面的这些问题。中国"一带一路"的倡议应该考虑促成各华语区华语文研究与教学机构之间的合作。这是未来的大趋势。语言是一个纽带,应该充分受到注意。

3.2.3 美国大学有比较成熟的汉语教学,从他们的汉语课本中选出比较受欢迎的,加以改编,融入和"大华语"相关的教材。听力和阅读部分,也应该适当地照顾学习者到华语区工作交流的需要。

美国中小学和周日学校的教材,以前都是台湾协助编选或提供的。台湾的影响力已经逐渐衰微了。但台湾在侨教方面曾经做出贡献,我们为侨教提供适当的在地化教材时,应该考虑让他们参与。

3.2.4 根据可行性,语文教材和读物的编撰应该考虑:1.为国际学校提供在地化教材和读物。2.为所有的汉语学习者提供课外读物:中国的出版社可以根据各地语文课本的需要,编写课外读物,也可以和当地的语文教师或者出版社合作,进行编写。朗文出版的英文分级读物,畅销全球,就是一个好例子。3.我们应该在"大华语"的引导下,充分利用各地语料库的资料为各华语区的语言学习者编写"初阶"和"中阶"词典(包括汉外双语词典)。4.充分利用科技的手段,让华语的学习和手机软件挂钩。5.成立委员会,对现有的教材和读物进行评选。最好是分国评选，从中找出优秀的教材和编写者。

我们在编纂《全球华语词典》《全球华语大词典》，进行"全球华语语法研究"时，都组织和调动了世界各地的学者参与，编写华语文教材和读物，也可以成立类似的组织框架。

十二　新加坡的语言与教育[①]

（一）序说

考虑语言和教育问题，不能只从语言学或教育学的观点着眼，更重要的是从政治和经济的角度去考虑。这对于一个没有天然资源的小国，更是重要。过去我们对于语言问题、教育问题的争论，恐怕太多是单纯从语言和教育的立场出发而导致的。而多元文化、多种语言的社会，更要考虑各民族文化和语言在社会里所扮演的角色，避免因语言和文化的不同而导致分裂。

这是谈新加坡语言、文化、教育问题所不能不注意的。本文只讨论语言和教育问题。

（二）语言竞争和双语教育

人类社群的语言和教育问题，和该社群的历史和所处的社会环境有着密切的关系。我们不能脱离历史和社会环境来谈教

---

① 云惟利编《新加坡社会与语言》，南洋理工大学中华语言文化中心，页43—55。

育。要谈新加坡的语言和教育问题，就必须先了解新加坡的历史和社会。

新加坡是一个由移民建立的多元民族、多元文化、没有天然资源的小岛国。这个特征，决定了新加坡的语言和教育政策。

英国统治时期，华、巫、印三大民族的相处，比较低的层次，是用巫语（马来语）；比较高的层次，是用英语。在华人的社群里，比较通行的语言是华语、福建话（闽南语）和广东话（粤语）。华族社群都把华语当作是比较高层的语言，有的甚至认为华人占新加坡总人口的百分之七十六七，华语应该是新加坡社会的顶层语言。

新加坡建国之后，在决定各民族之间应用的顶层语言时，不单得考虑新加坡的内部因素，还得考虑周边国家和国际的因素。建国之初，新加坡为了避免被周边国家看作是华人的国家，也为了国内各民族的融洽相处，最终决定以英语作为行政语言，各民族之间沟通的语言，现代化、商业的语言。

新加坡使用，并且继续使用英语是有好处的，因为它为记录、行政及法律提供连续性；此外，它也是所有民族公平竞争的中立语文。假使我们说以华文作为公务员考试的语文，那么印度人与马来人将感到极端恼怒，因为这对他们不利。又假设我们的法庭改用另外一种语文，我们可以预见在法律、立法与诉讼及解释法律方面将会面对巨大的困难。[1]

英语作为顶层语言，必然在教育上发生影响。新加坡各民

---

[1] Raj Vasil（1969），*Conversation with Prime Minister Lee Kuan Yew*，载于Raj Vasil（1984）的 *Governing Singapore Interviews with New Leader*，p.219。（转引自吴元华未刊论文。）

十二　新加坡的语言与教育

族语言学校逐渐消失，代之以统一的以英语为主要教学媒介语的学校，这与其说是家长的选择，不如说是顶层语言和高层语言竞争的必然结果。当一种语言有更大的效用，有更高的价值时，学习的人必然多起来。新加坡是一个移民社会，求生存和发展是移民的迫切要求，在语言的选择上，家长选择了英语，把孩子送入英校，这和移民的心态有密切的关系。

当英语成为新加坡人民彼此认同的语言之后，各民族的语言便面临前所未有的挑战。如果没有其他宗教上、文化上和经济上的因素，民族母语的消失，不是不可能的。马来语是马来族的宗教语言，因此它存在所受的挑战，就比较轻。几乎可以说，没有马来人不会说马来语，就像我们可以说马来人都是伊斯兰教教徒一样，而其他民族，便没有这种宗教上支持语言的条件，再加上母语的教育、商业的价值也逐渐在消失，母语所面临的挑战便随着新加坡的发展而更加严峻。所以，在教育上规定母语作为必修科，作为升学的条件之一，便是保存母语的重要措施。这种教育上的措施，就是新加坡的双语教育制度。在双语教育制度下，英文成为主要教学媒介语，华文是必修科。只有8%左右、各科成绩特别优异的学生，才准许修读高级母语课程，其余的92%只修读普通母语课程（这个规定，在1994年以后，有了修改）。各学校华文课程所占的教学时间如下：

小学　　　20%—29%
中学　　　14%—18.5%

我们可以将新加坡双语教育的特点做如下的总结：
1. 新加坡实行的是非平行的双语教育，母语的学习长达12年。
2. 两种语文的接触时间随学年而递减，到大专时（除了中文系的课程之外）全部用英文。

3.英语的学习重在实用，母语是传递文化传统的语言。[①]

在英语的强力冲击下，双语教育制度为母语提供了一个浮台，使母语虽然受到冲击，却不至于没顶。但母语一成为必修科，又与升学挂钩，就意味着母语的程度必须维持在一般学生学习能力负担的范围之内。程度太高，学生负担不了，母语教育便可能成为政治课题。在母语实用价值低的情况下，要说服家长，尤其是受英文教育的家长，接受强制性的母语教育，是一件不容易的事。很多受英文教育的家长都认为华文是没有实用价值的语言，是课堂的语言，没有必要学习。而另一方面，英语作为顶层语言，也就意味着政府行政机构的关键性决策人员，绝大多数是英文教育出身的。要说服这些关键性的人物真诚地拥护、认真地推行双语教育，也不是一件容易的事。

英语作为顶层语言，在行政、司法、教育、金融等领域里，受英文教育的必然占优势，也就必然成为各个部门的当然领导者。他们对于受华文教育者所受到的语言压力，并不能充分体会，因此，也就必然造成不必要的鸿沟。就以教育为例，一个学校的领导者，多数是英文教育出身的，华文教育者多数只能处于被领导的地位。一所邻里学校的校长，如果是英文教育出身的，尽管学校学生的家长多数是受华文教育的，学校发给家长的任何通告、简报等，大多数是用英文。这种行政上所造成的沟通中断和不便，处处可见。比如，我所访问的邻里学校，

---

① 周清海《文化、智力、性别与双语能力——以新加坡双语教育为例》，《双语或多语环境中的语文教育》，香港语文教育学院中文系编，1987。

家长的教育水平是：

初中或职业学校　　（父亲）60.72%　　（母亲）51.29%

小学或以下　　　　（父亲）29.7%　　 （母亲）39.72%

学校发出的简讯，介绍学校活动，却全部用英文。这种人为的沟通中断，使得受华文教育者对办学失去兴趣。

另一方面，华文教育出身的人，在面对英文成为顶层语言时，并没有完全认识到这一转变的意义和转变可能带来的冲击，并没有在心态和教育上做好应有的调整。因此，在就业、教育、晋升各方面都受到挫折。在适应英文成为顶层语言的转变方面，对那些不能适应的人，这种转变是非常痛苦的；他们的牺牲也是很大的。而另一些人，在这痛苦之上，更觉得为了推行双语教育，牺牲母语的程度是不可原谅的。受华文教育者的这种反应，在马来和印度民族里是罕见的。

华文教育者不能适应这种语言转变的压力，而成为沉默的大多数。英文教育者因为语言的便利，成为既得利益者。他们之中有许多也就不怎么认真地看待母语的学习。

（三）华语运动和语言转移

教育是为国家的发展服务的。国家往哪个方向发展，要造就怎样的国民，教育就得负起这个责任。新加坡工业化、现代化和团结国民的需要，必须发展英语教育，但为了保留民族文化和民族语言，又必须在学校里推行母语教育。两种语文教育政策自建国以来就是新加坡的基本教育政策。这个教育政策始终没有改变。所争议的是两种语文的定位问题。在教育上，两种语文所扮演的究竟是怎样的角色？母语的程度应该定在哪里？单科的母语教学情况是不是合理？应该做怎样调整？教育制度是不是灵活到能让有能力的学生充分地发展他们的两种语文能力？

双语教育为新加坡的发展所做出的贡献，是必须加以肯定的。虽然母语的程度是降低了，但是这个制度在华校逐渐消失时，规定华文为必修科，为母语奠定最低的基础，使所有的华人都受过一定的母语教育，也使一部分巫化的华人有机会再华化，为保留华族文化与传统做出贡献；更为华文在必要时能发展起来，提供了必要的条件。

新加坡前总理李光耀说：

"对新加坡人来说，华文是一个特殊的难题。新加坡华人，由于情感上和文化上的需要，将会而且必须继续使用自己的语言来交谈、阅读和书写。这是认清自己民族性和自尊的基本需要。……但是我们必须实事求是。我们所希望达到的程度，必须是大部分，而不是小部分学生所能达到的。……如果只有一部分聪明的学生能达到这一点，我们的双语（华文、英文）教育政策将会失败。……如果我们放弃双语政策，我们必须准备付出巨大的代价，使自己沦落成为一个丧失自身文化特性的民族。我们一旦失去了这种情感上和文化上的稳定因素，我们就不再是一个充满自豪的独特社会。相反的，我们将成为一个伪西方社会，脱离亚洲人的背景。"[1]

---

[1] 李光耀《世界华文教学研讨会开幕词》，《世界华文教学研讨会论文集》，新加坡华文研究会编，1990。

十二　新加坡的语言与教育

英语成为顶层语言之后，对华族之间应用的语言，有着巨大的冲击。一些华族家庭开始放弃自己的母语，人为地改变自己的家庭语言：掌握英语是成功的象征，再加上学生的英语程度远远比华语强，他们也就倾向于用英语交谈。

华语的地位面临前所未有的挑战。为了普及华语，减轻学生学习华语的困难，华语运动便在1979年被提出来。

由于我国人口当中有二十五巴仙并非华人，我们不得不采用英语作为各种族之间的共同语言。如果我们继续使用方言，那么英语势必成为我国不同籍贯华人之间的共同语言。……这是一项无可避免的选择：英语和华语，或是英语和方言？在逻辑上，这项决定是明显的；在感情上，这项选择却是痛苦的。[①]

与此同时，为了保留几所华文源流中学，教育部提出特别辅助计划，协助这些中学，使学生在良好的华校环境里接受传统文化的熏陶，同时接受足以和英校相媲美的英文语文教育。这些辅助计划下的华文中学，共有九所。目前这些中学大多数都已发展成为足以和第一流的英校相媲美的学校。只有小学离校考试成绩最优的学生，大约百分之十，才能进入这些学校。这是华文教育和华语面临挑战时，人为的教育和语言计划，以保留华校和保留语言，并培养双语人才。

华语运动开展以后，对新加坡人的语言应用有什么影响呢？我分别在1987年和1990年对华语的应用情况做了调查，得到下面的结论：

[①] 李光耀《华语或方言?》，《推广华语运动开幕演讲集》，新加坡交通及新闻部编，1979。

1. 英语将成为新加坡下一代的主要语言，华语可能成为一个和娱乐有关的语言。

2. 受过良好教育的双语人士逐渐放弃华语，在大多数交际场合里选用英语。[①]

新加坡前总理李光耀先生在华语运动开展的十年后（1989年）说：

"我国华人现在都接受华语为家庭和社交用语。尽管人们还可以观看方言录影带和收看马来西亚的方言节目，讲华语的风气仍然很盛行。如果有更多专业和工商界人士以及高级公务员都能在公开场合讲华语，那我们便向前跨进了一大步，华语的社会定位将会提高。要做到这一点并不容易。"[②]

华语的地位仍然处于较低的层次，而华语家庭的语言转移仍然是显著的。新加坡教育部"小学一年级学生家中最常用语"统计就说明了这一点：

1980年　　64.4（方言）　25.9（华语）　9.3（英语）
1989年　　7.2（方言）　　69.1（华语）　23.3（英语）

家庭用语从方言转为华语，是华语运动的成绩。但英语作为最常家庭用语却增加了14%，也就是说，在这十年之内，华人家庭改变家庭用语的，增加了14%。而以华人语言（方言或华语）为家庭语言的，却减少了14%。这个转移是惊人的。

在华语运动和学校语文教育的影响下，方言开始式微。华

[①] 周清海《新加坡华人语言模式的转移》，《世界华文教学研讨会论文集》，新加坡华文研究会编，1990。

[②] 李光耀《华语：家庭社会与工商语言》，《推广华语运动开幕演讲集》，新加坡交通及新闻部编，1979。

族社群所面对的问题是：怎样对待顶层语言（英语）和华族社群里的高层语言（华语），怎样对待华语和方言。

华族社群基本上接受英文程度高而华文程度低的局面，但对华文程度过分低落，却是耿耿于怀的。他们都认为，在学校教育里，应该让华文脱离单科教学的局面，也应该让华文好的学生有更大的发展空间。至于老一辈的华人，为了推广华语而牺牲方言，他们是接受的。

当然，放弃方言，也就使华族新加坡人少了一种与世界各地区华人沟通的技能，也无法吸收通过方言表达的文化艺术，更使得年轻的一代和年老的一代出现了语言沟通的困难。当然，在华语运动取得相当成功之后，让方言有一些存在的空间，是应该考虑的。

（四）今后的发展

这些年来，中国大力推行改革开放的经济政策，新中两国在经济、外交、文化上的关系日益密切，整个国际的经济中心，根据预测，也可能向亚洲转移。中国以目前的成长速度向前迈进，五十年后，她对世界的影响，将是巨大的。从语言应用的角度观察，华语文的发展前景全赖中国的发展。华语文作为商业用语，将大大地扩展起来。这无疑将影响新加坡人学习华语的热忱与动机，也将有助于提高华语文的地位。华语运动从去年起，就由英校出身的人士负责推动，使华语向英校生普及，提供了成功的因素。过去沉默的大多数，也会在这个大气候下，更活跃起来。随着世界各地华人交往频繁起来，华语文无疑也将成为华人之间认同的语言。至于华语文成为科学、金融的语言,恐怕还不是这几年内可以看到的。

面对这种局面,新加坡的华文教学,将可以在更好的更有利的气氛下进行。华语文也必须进行一些调整。目前我们只在大专的阶段做一些调整,这包括开设华文的语言、文化、历史等自由选修课程,让非中文系的学生在大专阶段还有机会学习华文。但当需要增加时,这种调整还是不够的。我们可能得考虑下列几项:

1.适当地提高中小学的华文程度,并在语文教材里适当地加入一些中国当代的文学作品、报道材料,以让学习者熟悉中国的国情和中国人的语言习惯。

2.应更重视语文教材的历史和文化内容。

3.更灵活的教育制度,以方便发展华语文人才。如:让更多的学校开设高级华文,某些科目恢复用华文教学。这并不是要恢复华文作为单一的教学语言,而是让华语文的教学能收到更大的效果。华语文价值的提高,在新加坡出现比较平行的或偏于华文的双语教育,完全是可能的。

我们应该开始考虑培养一批华文比英文强的人才,以应付将来发展的需要。当这种人才的需求增加时,调整教育制度,就是非做不可的了。华语文在新加坡的发展完全取决于中国的发展,华语文商业语言价值的提高,及新加坡华语文教育和中国教育体系联系的可能性,使新加坡的华语文教学更具有发展潜能。

英语在新加坡所扮演的角色,在可见的将来,是不会改变的。选择英语,继续使用英语的社会条件并没有改变,所以,华族社群在学好自己的母语时,决不会放弃英语。新一代的华族青年,掌握双语,是竞争的必要条件。中国的发展,为华文程度高而英文程度低的人群,提供许多发展的空间,也为新加坡出现真正精通双语的人才提供条件。

至于方言,在中国没有完全推广普通话时,仍有交际的特殊价值。乡音在人际关系中所取得的效用,也为方言的存在提供有利的因素。

三十多年实行双语教育的结果,解决了新加坡的语言问题。新加坡人民都接受双语教育制度,但英语作为现代化、行政的语言,却不免带来文化上强烈的影响,而母语作为传递文化和传统的语言,却因为程度太低而不能胜任。新加坡华人目前所面对的是如何保留自己文化的问题。

(五)余论

语言计划,必须根据该社会语言应用的情况和预计将来语言的发展来拟订。社会应用语言的情况和预计将来语言的发展都是语言选择和给语言定位时,必须考虑的因素。

新加坡华人之间没有共同的方言,因此便决定以华语为华人之间共同的交际语言。方言在新加坡的交际效用很低,它只能留在家庭内。用华语取得方言,便成为华语运动的目标。新一代的新加坡华人,很多都不能说方言。

英语作为现代化、金融、商业、行政、教育与各民族沟通的语言,这个语言在新加坡社会里的地位,在可见的将来,不会受到挑战。华文的经济价值提高,它的教育价值当然也会相应地提高，但以华文作为金融、科学的语言，恐怕也不是近期能看到的事，华文更不可能成为新加坡各民族认同的语言。

新加坡的新一代，大多数都能掌握两种语文。根据对这两种语文的掌握程度，这些新一代的青年，可以分为下列三种：

1. 中英两种语文都一样好；
2. 英文比较强，而华文稍微弱；
3. 中文较强，而英文稍微弱的。

前两类人，是现在的政界、行政部门、金融界和商界的中坚骨干。第三类人，现在有了更大的发展空间。但是，目前的情况是，无论在哪个行业，他们一般都处于第二阶梯。

当然，还有一批并没有把英文学好，而对母语比较有把握的劳动力。他们依靠英文来改进自己的技术，而以华文作为娱乐和阅读的语言。

华文作为文化传递的语言，再加上特别辅助计划下保留的华校，以及社会推动的华语运动、华族文化月等，都是语言和教育的计划，以期保留华族文化和语言；并让有能力的学生，能在比较好的环境里被培养成真正的双语人才，而一般的学生，则具有以英语为学习媒介语的能力，同时保留华族的文化特点。

十三　语言融合与国际化下的华语文教育

中国稳定的发展，将带动东南亚的发展，促进东南亚人员的交流。二三十年后，东南亚的中英双语应用，将比现在更加普遍，华语文也将更加国际化。在东南亚以及其他华语区里，华语文和语文教育将面对国际化和华语文融合的局面。

讨论华语文和语文教育的国际化以及语言融合的问题，必须从华语文的发展谈起。

新中国成立到改革开放之前（1949年到1978年），是华语的分离时期。在这一段近三十年的分离时期里，中国内地跟海外很少交往，整个海外的大华语区是"国语"的天下。华语区的华语与普通话在语法与词汇方面，有相当大的差异。

中国改革开放之后，国门逐渐打开，现代汉语和海外华语就开始了交流、接触，相互影响，并且逐渐融合。

交流初期，现代汉语从华语区的华语里吸收了大量的词语，以解决改革开放时期表达的需要。中国出版的汉语新词词典，如王均熙等编的《现代汉语新词词典》（1987，齐鲁书社）；黄丽丽等编的《港台语词词典》(1990，黄山书社)；刘文义编的《现代汉语新词典》(1992，中国妇女出版社)；王均熙编的《汉语新词词典》(1993，汉语大词典出版社)；李达仁等编的《汉语新词语词典》(1993，商务印书馆)；周荐主编的《2006汉语新词语》(2007，商务印书馆)……这些词典都反映了新词的吸收状况。

目前，现代汉语从华语区大量输入词汇的局面，已经逐渐转变为向华语区输出。但是，促进华语区之间语言和谐与顺畅地沟通，仍旧是中国和华语区应该注意的事。

各华语区的华语文存在差异，是必然的。因为不同的社会环境有不同的表达需要；再加上有些区域为了创造自己的语言身份，故意让自己的语文表达跟中国大陆不同。无论是自觉的或者不自觉的，各地华语的趋异都是难以避免的。

过分强调自己的语言特色，就会妨碍交流，也会使自己陷于孤立。如何在顺畅的交流和自主之间保持平衡，是应该慎重考虑的。

语言差异，集中表现在词汇和语法上。为了让华语文和谐地融合，做到交际时不会产生误解，在李宇明先生的领导下，编辑和出版了《全球华语词典》(2010)、《全球华语大词典》(2016)；在邢福义先生的主持下，进行了全球华语语法研究，将陆续出版六卷本的《全球华语语法》[1]。中国的语言学界也接受

---

[1] 《全球华语语法》马来西亚卷和香港卷已经出版(2020)，其他四卷将由北京商务印书馆陆续出版。

十三　语言融合与国际化下的华语文教育

了"大华语"的观念（普通话是大华语的北京体）[1]。这些都是多年努力的成果，但那只是在语言本体的相互了解方面做的事。

华语区之间频繁的交往，促进了华语文的逐渐国际化，也使华语文进入了大融合的局面。今后，华语区还应该思考如何密切合作，推广这个语文，进行语文教育。

在华语文的应用和教学上，我主张向普通话倾斜；但也应鼓励各华语区在自己语文应用的基础上，发展自己的华语文，积极参与华语文的推广。如果不适当的强调以普通话为唯一标准，将使交际变得不自然。

站在华语文国际化和华语文融合的立场上，我将集中讨论四个问题：（一）华语文和语文教育融合与发展必须注意的事；（二）语言、文化教材的处理与师资的培训；（三）应该怎样处理各地华语词汇的差异；（四）古今汉语的融合，需要注意什么。

（一）华语文和语文教育融合与发展必须注意的事

在"大华语"的概念下，普通话是大华语的北京体。基于这个立场，考虑语文和语文教育必须注意下列的事：

第一，尊重不同地区的语言差异，不唯我独尊，不以自己的标准为唯一的标准。

在《"大华语"的研究和发展趋势》一文里，我说："中国

---

[1] 郭熙《华语研究录》（商务印书馆 2012）、李宇明《语言传播与规划文集》（北京语言大学出版社 2018）、陆俭明《话说汉语走向世界》（商务印书馆 2019）等书，对"大华语"的重要性，都有论述。

改革开放之前,很少和海外华语区交流。在经过了无数次的政治运动之后,现代汉语出现了自己显著的特点,……中国现代汉语和各地的'华语''华文'的差距相当明显,尤其是词汇方面。这是汉语的分裂时期。"①

面对汉语的分裂,我和邢福义、陆俭明、李宇明等人提出了"大华语"的概念,要让语言和谐地融合。②在"大华语"概念的引导下,各地区根据自己的语言特点进行华语文教学,推广地区"华语"是各华语区自己的责任。因此,我们应该树立语言推广的多中心观念。我们应该尊重各地区的语言标准,交际习惯,强调华语向普通话倾斜,但不能以普通话为唯一的标准。

第二,不同的华语区有不同的历史背景,有不同的社会需要。编辑语言教科书和读物,就必须注意在地化。

如果抓不住不同区域的需要,就会带来或制造很多语文和语文教育上的矛盾。由中国编写语言教科书再向国际推广,不能符合各地语言应用与教学的需要,会遇到许多困难。我主张调动和组织各个华语区的语文人才,参与编辑当地的教材和读物,这将能使推广的工作更顺利。

在研究中,我们建立了"大华语"的概念。李宇明先生说:"这种新华语观,不再忽视对海外华语和唐人街华语的关注,不再把普通话作为教学的唯一规范标准,不再人为强化普通话与台湾"国语"之间的差异与对立(包括简繁汉字之间的差异与

---

① 周清海《"大华语"的研究和发展趋势》,《汉语学报》2016年第1期。
② 陆俭明《话说汉语走向世界》,商务印书馆,2019;周清海《大华语与语文教育·序》,商务印书馆,2022。

十三　语言融合与国际化下的华语文教育

对立），而是把各种华语变体都看作是华人的语言智慧而珍重它，而是更加关注各华语社区的交流与沟通，在交流与沟通中相互理解、借鉴和吸收，进而使各华语变体趋近趋同。同时，各华语社区也利用自己的资源，协力向世界传播华语和中华文化。这种新华语观，无疑会理性推进华语社区的语言互动，加大华语变体间的相互影响。"[1]友人向平说："让更多的人先用起来，满足各华语区交际需求，构建和谐语言生活，这是当务之急。"[2]

以东南亚为例，泰国、新马、印尼、菲律宾的华语有不同的表达习惯，不同的词汇应用要求，没有必要也不可能用普通话的表达标准来限制。华语区的朋友到新加坡来，就得了解新加坡华语，尊重新加坡华语的表达习惯。要求当地的语言学习者说标准的普通话，必然出现"忽然间改变，听起来不舒服，不习惯"的心理。[3]但是，我们也知道，华语的发展与应用前景，不是由我们决定的，所以我们要求新加坡的华语和普通话保持密切的关系。[4]

中国培养和训练教学人员到不同的华语区服务，就得训练他们听得懂当地的华语，尊重当地的华语。我们做不到让普通话遍地开花。

第三，在语文评鉴方面，对书面语和口语可以有不同的评

---

[1] 李宇明《大华语：全球华人的共同语》，《语言文字应用》2017年第1期。
[2] 向平教授从微信上给笔者的意见。
[3] 周清海《汉语融合时期的语言与语言教学研究》，《变迁中的马来西亚与华人社会》（人文与文学卷），马来西亚：华社研究中心，2014；又载《汉语融合与华文教学》，（贾益民主编）华文教育研究丛书，社会科学文献出版社，2020。
[4] 2010年笔者在人民大会堂举行的《全球华语词典》出版座谈会上的发言。

鉴要求。

书面语更强调华语文的共同核心，而口语应该接受各地某些固定下来的用法，因为口语本身具有即时性和不完善、不规范的特性。[①]如果要更大地调动华语区教学人员的积极性，也应该进一步做到汉语水平考试的国别化，设立汉语水平考试的地区分卷。这份考卷的核心部分，由中国负责；地区分卷则由各华语区参与设题。

第四，在社会的语文应用方面，大众传媒与语文教学方面尽量"从严"，尽量向普通话靠拢。

一般的语言应用和语文教学里的语文评鉴则应该"从宽"，接受、容纳一些地区性的语音、词汇和语法现象；同时应该让人们感觉到"在实际有需要的时候，在讨论任何课题时，在任何场合，自己的华语都用得上"。[②]

参与语言推广和教学的人员，必须以具有本地背景的本地人为主干。中国外派的教学人员，或者来自其他华语区的教学人员，只是辅助性的。教学与研究人员，应该从全球化的立场探讨和看待华文与华文研究的问题。只有教华语文的教学人员，编教材的人员，以及研究者不全是中国人，华语文才真正达到国际化。

（二）语言、文化教材的处理与师资的培训

语言教材做到区域化、地方化；语言教学人员也必须在地

[①] 徐峰《新加坡小学华文教材中的新加坡元素》，《海外汉语词汇语法教学与研究》，复旦大学出版社，2015，页37。

[②] 周清海：1988年"讲华语运动"座谈会上的发言，《联合早报》专题报道。

十三 语言融合与国际化下的华语文教育

化。这将形成多中心的语言推广局面。

中国必须注意培养当地的教学人员。如果没有足够的在地教学人员,所有的语言应用者和学习者,将面对语言教师"忽然间改变,听起来不舒服,不习惯"的困难。

在文化方面,应以介绍中国文化为主;对华人的语言教材,不应该将华人和华侨混为一谈,特别强调"原乡化"。"华人/华侨",是俨然有别的。对华人强调"原乡化",容易引起不必要的误解,也提供了让有心人挑剔的空间。

语言教学应该模糊语言、文化和族群的关系,才有助于汉语成为国际语言。教材里的文化成分必须根据教学对象,分别处理。语言教材重实用,注意在地化,根据职场的需要加以编辑;文化教材则注重普及性的文化知识,没有必要特别强调民族性。教学和编写教材的人,尽量做到不全是中国人。

在教学法的培训方面,也不应该过分地强调一种方法。应该尊重教师的专业判断,提供不同的教学方法,让教师选择。

现在华语区的有关教育和语言教育的学科里,介绍了太多外来的教育理论,而忽视自己的教育传统,是很不好的倾向。语文教学里,重视阅读与写作,是中国的传统。如果现在的语文教育课程里,没有介绍自己的传统,只谈论西方的教育理论、阅读理论,就是缺失。新加坡及中国香港、台湾等地的师资培训课程,就有这个倾向。因为在双语教育下,精通英语的新马、港台等地的师资培训人员,多数是接受西方教育的,不了解自己的教育传统,也没有充分的信心利用华文的资料。

同时,我们也应该知道,语言教育涉及的各种问题,不是单靠教学法就能解决的。过分夸大教学法的作用,尤其是单一教学法的作用，对华语文教学的发展与推广是不利的。

培训华语教学人员，也应该利用不同的华语区作为培训的地点，让有条件的华语区的教学与研究人员参与培训的活动。这样做，有助于培养教学人员的国际观，了解不同华语区的社会现况，同时也能提高这些地区参与语言推广的积极性。

中国大专院校所提供的语言培训，以及在海外所建立的孔子学院/学堂等语言学校，也应该协助海外华人之间建立人际关系。比如，泰国和其他区域，如香港等地，语言课程如果只培养华人了解中国，却不注意其他华语区，就不能配合华语文国际化的发展趋势。

协助华语区的教材与读物走向其他华语区，走向国际，是调动语言推广积极性所不可或缺的。在研究出版方面，应该考虑编辑一套"大华语研究丛书"。马来西亚厦门大学分校的王晓梅积极从事马来西亚的华语研究，她考虑出版《全球华语视角下的马来西亚华语研究》。其他华语区的学者，如田小琳、邓思颖、张连航、施仲谋、邱克威、林万菁、徐峰、邵敬敏、刁晏斌、汪惠迪、陆俭明、邢福义、李宇明、汪国胜、匡鹏飞、郭熙等人也都关心大华语的问题，出版了不少的著作。邱克威的《马来西亚华语研究论集》，郭熙的《华语研究录》，陆俭明的《话说汉语走向世界》，新加坡的华文研究会出版的《华文教学丛书》，林万菁的《语文研究论集》，胡月宝的《华语文教学实证研究》，徐峰的《海外汉语词汇语法教学与研究》，以及陈之权、陈志锐、吴英成等，都谈及大华语、语言教学与研究等问题。在这些著作的基础上，有条件编辑一套"大华语研究丛书"。

十三　语言融合与国际化下的华语文教育

新加坡学校不同程度的华语课程所用的教材、读物等,在华语文国际化的新局面下,应该考虑将这些教材和读物向国际推广,让新加坡的华文教材、读物走出去。菲律宾、马来西亚等地区,也有好的教材与读物,也都应该推广。北京的商务印书馆是现代汉语的出版中心,应该关注这个问题:配合国际化的要求,收集和推广华语区出版的教材与读物,增进华语区之间的了解。

语言学校的听说教材,尤其是中高年级的教材,也必须包括其他华语区的语料。在华语区训练听说的能力,也必须包括中国不同省份的人说的普通话。这些都是为配合华语文国际化应该做的事。

我们也应该考虑建立语料网站,提供不同华语区的阅读材料、报章资料,以及不同区域的听说材料,新闻广播、报道等。这对华语的国际传播是有好处的。中国的大专院校可以考虑联合华语区的教育机构,共同建立这样的网站,以训练学习者的听说能力;让学习者有机会阅读各华语区的报章材料。

除了多中心这个重点之外,也必须注意语言教材的实用性和在地化;文化教材则注重普及性,没有必要特别突出民族性的特点。我曾说:"西方殖民地遍布世界,而中国却从未占领任何地方,这恐怕也跟文化上的独尊心态,以及'接受朝贡'的心理有关。"[①] 在汉语逐渐走向国际的时期,"文化上的独尊心态","接受朝贡"的心理,把自己的语言作为唯一的标准,是必须扬弃的。

---

① 周清海《文化交流是不可避免》,《联合早报·论坛》2001年11月4日。

各华语区的语言教学与研究机构应该加强联系，有计划地让中华语言文化的学习者、语言教学者与研究者，在不同的华语区里进行交流，促进华语文的学习与研究的跨区域趋向。从事华文教学与研究也必须有国际视野，不应各自为政，要往优势互补、人才与资源共享的方向努力。我们更可以借用与调动华语区的语文人才。

中国台湾、香港及新马等地区都有条件发展成为东南亚甚至是世界的华文教学与研究中心。只有向这个方向发展，才能找到新马港台华文教学与研究的发展出路。①

汪惠迪先生对我过去在这方面所做过的事，有敏锐地观察。他说："1994年，新加坡南洋理工大学国立教育学院中文系主任周清海教授受命在南大成立中华语言文化中心。中心成立后，周教授策划设置与中国、中华文化有关的课程，同时制定学术研究与交流规划，以便展开与海外学者的交流与合作，借以带动新加坡的华语研究，以期提升到一个新的台阶。"

"与此同时，周教授放眼未来，拟定专项计划，协助中国（包括港澳特区和台湾地区）与马来西亚著名学府修读或研究中文的优秀学生到新加坡攻读硕士或博士学位，使他们有机会走出国门，来到新加坡，了解新加坡，熟悉新加坡，融入新加坡，并与新加坡本土学生或教研人员建立友好关系，以期进行长远的合作。"②

我希望1994年开始所做的交流工作，新加坡的华语学术界

---

① 周清海《台湾世界华文教育学会50周年——贺词与寄望》。
② 汪惠迪《异彩纷呈学术路，南国之梅吐芬芳——读〈马来西亚华人社会语言研究〉》，《源》双月刊，新加坡宗乡会馆联合总会编，2021年12月。

十三　语言融合与国际化下的华语文教育

能够继续下去，不要固步自封。香港作为特区，与世界各华语区都有联系，也非常适合做这方面的工作。

（三）应该怎样处理各地华语词汇的差距

我们必须了解各地华语的语情，才有可能协调和解决华语区里的语言差距，才能让华语的融合过程更加顺利。1994年开始，我就注意华语区的语言问题，并且和不同的学者合作，进行了语法和词汇的研究。各地华语的差异主要在词汇，其次是语法。

汪惠迪先生的《时代新加坡特有词语词典》（1999）是华语区特有词汇的第一本词典，也是研究华语词汇差异的第一部词典。汪先生说："在周教授的鼓励和推动下，笔者才下决心整理所搜集的资料，撰写论文，并编写这本小词典。"词典共收了新加坡特有词语1555条。

马来西亚的华语，也有许多特殊的用语，例如：

燕屋：专门建造的用来吸引燕子前来筑窝、生产燕窝的房屋。

独中："华文独立中学"的缩略。由华人筹款兴办并管理，以华语为主要教学语言的私立中学。

大耳窿：指代非法进行高利贷活动的人。简称"阿窿"。

固本：coupon的音译，票证，赠券或者优惠券。新加坡也用。

甲必丹：Captain的音译，殖民地时期，负责管理华侨事务的华侨领袖的一种头衔；东马授予华侨领袖的一种勋衔。[1]

---

[1] 王晓梅、庄晓龄、汤志祥编《马来西亚华语特有词语词典》，联营出版（马）有限公司，2022。

这些词语的意思，不是所有华语区都能了解的。但是，如果你到马来西亚，生活在马来西亚，就一定需要了解。

我们发现马来西亚华语深具特色，是海外华语中值得深入研究的变体。我们以"特有词语"来统领马来西亚华语这种多元特色，主要是因为这些词汇并非"一时一地"之集合，而是融合古今南北、跨越区域范围的，体现了全球华语的跨区交流与融合。①

在华语扩大用途时，对于各地区的语言标准，交际习惯，特殊用语，必须加以尊重。编撰不同华语区的语言课本，必须让不同华语区的教学人员参与，不能由中国大陆编撰，而后向各华语区推广。在华语的国际化局面下，多中心的语言推广就是必要的。

以新加坡为例，我们认为，华语的发展与应用的前景，不是由我们决定的，所以，新加坡华语必须和普通话保持密切的关系。在语文教育（包括语文教科书的编撰、师资的培训），以及大众传媒等方面，我们一贯强调趋同，让华语保留共同的核心，避免出现不必要的差异。也就是说具有大面积影响的，我们都严格把关。我们认为，过分地强调自己的语文特点，是没有必要的。这不只增加了交流的困难，走不出去，而且会使自己陷入孤立。

在华语大融合的特殊时代里，华语文的推广者和研究者，应该充满信心地关注自己，也关注华语的国际发展。我积极地

---

① 王晓梅、周清海《马来西亚华语特有词语考察——以〈马来西亚华语特有词语词典〉为例》，《全球华语》2022年第1期。

十三　语言融合与国际化下的华语文教育

鼓励各华语区编纂自己的华语特殊用语词典。在给《马来西亚华语特有词语词典》的序文里，我说："这部词典的出版，能带动马来西亚华语研究者对自己语言的研究兴趣，摆脱一路来摇摆在'国语'和普通话之间的窘境。"这些词语的资料，就是编纂和修订《全球华语大词典》的依据。

了解自己，尊重差异，是基本的精神。《全球华语词典》《全球华语大词典》的编辑就表现了这种精神。《全球华语大词典》是世界华人的词典，它能起沟通的桥梁作用，和中国"一带一路"的发展是相配合的。

李宇明先生在给《全球华语大词典》写的序中说："编纂华语词典的设想，起源于上世纪末本世纪初，由新加坡周清海教授所提倡。具有百年出版历史的商务印书馆，知早行快，酝酿谋定，即于2004年组建编纂团队，艰辛六载，纂成《全球华语词典》。……《全球华语大词典》是《全球华语词典》的升级版。《全球华语词典》主要收录具有各华语社区特色的语文词，视点在异，录异以求通。《全球华语大词典》进一步搜罗特色词并再行甄别；扩大了华语社区的地理范围……。并收录华人社会的共用词，还酌收一些文化词。……既显示华语词汇的真实面貌，也让读者知同察异，扩大词典在语文生活中的功能。"

"……新老华语相互接触，相互借鉴、相互吸收，逐渐形成现在覆盖全球的'大华语'。……就华人'尚统一'的传统意识看，就汉字对各华语社区语音分歧的包容度看，就当前华人社会的频繁交流、各社区的华语相互借鉴吸收的情况看，华语内部在向着'求同缩异'的方向发展，大华语在向着'整合优化'

的方向发展。"

《全球华语词典》和《全球华语大词典》的价值和影响还没有完全被认识。希望各地在编辑了自己的地区词典的基础上,能补充修订《全球华语大词典》,使它真正成为当代的世界性的华语大词典。

(四)古今汉语的融合教学,需要注意什么

在古汉语的教学上,我主张古今融合。我认为:作为母语教学的现代汉语和古代汉语,应该尽可能融合起来,并且结合国际化与现代化的需要进行教学。[①]在汉语作为外语的课程里,也应该注意古今融合的问题。现在将文言文单篇独立教学,和现代选文的教学完全没有关系,不是一个好的办法。

对一般的语言学习者,学习古汉语(文言文),除了文化传承的需要之外,也能加深对语言古今联系的认识。"多读、熟读,是提高古文能力的一种传统的、行之有效的方法。"[②]但这样的要求,只能是对中文系或者是对中国历史有兴趣的学习与研究者,而不是对所有华语区中小学的语言学习者和外语学习者。

在华语区,古汉语的学习,恐怕更应注重的是文化的传承。面对全球化,中国的中小学语文课程是否可能通过现有的语言教材与课程组织,提高古文的阅读能力?是值得继续关注和讨

[①] 周清海《全球化环境下的古汉语教学问题——古汉语教学的改革思考》,2018年5月26日,香港教育大学中国语言学系主办的"文言文教与学论坛"总结座谈,载《大华语与语文教育》,商务印书馆,2022。

[②] 鲍善淳《怎样阅读古文》,上海古籍出版社,1982,页139。

十三　语言融合与国际化下的华语文教育

论的。

从文化和语言传承的角度看,我提议以内容为纲,结合古今中外的资料,对教材重新进行安排。例如以交友为主题,可以选读现代讨论交友的文章,再结合文言的选文(包括文言诗歌)阅读,就能将古今结合起来。

我们既然不培养学生书写文言文,文言选文的教材就不必限于《古文观止》。不是古文的精华,不是尽善尽美的文章,只要有现代意义,有阅读的价值,就可以选用。例如《论语》:

司马牛问君子。子曰:"君子不忧不惧。"曰:"不忧不惧,斯谓之君子已乎?"子曰:"内省不疚,夫何忧何惧?"

子贡问为仁。子曰:"工欲善其事,必先利其器。居是邦也,事其大夫之贤者,友其士之仁者。"

这两则,谈及做人、做事和交友,文字困难并不大。所出现的文言词,都成为现代汉语书面语的语素,保留在现代汉语里,如"忧虑、惧怕、反省、内疚、事奉、交友"。通过这两则的选读,同时提供《论语》的成书等文史知识,这些知识对一个有中文兴趣的学习者,是必要的。

只有把文言的阅读教学和现代的需要接合起来,才能让文言教学更有意义。过去以《古文观止》为蓝本的文言选材方式,恐怕不符合现代的需要。我们应该扩大文言选材的范围,不限于《古文观止》的传统选文,才能让文言教材,更具有现代意义。选取文言篇章作为语文教材,当然也应该注意内容和语言障碍的问题。比如《新序·杂事》的一段,对现代的人事管理非常有启示意义。

"赵简子上羊肠之阪,群臣皆偏袒推车,而虎会独担戟行歌，不推车。简子曰：'寡人上阪，群臣皆偏袒推车，而会独担载行歌不推车，是会为人臣侮其主，为人臣侮其主，其罪何若？'虎会对曰：'为人臣而侮其主者，死而又死。'简子曰：'何谓死而又死？'虎会曰：'身死，妻子又死，若是谓死而又死，君既已闻为人臣而侮其主之醉矣，君亦闻为人君而侮其臣者乎？'简子曰：'为人君而侮其臣者何若？'虎会对曰：'为人君而侮其臣者，智者不为谋，辩者不为使，勇者不为斗。智者不为谋，则社稷危；辩者不为使，则使不通；勇者不为斗，则边境侵。'简子曰：'善。'乃罢群臣不推车，为士大夫置酒，与群臣饮，以虎会为上客。"

选读这一段，就能将人事管理与文化相结合。现在谈论人事管理的论文，大部分忽视自己文化传统里早已存在的人事管理因素，这是因为谈论者不了解自己的文化传统。

"燕昭王招贤"（《战国策·燕策一》）也涉及招揽人才的问题：

"燕昭王于破燕之后即位，卑身厚币以招贤者。谓郭隗曰：'齐因孤之国乱而袭破燕，孤极知燕小力少，不足以报。然诚得贤士以共国，以雪先王之耻，孤之愿也。先生视可者，得身事之。'郭隗曰：'王必欲致士，先从隗始。况贤于隗者，岂远千里哉！'于是昭王为隗改筑宫而师事之。乐毅自魏往，邹衍自齐往，剧辛自赵往，士争趋燕。燕王吊死问孤，与百姓同甘苦。

"二十八年，燕国殷富，士卒乐轶轻战，于是遂以乐毅为上将军，与秦、楚、三晋合谋以伐齐。齐兵败，湣王出亡于外。燕兵独追北，入至临淄，尽取齐宝，烧其宫室宗庙。"

对于人事的安排，中国文献里也记载了、表达了不少的看

十三　语言融合与国际化下的华语文教育

法。《史记·高祖本纪》里说:"高祖置酒洛阳南宫。高祖曰:'列侯诸将无敢隐朕,皆言其情。吾所以有天下者何?项氏之所以失天下者何?'高起、王陵对曰:'陛下慢而侮人,项羽仁而爱人,然陛下使人攻城掠地,所降下者因以予之,与天下同利也,项羽妒贤嫉能,有功者害之,贤者疑之,战胜而不予人功,得地而不予人利,此所以失天下也。'高祖曰:'公知其一,未知其二。夫运筹策帷幄之中,决胜于千里之外,吾不如子房。镇国家,抚百姓,给馈饷,不绝粮道,吾不如萧何。连百万之军,战必胜,攻必取,吾不如韩信。此三者,皆人杰也,吾能用之,此吾所以取天下也。项羽有一范增而不能用,此其所以为我擒也。'"

文献里也记载了不少对人的行为的看法。司马光在《资治通鉴·周纪一》里就有一段非常精彩、深入的论述:

"才德全尽谓之'圣人',才德兼亡谓之'愚人';德胜才谓之'君子',才胜德谓之'小人'。凡取人之术,苟不得圣人君子而与之,与其得小人,不若得愚人。何则?君子挟才以为善,小人挟才以为恶。挟才以为善者,善无不至;挟才以为恶者,恶亦无不至矣。愚者虽欲为不善,智不能周,力不能胜,譬如乳狗搏人,人得而制之。小人智足以遂其奸,勇足以决其暴,是虎而翼者也,其为害岂不多哉!夫德者人之所严,而才者人之所爱;爱者易亲,严者易疏,是以察者多蔽于才而遗于德。自古昔以来,国之乱臣,家之败子,才有余而德不足,以至于颠覆者多矣……故为国为家者苟能审于才德之分而知所先后,又何失人之足患哉!"

这些精辟的论述,在现代讨论用人和人事管理的论文里,却不见引用，仿佛人事管理、人才安排完全是从西方输入的观念。出现这种现象，就是因为不了解自己的文化。这些文献对用人和做事，还有不少非常精辟的论述，值得我们深入研究，并融入语文教材里。

陈嘉庚的《南侨回忆录》[①]，有一些篇章，也可以作为教材。以《倡办厦门大学》为例：

"民国八年夏余回梓，念邻省如广东江浙公私大学林立，医学校亦不少，闽省千余万人，公私立大学未有一所，不但专门人才短少，而中等教师亦无处可造就，乃决意倡办厦门大学，认捐开办费一百万元，作两年开销，复认捐经常费三百万元，作十二年支出……校址当以厦门为最宜，而厦门地方尤以演武场附近山麓最佳……。厦门虽居闽省南方，然与南洋关系密切，……。"

这样的短文，作为中学低年级的语文教材或补充教材，是合适的；尤其是让厦门或南洋的学子了解过去。在语文学习上，让学习者了解过去，作为将来与南洋华人之间建立人际关系的认知基础。（当然，对"梓"，必须用"梓里"或者"梓乡"（故乡）注释。）

传统的文言教材也不必全篇选用，如《谏逐客书》就没有必要阅读全文，可以只阅读最后的一段，并结合现代的移民问题来讨论。

我们应该脱离从《古文观止》选取文言文的做法，这样能扩大语文教学的内容，让语文教学更符合时代的需求。当然，为了照顾各华语区文化认同的需要，也应该适当地保留一些共

[①]《南侨回忆录》，华侨出版社，2014。

十三　语言融合与国际化下的华语文教育

同的选文。

当今的文化发展,必定是"全球意识"和"民族意识"的相互结合。因此,应该以自己的文化为本,客观地审视古代文化,接受古代文化里有益于现代的成分。为了减轻学习者的语文负担,应该放弃文言范文选读,[①]结合文化需要,重新安排教材,恐怕是我们在面对全球化、现代化的情况下,保留民族认同、语言认同、文化认同的唯一出路。

---

① 上个世纪40年代,朱自清、叶圣陶和吕叔湘合编的《文言读本》(上海教育出版社,1980)就已经率先放弃提供范文给读者模仿的做法。

十四　句法研究与语文教学相关的几个问题[①]

（一）概说

1.1 语言是变异的，但语言的语法却比较稳定，变异较少，而句法是稳定的核心。句法对语言的变异有很大的约束性。我们应该以这个为立足点，观察华语区的华语语法变异、古代汉语和现代汉语的语法关系，以及处理语言教学问题。

1.2 从中国的角度来看，语言教学可以是对国民的母语教学，也可以是对少数民族的第一语文教学，以及对外国人的外语教学。对于分布在世界各地的华人，除了港澳台之外，华语的学习既可能是母语的学习，也可能是母语第二语言的学习，或者外语的学习。除了中国之外，其他华人地区的语言学习，无论是第一语言、第二语言或者外语，学习者大部分都有另外

[①] 在"汉语句式问题国际学术研讨会"（华中师范大学，2016年10月15—16日）上宣读。

十四　句法研究与语文教学相关的几个问题

一种语言的背景。而这种语言的使用价值，在该地区常常是高于华语。因此，在语言研究里出现了语言的对比研究，以期尽最大的可能减少学习者的语言学习负担，希望在学习上能减少语言学习的负转移，最大可能地使语言学习出现正转移。

1.3 语言之间的差距，除了语音之外，就是语法和词汇的差异。过去谈了很多词汇的问题，包括词频与常用词、不同语言里同一个词的词义与用法的差异、文体与用词的关系等等；也进行了语法的比较研究。在这些方面，我曾说了下面的话：

（1）中国的汉语词典多数是为母语语用者而编写的，词典里所提供的语言信息，对第二语言学习者和外语学习者来说，是不足够的，尤其是语法方面的信息。

（2）目前大部分的语法著作都是以书面语为研究对象，这些语法著作都没有把书面语语法的不稳定性适当地反映出来，更少讨论口语和书面语的语法差异，以及华语与现代汉语的语法差异。这给汉语的传播带来困难。

（3）我们需要对现代汉语、各地华语做更深入的研究。为了学习与运用汉语，更为了汉语的传播，除了需要编辑更完善的词典之外，更需要编写汉语语法长篇，给汉语教材的编写人员、汉语教学人员参考。语法长篇对汉语教学，对汉语的发展与趋同，将会做出巨大的贡献。[①]

华语的语法差别与变异，主要反映在词法上，而不是句法。语言变体的语法发展，大趋势是趋向于统一的，而不是趋向分

---

① 周清海《华语教学与现代汉语语法研究》，《语言教学与研究》2014年第5期。

裂的。如果从句法研究的角度看，在汉语传播方面，过去我们提及的句型教学，路子是对的。但是只在对外汉语教学方面注意句法，是远远不够的。我们必须将句法的教学贯彻到华语教学、古汉语教学等方面；针对第二语言或者外语的学习者而编撰的辞书，解释用语，也应该充分注意句法与句式。这篇论文将讨论句法与语文教学的关系，也从句法谈及大华语的研究。

（二）从句法看古汉语教学

2.1 先说古汉语教学。在全球化时代里，我们学校的教育课程增加了许多新知识，新科目，而我们的语文教学，却很少做相应的调整。这对学习者是不利的。语文学习的负担越来越重，中国以及一些华语地区都出现了为语文学习减负的呼吁。我们应该考虑怎样将现代汉语和古汉语教学有机地结合起来，以减轻语文学习的负担。

我曾提出："语文教材方面，华语区之间的华文教材必须维持语言的最大共同点；文化方面，也应有共同的内容。只有在文化和语言方面，有共同的核心，才有利于华语区之间保留共同的文化认同，才有助于华语区之间的交际往来，也才有利于华语走向世界。"[1] 古汉语教学就是维持华语区文化共同点所不可少的。

2.2 关于古汉语的学习，王力先生表达了下面的意见：由于

---

[1] 周清海《从全球化的角度思考语文教学里的文化问题》，华语文教学与研究国际研讨会主讲论文，2013，台北；载《汉语融合与华文教学》，社会科学文献出版社，2020，页14—17。

十四　句法研究与语文教学相关的几个问题

语法是比较稳固的，古今差别不大，只消知道几个粗线条，再学习一些古代虚词，也就差不多了。语法方面也应该着重在古代语法的常规，不适合一开始就去讲偏僻的虚词和虚词的特殊用法。①

王力先生的看法是非常正确的。如果只从句法的观点看，古汉语和现代汉语的差异，可能就只有语序、被动句、判断句三个方面，其余的差异都在实词和虚词的特殊用法。所以，学习古汉语的难点在词汇。王力先生进一步说："古代的语音、语法、词汇，三方面都要学。……这三方面的学习，为什么要以词汇为主呢？语音不是太重要的，因为除诗词歌赋外，古书上并没有语音问题。至于语法……古今相差不大，容易解决。问题在词汇，这必须花很大的力气。……古代汉语的问题，主要是词汇的问题。所以学习和研究的重点要放在词汇上。"②

既然古代汉语教学的问题在词汇，而不在语法，更不在句法，那么，就必须思考下面的问题：一是教哪些古代汉语常用词；二是词法和句法的教学该做怎样的安排。

2.3 我认为：文言的学习，有文化认同上的需要，也有语言上的需要。如果对古汉语有比较深刻的了解，就可以加深对现代汉语的认识，也有助于我们解释、教学现代汉语。对古汉语有比较深刻的认识，指的是词汇和词法方面，而不是句法。古汉语的句法和现代汉语大部分是相同的。

---

① 王力《古代汉语的学习与教学》，《光明日报》1961年12月16日。
② 王力《谈谈学习古代汉语》，《龙虫并雕斋文集》（第三册），中华书局，1982，页402—405。

朱德熙先生对中国大学中文系的研究和课程说过这样的话："教研室是以课程为单位组织起来的。每个人各抱一门课程作为自己的专业，穷年累月地浸淫其中。教研室之间鸡犬之声相闻，而学术上则老死不相往来。教现代汉语的，不但认为古汉语是隔行，连方言学也与自己不相干。这种画地为牢的做法无异于自杀。近几年来有的学生视野比较开阔，这是好现象。但要从根本上扭转这种偏向，还须在教学指导思想、课程设置和教学组织上进行改革才能奏效。"[1] 我想，朱先生就是看到了古汉语和现代汉语的密切关系，才这样说的。

从语言的词法和句法的联系上看，无论方言还是古汉语，都和现代汉语有很密切的联系，而句法上的差异就很少。

2.4 从全球化的观点看语文教学，我认为应该以句法带动古代汉语的教学、计划古代汉语教学，才能将古今汉语更好地联系起来。

比如"被"字句，古汉语里常用的是"为……所"，易孟醇认为"事实上，战国末期已出现'为……所'式"。[2] 而"被……所"式，冯春田认为"大约在隋唐时期出现，晚唐五代才有较多的例子"。[3] 现代汉语书面语，我们还能接触到"为……所"式和"被……所"式。

如果我们的语法研究者，从语言教学的角度，考虑"被"字句的问题，就应该指出哪一种结构的"被"字句最常用，哪

---

[1] 朱德熙《纪念王力先生九十诞辰文集·序》，山东教育出版社，1991。
[2] 易孟醇《先秦语法》，湖南大学出版社，2005，页102。
[3] 冯春田《近代汉语语法研究》，山东教育出版社，2000，页586。

十四 句法研究与语文教学相关的几个问题

一种是应该作为教学重点,哪一种是某个华语区的特殊"被"字句,哪一种文体里用"被……所""为……所",等等。这些信息,对语文教师是有用的。[①]这就是立足于句法上的观察而说的。

从句法上的联系处理古今汉语的教学问题,也不适合过分细致。吕叔湘先生的《文言虚字》是为现代青年初学文言文者而编写的,今天看来,有许多说明显然是过分细致了,是不必要的。如"之"字,吕先生分为下列6种用法:

①吾爱之重之,愿汝曹效之。

②姑妄言之妄听之。

③呼之起。

④邻人之子。

⑤虎狼之国。

　荒唐之言。

　吞舟之鱼。

⑥大道之行也,天下为公。

这6种用法,是从句法上细分的。其实"之1—3",是代词,应归为一类。吕书分为三类,是因为之1语译时必须用"它";之2可以省略;之3是兼语。"之4—5",是助词,应归为一类。之4所带的是表领属的定语,而之5是一般的定语,所以吕书分为两类。"之6"也是助词,用在主谓短语之间,为另外一类。"之6"还存在现代汉语的书面语中:"应该知道个人力量之有

[①] 周清海《汉语融合与华文教学·序一》,社会科学文献出版社,2020。

限。"①但是，这样的细分，是不利于语言学习的。

2.5 我建议以句法为中心，处理古今汉语的教材和教学问题，这样做可以减轻语言学习者的负担；词义和词法，就环绕着句法进行。如果以句法为中心设计古汉语教学，就得放弃传统的文选方式。整篇的文言选文里，可能包括许多文言特殊的词汇、罕见的词法与句法现象，以及历史知识。这些都是给学习者增加没有必要的负担。

从古汉语和现代汉语的差异看，吕叔湘先生认为："在充分掌握了现代汉语的基础上，学习文言，达到能阅读一般文言的程度，我估计至少得学习五六百课时，差不多要占去高中阶段的全部语文课的教学时间，课外作业时间还不算。还要有具有较好的文言修养的教师和合适的教学方法。现行的教材编法和课时安排都还不能符合要求"，"文言和白话不一定要求同一个教师教，甚至可以分作两门，各编课本"。②

在中学——甚至是大专（除了中文系）的语文教学里，中国或者华语区都不具备吕先生所说的那些条件。我们现在不写文言文，阅读文言大部分是文化上的需要，因此应该放弃《古文观止》以来的选文方式，而以内容为纲，选取段落，和现代汉语教学组成一体。因此，2011年我在香港城市大学专业进修学院主办的"大专中文教学与教材研讨会"的主讲论文里曾这样说：

---

① 邢福义《汉语语法学·序》，商务印书馆，2016。
② 吕叔湘《吕叔湘语文论集》，商务印书馆，1983，页319、330。

十四　句法研究与语文教学相关的几个问题

"阅读文选的内容决定了阅读课程是否具有挑战性，因此提议以内容为纲，结合古今中外的资料，重新给大专的华文教学定位。至于语言、文史等各种知识，都应该跟阅读的选文配合，随阅读选文的需要进行教学，而不是成系统地教学。"[①]这个提议，就是看到古代汉语和现代汉语的句法差异很小，词汇的应用随着讨论的课题而受到限制，因此可以以内容为纲，将古代汉语融入现代汉语的教材里。古汉语的词汇与词法，也因为受内容的限制，不至于无限度地扩展。减少古汉语词汇和词法的负担，以句法来引导古汉语的学习是可行的。下面的一首词，之所以易读易懂，就因为所用的句法和现代汉语完全相同。

春花秋月何时了，往事知多少。

小楼昨夜又东风，

故国不堪回首月明中。

雕栏玉砌应犹在，只是朱颜改。

问君能有几多愁，

恰似一江春水向东流。

学生学习，只有词汇的负担。经常被佛家引用的"千江有水千江月，万里无云万里天"，句法也和现代汉语完全相同，只要稍作解释，学生完全没有理解的困难。庄子《秋水》的第一段：

秋水时至，百川灌河；泾流之大，两涘渚崖之间，不辨牛马。于是焉河伯欣然自喜，以天下之美为尽在己。顺流而东行，至于北海，东面而视，不见水端。于是焉河伯始旋其面目，望

---

① 周清海《对大专院校中文教学的一些看法》，《华文教学与研究》2011年第3期。

洋向若而叹曰："野语有之曰：'闻道百，以为莫己若'者，我之谓也。且夫我尝闻少仲尼之闻而轻伯夷之义者，始吾弗信；今我睹子之难穷也，吾非至于子之门，则殆矣，吾长见笑于大方之家。"

学习这一段，除了"东面而视"（"而"连接状语和谓语：脸朝东看）可能引起误解之外，全段的句法大体和现代汉语一致，词法和词汇的负担并不重，而且具有文化和语言传承的意义。如果学习全文，徒增加学习者的负担而已。当然，在有条件的高中或者中文系里，学习整篇，也是可以的。这需要课程设计者好好地掌握语言学习的"度"的问题。

（三）从句法看大华语的研究

3.1 在《新加坡华语语法研究结项报告》[①]一文中，我说："新加坡华语书面语和语体文高度统一，差距很小。这是因为新加坡的语文教学在建国以前就注重标准书面语，用的语文教材和中国大陆1949年以前的完全相同。新加坡独立建国（1965）之后，虽然加入了许多本地的教材，但对语言标准的要求仍然保持不变。我们主张新加坡华语应该向普通话倾斜。因此在有大面积影响的媒体，语文教育、正式文件等方面，都积极坚持这项政策。这些年下来，新加坡华语书面语和普通话的差距是很小的。"

"新加坡标准华语以现代汉语普通话作为参照规范，在语法

---

① 周清海《汉语融合与华文教学》，社会科学文献出版社，2020，页65—71。

十四　句法研究与语文教学相关的几个问题

上和现代汉语普通话的差异不大,因此一个说普通话的人能轻松地阅读新加坡的华文报章、书籍,或收听新加坡的华文广播。"

维持新加坡华语和普通话的密切关系,除了语言和教育政策的原因之外,在语文上我们的着力点是在词汇和词法。句法上,新加坡华语和普通话是高度一致的。句法的高度一致,是现代汉语和华语在隔绝了三十几年后,仍然能相通的原因。但是,在口语方面,新加坡华语口语在句法上可能有更多的变异。因此,我们提出了许多语言研究者应该深省的问题:

新加坡华语口语的哪一种句法结构源于哪一种方言,是怎么决定的?——即使方言干扰的说法成立,也不是方言所有的句法结构特征都能有效地干扰华语的结构系统,当中存在哪些限制?为什么一个语言里需要有两种形式来表达相同的意义?——普通话的说法和受方言影响的说法并存。

此外,现有的研究让我们看到了新加坡华语"有"而普通话"没有"的语法现象,却忽略了普通话"有"而新加坡华语"没有"的语法表现。

以句法为中心,考察新加坡华语的书面语和口语,我相信必然会有更多新的发现。口语受另外一种语言的影响而出现的句法变异,一定比正式的书面语多。如果以句法为中心编写新加坡华语的口语教材,就将不再是文绉绉的口语。[①]

3.2 汪国胜先生谈及世界华语语法研究时说:"有两点值得指出:第一,在不同的华语区,语法的差异程度很不一样。就

[①] 新加坡的华语是没有口语基础的,很多口语现象都是直接从书面语转换过来的。

已调查的6个点来说,香港华语的差异最大,形成了别具一格的'港式中文'。……。第二,在差异度较大的华语区,语法有其独特的一面。但从宏观上看,还是呈现出一种'大同小异'的格局。比如马来西亚华语,尽管存在着一些差异,但这些差异大多是局部的或细节上的,从大的方面来说,跟普通话还是基本一致的。比如,语序和虚词是主要的语法手段,词法和句法类型基本一致,等等。更多的则是在一些词语的组合或用法、成分的配置上表现出不同,当然也还有一些特殊的语法形式。"[①]维系这个"大同小异"的格局,就是句法。如果对各地华语常用句式进行比较研究,恐怕差异也不大,可能在应用频率上会有些差距。

3.3 李宇明先生说:"华语的内部差异,主要表现在词汇上,其次是语音,再次是语法。不同社区的华语有共性,但也各有特色。这些特色的形成,有各自社会生活的差异,有新老华语波及的不均衡,有各地方言底色的浸润,当然还有所在地他族语言的影响。华语社区不同于汉语的方言区,各社区的华语不是方言,而是人们说的带有各自特点的普通话或国语。"

"大华语是否也会分化为不同的华语?就华人'尚统一'的传统意识看,就汉字对各华人社区语音分歧的包容度看,就当前华人社会的频繁交流、各社区的华语相互借鉴吸收的情况看,华语内部在向着'求同缩异'的方向发展,大华语在向着'整

[①] 汪国胜《华语语法研究的若干问题》,2016年海内外中国语言学者联谊会第七届学术论坛上的发言。

合优化'的方向发展。"[1]

我认为,大华语不可能分化为不同的华语,华语内部向着"求同缩异"发展,都是由大华语的句法维系着的,所分化的只表现在词汇和词法上。华人"尚统一"的观念,是语言里的句法统一而形成的。

3.4 最后,我要再强调陆俭明先生对新加坡华语规范问题的看法:"普遍性和系统性这二者之中,普遍性是首要的,系统性最终要服从于普遍性。"[2]在这个看法的引领之下,我才有了"大华语"这个概念。在语文教学里,我也提出了"教学从严,评鉴从宽"的原则。所谓"教学从严",就是在选材与教学中,特别注意向普通话倾斜,而"评鉴从宽"则应该充分考虑语言应用的事实。新加坡华语表现出来的"普遍性",和普通话不同的,大都是词汇和词法问题,句法问题很少。

(四)几个值得思考的问题

4.1 以句法为中心,用句法来带动语言学习、研究语言结构是比较适当的。李英哲先生等人曾合编过《实用汉语参考语法》(北京语言学院出版社,1990),他们从现有的几套汉语教材中选取例句的做法,是非常可取的。这限制了词汇和句法的范围。在汉语学习者越来越多的情况下,我们可以统计几部通行的语

---

[1] 李宇明《华人智慧 华人情怀——序〈全球华语大词典〉》,《全球华语大词典》,商务印书馆,2016。

[2] 陆俭明《新加坡华语语法》,商务印书馆,2016。

言教科书的句子教材,根据这些资料决定语法点的处理,决定语法特点的说明,这是教学语法必须考虑的。

我曾说:"我们对1949年以前的'国语',现在的各地华语,无论词汇或语法现象,无论书面语或口语,都研究得很不足够。面对汉语传播的要求,需要语言研究者,再加把劲。"①如果我们环绕着句法去处理词法问题,相信能更系统地描写华语语法。

让我举下面的两个句子来说明。这两个句子都是一位浙江大学毕业后再到美国留学、现在在南洋理工大学任教的副教授所写的。他是八十年代出生的。

(1)简明的色调,单纯的气息,直率的情感,用简洁的文字描述或叙述,于作者、于读者都是一种幸福。

(2)于是,在笑了又笑之后,要做的第一件事,当然、显然、必然的,就是洗澡。②

这两个句子都是文学的语言,但句子结构却是基本的"判断句"结构。第一个句子用了"简明的色调,单纯的气息,直率的情感,用简洁的文字描述或叙述"当主语。两个句子的状语都比较复杂。这是文学语言。这些例子说明了:掌握了基本句法结构,随着词汇量和词法的认知的加深,就能建立适当的、更好的语文基础。阅读与表达能力就是建立在基本句式上面的。因此,我建议对大华语的句式进行比较研究。

4.2 世界华人面对的是语言竞争的难题,华语的生存空间受

---

① 周清海《华语教学与现代汉语语法研究》,《语言教学与研究》2014年第5期。
② 王东安《风乐行歌》,山东画报出版社,2016。

十四 句法研究与语文教学相关的几个问题

到当地主流语言的挤压,也受到世界语言(英语)的不少压力。华人除了保留自己的语言与文化,也应该同时考虑怎样在所居地生存下来。只保留自己的语言与文化,而不能掌握当地的语言,只能让自己被边缘化。这是不对的。因此,华人必须学好当地的语文,又要学好英文,并且保留自己的语文,这是一件非常不容易的事。以句法带动华文的学习,包括古汉语的学习,可能是减轻语文负担的办法。马建忠批评清末的语文学习,说"无不一一消磨于所以载道所以明理之文",这正是目前世界华人面对的难题。语法和语文学习有关系,但必须以句法为核心,才真正能发挥语法对语言学习的作用。

以句法为中心,根据词汇和文化的需要,为世界华人设计语文课程,是应该受到重视的。为了减轻学习者的语言负担,放弃文言范文选读,结合文化需要,重新安排教材,恐怕是我们在面对全球化、现代化的情况下,保留民族认同、语言认同、文化认同的唯一出路。

4.3 句法研究的许多问题,和语文学习不可能完全相关。在语言学习方面,应考虑适当地接受而不是全盘地接受研究成果。比如,"牵牛以蹊人之田而夺之牛"(《左传·宣公十一年》),吕叔湘《文言虚字》不收这个用法。"之牛",有说是"其牛","之"等于"其";有的说这是双宾语句。这些是学术研究应该讨论的问题,和语言教学关系不大。但是,从学习的角度看,为了交代句子的意义,恐怕以"之"等于"其",说法简明些。

以中国目前的发展情况看来,将来会有越来越多的世界华人到中国深造,因此,在语言学习方面,编好语文课本、拟好语法大纲等等，都需要提到日程上来考虑。以句法为核心来编好课本、参考资料，就比以前注重系统性的教学语法更有用。

4.4 语言是发展的，在不停变动的，面对语言现象，不应该总是抱着"纠错"的观念，尤其是缺乏深究的"纠错。"在《谈共同语词典收录方源词的若干问题》一文里，作者说："'马到成功'，这可能是北方地区的表述习惯，来源不明。……'马到功成'这既符合香港人的语感，又符合粤语古雅的构词方式（主谓—主谓并列式）。……另一个'主谓—主谓并列式'是'天雨路滑'。……可是，在珠海的拱北关口却醒目地写着：雨天路滑。这跟'马到成功'一样，是需要我们大力纠正的。"①

其实，"马到成功"最早见于元杂剧，和"马到功成"一样历史久远。"雨天路滑""天雨路滑"这两个结构，当然以"天雨路滑"比较古雅。但是不是需要"大力纠正"，却是值得商榷的。"马到功成"和"马到成功"今后可能还会并存下去，决定取舍的不是"古雅不古雅"，也不是"纠错"，而是民众的应用习惯。这是我们以句法带动语文学习应该注意的。

---

① 郑定欧《谈共同语词典收录方源词的若干问题》，《粤语研究》第14期，澳门粤方言学会。

十五　语言交际能力与语言教学

前　言

我长期从事新加坡华文教师的培训工作，也参与新加坡的语言教育规划，并且具有四十几年教导成人学习华文的经验。在这样的基础上，谈论这个课题。

我不谈理论，只从自己的语言学习与语言教学经验来谈。因此，这是一个回忆性的学术谈话。

（一）语言交际能力

1.1　2004年11月19日，我接受新加坡英文《海峡时报》的访谈，谈及自己的语言学习和社会对语言的评价等问题，记者做了这样的报道：

1973年，获得香港中文大学硕士学位之后，他自学英文。"那个时候，我不能用英语说出自己的电话号码。我必须先将号码写下来，然后一个一个念出来。"他笑笑地回忆说。

他开始收听英国广播电台的广播，也阅读牛津英文基础读本。跟着读英文报、英文小说。现在,听说和阅读英文,都没有问题,但书写仍旧感到困难(总觉得风格上不是地道的英文)。

"我开始得太晚了。"他说。这就是为什么他对说华语的家长放弃自己的母语,执意挣扎着和子女说英语感到懊恼。他发现中文系的同事也是这样,更觉得很震惊。我知道他们因为没掌握好英语而吃亏。但我相信,在现在的环境里,在我们现行的教育制度下,孩子在学校就一定能学好英语。家庭是华语的最后一道防线。如果你不让孩子尽早学习华语,你就剥夺了他们学好华语的机会。"他辩解说。[①]

语言学习和年龄是有关系的:越早学习越好。成人之后再开始学习一种新的语言,就很难具有语言的全面能力。

1.2 学习语文的热忱,需要良好的社会氛围的支持。在这方面,政府扮演重要的角色,比如肯定并承认双语能力,对掌握双语者给予奖励,(在中学或初级学院)开办双文化课程,就是很好的开始。政府还能做更多的事。

培养华文人才不只是为了解决华文教师和华文研究人员短缺的问题而已。如果在重要的职位上,如有许多医生、律师、政治领袖能说流利的华语,也热爱华文,华文就有更广阔的发展前景。语言的价值左右了家长对孩子语言的选择。

社会对语言价值的认知、语言的学习环境,对语言能力的

[①] Use it, Love it: His life goal for Chinese language(用华文,爱华文:他的人生目标),《海峡时报》2004年11月19日。

十五　语言交际能力与语言教学

掌握，都有直接的关系的。孟子早就说："有楚大夫于此，欲其子之齐语也，则使齐人傅诸？使楚人傅诸？"曰："使齐人傅之。"曰："一齐人傅之，众楚人咻之，虽日挞而求其齐也，不可得矣；引而置之庄岳之间数年，虽日挞而求其楚，亦不可得矣。"(《孟子·滕文公下》)

1.3 对成人的语言学习者，应该注意哪些问题？

教导成人学习语言和教导儿童是不同的。"你只能教他生活里直接要用到的。没有必要像儿童学习语言那样，从最简单学起——如爸爸、妈妈，然后一步一步往前发展。"

"根据语言学习者的需要，为他编课程。如果你教商业界的学习者，就应该集中在和商业有关的课题上。不要教那些他用不着的东西。"

教导政治人物，应该选择他当前所关心的课题。如果他现在注意教育课题，你就将教材集中在教育方面——从词汇，句子结构，阅读材料，到听说的教材。你可以利用报纸材料改写或者自编教材。通常三个月左右，学习者在这方面建立了信心：他听得懂这方面的新闻广播，能阅读这方面的报章报道，他就能够在这个课题上发表演讲。

学习语言的秘诀在于培养学习者的信心。学习者掌握了不同的课题，就是不断建立信心的基础。你可以不断地这样做，直到学习者完全掌握这方面应该学习的语言。

利用报章的材料是可以的，但必须有个顺序。——如果今天读的是交通意外，明天是国际新闻，这样学习者就很难跟上。在他熟悉了以后再进入其他的课题。新加坡有太多机会让学习者学习和应用华语,因为新加坡是一个浸濡的大环境。①

1.4 我们应该从语言教学的角度,考虑语言研究的问题,②才可能帮助语言教师培养语言学习者的能力。台湾的汉语教学者曾向我提出这样的问题:为什么外国人学汉语,总是逃避使用"把字句",或者使用得不正确?

我回答说,不只外国人,连香港人也逃避使用,因为粤语方言里就没有"把字句"。使用"把字句",其中的一个条件是动词必须有补充成分,也就是说,"把字句"必须在学生学了相当数量的动补结构的双音动词,或者动词后边有补语的结构之后,才适合教。我们应该教了哪些动补结构的双音动词或者介词短语充当补语之后,再教"把字句"?当然,"把"的宾语必须是有定的,也是条件之一。我们的汉语课本编写者,应该认真考虑这个问题。

另外,"把字句"也有新的发展:

(1)我们应该把当前的局势做一个大概的分析。

"把"的宾语"当前的局势",不受主要动词"做"的管制,而受主要动词宾语"分析"的管制:"分析"管着"当前的局势"。这类句子里的"把"也可以换用"对"。

(2)一个要招收广大的人马,好把敌人包围而消灭之。

动词后面有代词宾语"之"。

徐峰对《儿女英雄传》和《红楼梦》里的"把脸一红"发

---

① 《海峡时报》: He's a "knight with a sword and a dagger"(他是一个"短刃与长剑齐舞的武士"),1999年3月28日。

② 周清海《华语教学与现代汉语语法研究》,《语言教学与研究》2014年第5期。

表了如下的意见:"《儿女英雄传》和《红楼梦》中有33例,但在CCL语料库中,却未曾发现一例","'脸红'在很大程度上属于非自控性行为,和'把'字句的'+主观控制'语义特征有不协调之处,这恐怕正是这一用法逐渐消失的重要原因"。[1]徐先生从语义特征解释"把脸一红"的消失,是十分正确的。

在餐桌上说"一只烧鹅能吃几个人?""鱼不吃了!",显然和"大家都喜欢吃烧鹅"所表达的语义不同,在对外汉语教学里,应该怎么处理?"一只烧鹅能吃几个人?"这一类的句子,在有关餐饮的话题里,是非常普遍的结构。

我们应该以交际的需要决定语言教学的重点。语言应用的范围决定了词汇、句法,表达方式的选择。我们不能满足于一般的语法描述、词频统计。语言本体的研究也不能脱离语言教学。

(二) 教学方法

必须根据教学目标、教学重点、教学对象和教材的需要去设计教学方法,而不应该规定划一的教学步骤和教学方法。[2]

2.1 没有一种教学法是十全十美的,应该鼓励教师从不同的角度去设计教学法。灵丹妙药式的教学方法过去没有,现在没有,将来也不会出现。"不同的教学方法当然有其各自的优缺点,但语言是一个十分复杂的系统,语言知识和语言技能的习

---

[1] 徐峰《海外汉语词汇语法教学研究》,复旦大学出版社,2015,页277。
[2] 周清海《华文教学应走的路向》,南洋理工大学中华语言文化中心,1998。

得远比其他技能的学习要复杂得多,灵丹妙药式的教学方法过去没有,现在没有,将来也不会出现。"①

在教学方法上,新加坡曾不止一次地强调单一的教学方法,如"句型教学""以英语教学华文"等,对华文老师的专业判断,不够尊重,以至于约束了教师的创造性。其实,无论是教材的选取、教材的编制还是教学法的创新等方面,都应该鼓励教师参与,并发挥积极的作用。②用怎样的教学方法,任课的语文教师有最大的决定权。

我们应该根据教学的需要选择教学重点和教学方法。上个世纪70年代时,李资政已经掌握了不少词汇,但怎样将这些词汇串成句子,句子和句子之间怎么连接起来,他没有太大的把握。也就是说被动的语言能力——听,资政当时有比较好的基础,但主动的表达能力——说,就比较弱。资政的语音有很好的基础,他华语发音的准确性,在世界华人政治领袖当中是少见的。所以,早期我就特别注意句子的串接。我专门为他编这方面的教材,让他说话的语句,在结构上是健全的。我的任务,就是既要帮助他巩固原有的基础,也要协助他更上一层楼。

李先生自己也说:"从1972年开始,我就每周跟周清海教授见面一次,除非他或我出国去。在这两小时的会面期间,我们进行会话,朗读他细心为我准备的教材,改进我的华语会话能力,扩大我阅读和谈话课题的词汇量,同时教我说较地道的华

---

① 周清海《海外汉语词汇语法教学研究·序》,复旦大学出版社,2015。
② 周清海《新加坡华文教学的回顾与前瞻》,新加坡华文教研中心在新加坡国际会议展览中心主办的"华文第二语文国际研讨会"(2018年9月12—13日)主题演讲。

语。由于我早年和后期自修华语,当我讲华语时,总是不自觉地从英文句子转译成华语。因此我说的华语带有英文句式,常常词不达意。周教授帮我改正语病,引导我说较规范的华语;同时,他也教我使用正确的副词和连接词。"①

成人学习语言,要把所学的变成他长期的记忆,比较困难。因此必须提供复习的机会。如果没有经常的复习,过一段时间,一些词汇就会慢慢地从积极的词汇转为消极的词汇,甚至在他的记忆中消失。在看到或听到时,会觉得似曾相识,但要用来表达,那就不容易了。资政出国访问回来后曾说,如果他到中国几个星期,他的华语就会流利起来。因为他有机会把记忆中消极的词汇叫活起来。所以,成人学习语言,给他打下基础后,过一段时间,你要再回过头来,让他复习。……在他不需要发表演讲的时候,你要有计划地让他复习。你的教材要适当地给他复习以前的东西。如果你没有计划,就是在浪费他的时间。

2.2 对语言变异,在教学上提倡更合理的说法,而不是单纯地以对错为标准,书面语和口语也应有不同的要求。

在语言变异和语言教学方面,应该强调:对于语法变异,教师应该注意引导,提倡以更合理或更好的说法来代替单纯以对错为标准的做法,鼓励学生使用标准的用法。但在具体操作上,应该对新加坡华语语法变异的特殊性和实际情况,注意区分口语和书面语。在书面语中按照普通话语法规律严格要求,

---

① 《李光耀内阁资政致周清海教授贺词》,周清海《人生记忆》,八方文化出版社,2011。

而承认或接受口语中的某些不规范说法是合理的。这或许是一个较为可行的做法，因为口语本身就具有即时性和不完善、不规范的特性。这些论述都是非常中肯的。在语言表达方面，以培养流利度为主，在流利度的基础上，培养学习者用语言的信心，而不是处处纠错。

2.3 语法教学，我一向主张语文教师必须掌握一套完整的、成系统的语法知识。有了这一套语法知识，在面对教学中的语法问题时，在为语言学习者解决语法困难时，语文教师才有办法做到知其然，也知其所以然，才有办法更好地解释语法现象，设计更灵活的教学方法。语文教师如果没有成系统的语法知识，不只是课堂教学会受影响，连批改学生的作业，也不能充满信心地决定哪一个词是用得正确的，哪一个句子是对的；更没有办法用浅近的语言向学习者解释语言错误。

成系统的语法知识固然是重要的，但在课堂上的教学，我却不主张成系统地教语法，而强调根据课文的需要，结合词语教学和课堂活动，随机讲授语法。因为对于学习者而言，应用语言的能力才是重要的，而不是成系统的语法知识。只有对所教的语言的语法结构具有深入的了解，语文教师才能准确地把握教学重点，才能随机教学语法。[①]

[①] 周清海《华语教学语法·序》，玲子传媒，2003。

十六　谈字和词的释义问题

（一）一个字有不同的意义

汉语词汇的发展，是建立在"字"的基础之上。用"字"构成双音词或者多音词，对"字"是有所选择的。如果从历史发展的角度仔细观察汉语里"字"和"词"的关系，字义和词义的关系和发展，更是错综复杂的。

用汉字记录汉语，已经有两三千年的历史了。因此，我们现在用的一个汉字，可能同时保留了古义和今义。

古今是相对的概念。商为古，周为今；周为古，汉就是今。就从形体的差别说，商周之间，就有甲骨文和金文的分别；周金文和战国金文也有差别。即使同在商代，一个字的字形结构，也可能有古今的差别。"疾"字的甲骨文，早期的字形是人躺在床上，全身是汗；后期是人的腋下着箭，[1]一字二形。如果从笔画的多少看，显然一个比较繁，另一个比较简。甲骨文字典都

---

[1] 周清海《读契小记》，《中国语文散论》，新加坡世界书局，1973，页57；中国社会科学院考古研究所编《甲骨文编》，中华书局，1978，页330；徐中舒主编《甲骨文字典》，四川辞书出版社，1988，页837—838。

收了，但分为两个字。其实，这是同一个意义的两个字，只是构形不同。

字的古今义，词典必须加以处理，语文教学里也应该加以重视。语文教学里如果只强调学习多少汉字，而不研究这些字所含有的不同意思，是不全面的、不科学的。

汉语因为音节比较简单，因此同音字很多。同音字多，就容易造成同音字误用。这种误用，应该承认它的合理性吗？

我们以《现代汉语词典》和《现代汉语规范词典》为基础，结合各华语区语文应用的现实，举例讨论这些问题。

（二）词典对古今义的处理

《现代汉语词典》和《现代汉语规范词典》在处理字的古今义方面，有明显的差别。大体上说，《现代汉语词典》比较开放，解释有的也非常随意。我们举些例子来说明：

或：《现代汉语词典》分为四个意义，"或4"的解释说："〈书〉稍微：不可或缺|不可或忽。"在古汉语里"或"没有"稍微"的意思。①《现代汉语词典》的解释显然是以这个短语的现代整体意思为基础而归纳出来的；而不是以"或"的古今用法为基础。

《现代汉语规范词典》在"不可或缺"词条下解释说："不能有所短缺（或：有）"，认为"或"是"有"。可是，这本词典"或"字下的意思，只有："⑰有人，有的；⑬或许；⑭或者"

---

① 王力《王力古汉语字典》，中华书局，2000，页342。

十六　谈字和词的释义问题

三个意思,却没有"有"的意思。

其实,这个用法的"或"就是代词,指"有人、有的",而《现代汉语规范词典》给"不可或缺"下定义却只注了"有"。可见《现代汉语规范词典》也没处理好。

宫:《现代汉语词典》解释说:"帝、后、太子等居住的房屋。"《现代汉语规范词典》说:"古代泛指房屋,后来专指帝王的住所。""古代泛指房屋"是先秦的用法:"卑宫室而尽力乎沟洫"(《论语》)。现代汉语已经没有这个用法了。为现代汉语编撰的词典需要解释现代汉语所没有的意义吗?词的古义不留在现代汉语里的,词典应该怎样处理?这是不容轻视的问题。

鞋、履:我在吉隆坡的鞋店看到减价广告:"鞋履大减价"。"履"是"鞋"的意思,只用于古汉语或者从古汉语进入现代汉语的一些词语,如:衣履、革履、削足适履。但现代汉语不用"鞋履",只用"鞋子"。王力认为"屦、履、鞋是同一物,时代不同,名称各异。……自汉以前皆名屦。履本训践,后以为屦名,古今语异也"。[①]鞋店广告用语创造了"鞋履"一词,是该店为了避免"鞋子"太白了,而改用"鞋履"?还是马来西亚的特殊用词?华语区有多少这样的用词?

凯旋:"旋"是"返回、归来"的意思。《现代汉语词典》举了"凯旋、旋里"两个词,解释"旋里"是"返回故乡:旋里省亲",解释了"旋"的归来义。《现代汉语规范词典》不收"旋里"。"旋"的归来义,就只有"凯旋"一词。

"旋"的"返回、归来"义被语言运用者遗忘了,于是出

---

① 王力《王力古汉语字典》,中华书局,2000,页240。

现了"凯旋归来""凯旋而归"的用法。网上的例子非常多。中国国家主席对三位航天员的说话，就只用"凯旋"，后边是没有"归来"的。

面：《现代汉语词典》"头的前部；脸：面孔、面带笑容"。"面"，现代一般用"脸"，但是"面孔、背山面海"，还是用"面"；"面带笑容"华语区也用"脸带笑容"。"脸"是后起字，古汉语没有："子产曰：'人心之不同，如其面焉。吾岂敢谓子面如吾面乎'？"（《左传》）现代的词典应该如何处理？

这些例子都说明了华语区的用词存在的问题，以及词典对古今义的处理，没有统一的做法。在华语越来越国际化的情况下，为了减轻华语学习的困难，在辞书的编撰上面，有太多没有处理好的问题，应该引起关注。

（三）今义的变异

词汇在应用中发展，因此常常出现新的词义和用法。词典应该怎么处理？

扑："一心扑在科研工作上""一生扑在华文教学上"中的"扑"是"把全部心力用到（工作、事业等上面）"，《现代汉语词典》和《现代汉语规范词典》都收了这个意思。但1947年出版的《国语辞典》没有这个意义。这是新发展出来的词义。其他的词语，如"火起来""躺平"等，都发展出了新的词义和用法。

约会：《现代汉语词典》有用作动词的用法：大伙儿约会好在这儿碰头。动词的用法是华语区少用的，华语区动词的用法

十六 谈字和词的释义问题

趋向于用"约":"约好在这里见面"。"约会",华语区只有名词的用法。

擦屁股:《现代汉语词典》和《现代汉语规范词典》都收了,但《现代汉语词典》不收"擦脂抹粉",而收"涂脂抹粉"。《现代汉语规范词典》这两个词语都收。一般华语词典不收"擦屁股",大概认为不雅。词典应该怎样处理雅俗问题?

克、刻:是同音字,但意义有别。《现代汉语词典》"刻"字下,有"⑦同'克²'",而"克"之下没有"同'刻'"的说明。"忌克",《现代汉语词典》说"同'忌刻'","忌刻:对人忌妒刻薄,也作忌克。"《现代汉语规范词典》说:"不宜写作'忌克'。"

"克"和"刻"意义有别,"刻薄"只能用"刻"。《现代汉语词典》"刻薄"下的"尖酸刻薄"和"待人刻薄"都只用"刻",没有用"克"的。可知不能用"克"替代"刻","忌刻"不能写作"忌克"。词典不能太从俗。

浇薄:《现代汉语词典》:"(人情、风俗)刻薄;不淳厚:人情浇薄,世风浇薄。"《现代汉语规范词典》不收"浇薄"一词。

"曾子曰:慎终追远,民德归厚矣。"(《论语》),杨伯峻《论语译注》(中华书局,1958)语译为"谨慎地对待父母的死亡,追念远代的祖先,这样做去,社会风气自然趋于笃实,不致浇薄了"。1980年版改为"谨慎地对待父母的死亡,追念远代的祖先,这样做去,导致老百姓归于忠厚老实"。

杨伯峻1980年的语译改变,大概是由于"浇薄"不是普遍的用词。那么,《现代汉语词典》该不该收这个词?

导致：《现代汉语词典》解释为"引起：由一些小的矛盾导致双方关系破裂。"《现代汉语规范词典》："造成，引起（不好的结果）。"

"导致"如果只限于有"引起（不好的结果）"，杨伯峻《论语译注》的"导致老百姓归于忠厚老实"就和《论语》原文的语意不合。《现代汉语词典》和《现代汉语规范词典》的释义是应该讨论的。

赞：词典只有"帮助；赞助"和"称赞；赞许，赞不绝口"两个意思。

"不赞一词"的"赞"是什么意思？"赞"是"添加"（由"赞助"引申而来）还是"称赞"？《现代汉语词典》对"不赞一词"的解释是："原指文章写得很好，别人不能再添一句话，现也指一言不发。"《现代汉语规范词典》也做相同的解释。"赞"是不是要增加"添加"义？

省释：新加坡报章用"无罪省释"，有人认为"新加坡早期报章常令人看不懂要表达什么。"其实"省"是"审察"，"释"是"释放"。"省"该读为 xǐng 还是 shěng？新加坡一般读为 shěng。"省释"也算是新加坡的特有用词。

不尽：《现代汉语词典》不收；《现代汉语规范词典》收了，解释："①没有尽头：感激不尽。②不完全：不尽合理|不尽如人意。""不尽如人意"下说："是'尽如人意'的否定式，不能说成'不尽人意'"。这两本词典都收"不尽然"，解释为"不一定是这样；不完全如此。"可见"不尽"是一个词。《现代汉语词典》应该收"不尽"。

凸、突："凸"和"突"的意义有分别吗？"凸"，《现代汉

十六　谈字和词的释义问题

语词典》的释义是"高于周围（跟"凹"相对'），"突"在"高于周围"这个意义上似乎和"凸"相同。"凸显、突显"和"凸现、突现"的不同，在"凸"和"突"。

"突现：①突然显现。②突出地显现。"《现代汉语词典》用了"突然""突出"释义。

"突显"，《现代汉语词典》的释义是"突出地显露"，没有"突然地显露"。《现代汉语规范词典》释义是"突然显露出来。……用于这个意义时不要误写作'凸'"。"突"应该解释为"突出"还是"突然"？还是两个意义都有？

"凸显"是"清楚地显露"。《现代汉语规范词典》释义是"清楚地显露出来。……跟'突显'形、义不同"。

"凸现"是"清楚地显现"。《现代汉语规范词典》释义是"清楚地呈现出来。……跟"突现"形、义不同"。

从上面的释义看来，词典编辑者没有弄清楚"突"和"凸"的字义。"突"除了"突出"之外，还有"突然"的意思，而"凸"只有"高于周围""突出"，而没有"突然"的意思。

"予、与、以"有分别吗？

"施与"，《现代汉语词典》用"以财物周济人；给予"释义。语言应用里有"施以"和"施予"，词典都不收。"予、与、以"三个字有分别吗？

华语文及其教学专访

十七　他是一个短刃与长剑齐舞的武士[1]

他完全没有学者的傲气,是一位具有深厚的华文传统的君子、学者。他温文尔雅,不摆架子,经常保持低调。

他每个星期天自己洗车子,和妻子以及两个孩子住在海皇阁,另外一个孩子在澳洲深造。

只有当《联合早报》最近报道了关于华文课程检讨的消息时,他的邻居才知道他是"教授"。更少人知道,他给李光耀资政上华文课已经24年了。这个消息是由他的博士生、资深报人吴元华的新书《务实的决策:人民行动党与政府的华文政策研究(1954—1965)》[2]透露的。

周教授今年57岁。他是教育圈子里为人所熟知的南洋理工大学中华语言文化中心主任、国立教育学院中文系主任。他参与了政府不同的华文教学检讨委员会,其中包括1991—1992年以

---

[1] 《海峡时报》记者高贞对作者的访谈,作者自译。英文全文见1999年3月28日《海峡时报》The Sunday Times Review · Focus 版。标题是:He's a "Knight with a sword and a dagger"。

[2] 联邦出版社,1999。

副总理王鼎昌为主席的华文检讨委员会。

周教授出身于一个说福建话的普通家庭，家中有八个兄弟姐妹。他的父亲没有受教育，以贩卖冰块为生，但热爱中华传统习俗。

他骄傲地说："我是个纯粹的华校生。"1967年毕业于南洋大学中文系，1970年获得香港中文大学硕士学位，1983年获得新加坡国立大学博士学位，研究的都是中文。但和同辈的华校生相比，他能将热爱中华文化，与了解语言文化必须为国家的发展服务这两件事分别开来。他同意，这两件事有时是有冲突的——一个是感情的，一个是理智的。当涉及母语教育的问题时，许多和他同辈的人，都倾向于感情一边。

为什么他会与同辈的人不同呢？因为他的座右铭是"严于己而宽于人"。"宽于人"就是同情地了解他人的观点，对事情客观而不保守。

作为一个能从新加坡的角度看问题的华校生，他不认为自己是华文沙文主义者或者华人种族主义者。"我不认为今天还有很多激进的华文教育者。我更关心的倒是英文教育者里头的沙文主义者。我们应该将新加坡的整体利益放在前面。"他补充说。

有人认为"现在有过分强调华文的趋势，这将损害英语作为中立的共同语言的地位"，他表示不同意这种观点。面对中国的经济崛起，加强我们的华语文教育，难道不是实际的、合乎逻辑的做法吗？

去年，他和年轻的同事一起写了一篇文章，将精通双语的

十七　他是一个短刃与长剑齐舞的武士

人比喻作"短刃与长剑齐舞的武士"[①]。"英文是长剑,让你在国际舞台上挥舞;中文是短刃,让你发掘中华传统文化。掌握双语,让你在东西方游刃有余。"

新的华文课程并不会降低母语程度

问:一月份由副总理李显龙宣布的华文CLB课程[②],曾引起不安。你认为CLB课程会导致华文程度的降低吗?

周:如果CLB(华文B)课程在10年或者20年前推出来,就可能导致华文程度整体的降低。在双语教育推行以前,英校是不教华文的,一部分家长是抗拒学习华文的。他们就可能以这个课程作为解脱的办法。

但是,时代变了。现在大部分家长都接受华文是一种资产。英文教育出身的家长所关心的是怎样协助孩子把华文学得更快、更好。所以,我不担心CLB可能导致华文程度的降低。此外,只有到了初中二,证明没办法学好华文的学生,才能选修CLB。

问:对于推出CLB课程,《海峡时报》的读者表示宽慰,而《联合早报》的读者认为这没有真正解决问题:华文学不好是态度的问题。这种不同的反应,你觉得意外吗?

周:考虑读者不同的语文背景,我认为这是预料中的事。《联合早报》的读者具有非常高的华文水平,自然希望华文保留

---

① 推广华语理事会编《华人·华语·华文》,新闻及艺术部,2000。
② 华文B(CLB)的程度远比华文第二语文低。

在高的水平上。《海峡时报》的读者更关心学习华文的困难。华文课程要为不同语文背景的人群服务，就是一个挑战。最后，我们以CLB解决了这个问题。

问：在CLB课程方面，还有哪些问题需要面对？

周：我以为最近的改变已经解决了学校教育里的语文学习问题。但是，在大环境方面，我们还需要做些努力。我刚结束了和香港城市大学合作的5年研究计划，我们研究了几个大城市的报章用语。我们发现，新加坡华文报章的用语在语言规范方面远远落后于香港、台湾和中国的其他大城市。

我以为，华文传媒在这方面可以扮演更好的角色。我特别关心新加坡中文电视台第八波道说的混杂式华语。如果以这种华语代表我们的华语水准，我觉得受辱。

此外，我们也应该给精通双语者适当的肯定与鼓励。现在的双语人才觉得双语没有给他们带来职业上的好处，而是增加了他们在行政工作上的负担，也不能让他们有光荣感。在这些方面，我们还需要多做些事。

问：华文教师短缺是不是也给华文教学带来一些困难？

周：是的。在师资的数量和质量上都面对困难。老一辈的华文教师，大部分像我一样是南洋大学毕业的，都接近退休年龄了。年轻的小学华文教师是在我们双语教育制度下成长的，华文只是他们学校里的单一科目。他们掌握华文的能力和年老一辈从华文中学毕业的华文教师不能相比。我们要问自己，学校里的高级华文和华文特选课程能培养并提供我们所需要的华

十七　他是一个短刃与长剑齐舞的武士

文教师和华文人才吗？

解决问题的办法之一是提高学校里高级华文和华文特选课程的程度。当然，还有其他的可能性值得探讨。

问：我们确实该做些什么？

周：现在并不是人人都愿意成为华文教师。我想我们需要面对这个问题。

如果我们需要华文教师，我们就需要有适当的渠道，并且提供机会去发展和培养他们。我知道我们将在工艺学院开设家政课程，为什么不能也开设华文专修课程呢？有许多学生具有华文倾向——那些在零水准考试里华文得A等级而英文只及格的学生。工艺学院的华文课程可以让他们发展自己的强项。他们毕业以后如果有意愿，可以再参加华文师范文凭课程，受训成为华文教师。

当然，我们也可以向马来西亚、中国台湾、中国大陆聘请华文教师。但我们需要一批了解、热爱新加坡的本地华文教师作为核心。

问：讲华语运动也有20年了，作为一个语言研究者，你认为这个运动成功吗？

周：在普及华语方面，消除英文教育者对华语的抗拒以及说华语的心理障碍方面，是成功的。在华文文化方面，10年前才开始注意。因此还有许多工作应该做。让受英文教育者了解及欣赏华文文化，需要更多的时间。

问：华文知识分子（Chinese intellectuals）和华文精英（Chinese elite）是相同的吗？

周：我认为是相同的。传统的华文知识分子，多数是单语的，像潘受先生那样，已经逐渐退出舞台了。现在的"华文知识分子"和"华文精英"里的华文，表示了他们的华文程度。他们都是我们双语教育制度下的产物，只是除了掌握英文之外，对中华语言、艺术、文化等也有深入的了解。他们之中，有一些将以华文作为自己的专业；另外一些可能是其他方面的专业人才，但能用华文进行专业的讨论与交流，能用华语和对方洽谈。也就是说，和中国交往的医生，需要了解中文的医科术语；律师需要能阅读中文的法律文件。

问：如何培养这样的人才？

周：脚踏实地说，要培养专长于中国法律的律师，大学的法学院就必须考虑提供用华文讲授的中国法律课程——用英文教授中国法律不是很奇怪的事吗？更广泛地说，我们需要将双语教育延伸到大学，为一部分学生提供这类课程。

如果这样做还不能满足需要，我们可以再做一些事。比如，可以考虑在一些特选小学提供一些加强华文的课程，不只是课外的加强班，也可以是用华文教授一些科目，如数学等。

问：这样加强华文会不会损害新加坡多元种族的社会特质？

周：我认为这是完全不同的两件事。

我们培养华文精英完全是实际的需要。如果我们是比较大的国家，像澳大利亚、新西兰那样，每个人只懂一种语言是不

十七　他是一个短刃与长剑齐舞的武士

成问题的。但新加坡太小了,我们的资产就是人。所以我们必须将多元种族变成我们的优势。比如,马来西亚和印尼发展了,我们就需要讲马来语的人才,培养讲马来语和了解马来文化的人才,这是实际的考虑。我们学了马来语,在印尼工作,但我们效忠的是新加坡。如果南亚发展了,说泰米尔语的新加坡人就有更多的好处。那时,新加坡应该协助说泰米尔语的新加坡人在南亚发展。

问:作为南大毕业生,现在是南洋理工大学的学术人员,你怎样看待潘受将南洋理工大学改名为南洋大学的呼吁?这是不是一次解决了南洋大学问题的好时机?

周:对于传统的华文教育者,南大代表了语言和文化的根。这种感情是深深地埋在他们心里,不会消失的。因此,潘受先生的感受,是完全可以理解的。从语言和文化的角度看,潘受的感受也是南大毕业生的感受。我在南大经过了无数的风风雨雨,我也真正欣赏南大"自强不息"的精神。但从国家发展的角度看,在建国的过程中,南大的问题不幸和政治问题缠绕在一起。

至于改名的问题,必须考虑几个因素。改名如果能将南大毕业生对南大的感情转移到南洋理工大学来,对南洋理工大学的发展当然是有利的。但是,我们也必须注意南洋理工大学校友的看法。这些问题,应该由南洋理工大学校长和教育部去考虑。我更关心的是南大"自强不息"的精神。

南大和新加坡大学合并以后,那些没学好英文的华校生,就升学无门了,这对他们是非常辛苦的。但是,长远来看,合并也将两种语文源流教育合流了。

怎样教英文教育者学习华文

周清海副教授教导李资政华文已经24年了。受英文教育的成人学习华文，他可以给哪些参考意见呢？

他不对怎样教李光耀先生华文发表评论，但指出教导成人学习语言和教导儿童是不同的。"你只能教他生活里直接要用到的。他没有必要像儿童学习语言那样，从最简单的学起——如爸爸、妈妈，然后一步一步往前发展。"

他不采用任何课本或者语言课程，而主张根据语言学习者的需要，为他编课程。

周教授用华语说："如果你教商业界的学习者，就应该集中在和商业有关的课题上，不要教那些他用不着的东西。"

对于教导政治人物，他指出应该选择学习者当前所关心的课题。"如果他现在注意教育课题，你就将教材集中在教育方面——从词汇，句子结构，阅读材料，到听说的教材。"你可以利用报纸材料改写或者自编教材。"通常三个月左右，学习者在这方面建立了信心：他听得懂这方面的新闻广播，能阅读这方面的报章报道，他就能够在这个课题上发表演讲。"

他说，学习语言的秘诀在于培养学习者的信心。"学习者掌握了不同课题的词语，就是不断建立信心的基础。你可以不断地这样做，直到学习者完全掌握所学习的语言。"

他只教一个学生，但有一些学习失败的学习者去找他谈话。他们都觉得自己的付出和收获不成比例。周教授问他们的第一

十七　他是一个短刃与长剑齐舞的武士

个问题是：你的教师教些什么？他经常发现教材都用报章的文章。"利用报章的材料是可以的，但必须有个顺序。——如果今天读的是交通意外，明天是国际新闻，这样学习者就很难跟上。"如果你自学华语，这也适用。"以社交为例——如参加晚宴，你必须掌握社交闲聊和基本的社交词汇。在你熟悉了以后再进入其他的课题。"新加坡有太多机会让学习者学习和应用华语，因为新加坡提供了一个浸濡的大环境。

十八　用华文，爱华文：他的人生目标[①]

说英语的新加坡人并不熟悉他的名字。在最近教育部的华文检讨里，周清海教授扮演着重要的角色。本版（Insight）记者和南洋理工大学中华语言文化中心顾问、李光耀资政的华文导师周清海教授对话。

无论从哪方面观察，周清海教授都是十足的、坚定的华文支持者。南洋大学和香港中文大学的毕业生，他的学术专业从中国最早的文字——甲骨文，到华语文教学法。他家里从不说英语。这位63岁的老教授坚持和他的女儿以及两个儿子只说华语。现在他的女儿26岁，儿子一个28岁，另一个17岁，都曾就读于特选学校，修读高级华文。"他们之间都用华语交谈。"他透露说，带着作为父亲的骄傲。

但是，对华文的热爱以及以说华语为骄傲，在新加坡已经都被削弱了。以前不是这样的。

[①] 2004年11月19日《海峡时报》访谈。作者根据英文原稿翻译，原标题是：Use it, Love it: His life goal for Chinese language。

十八　用华文，爱华文：他的人生目标

很长的一段时候，周教授都坚信新加坡学校的华文程度太低了，必须提高。这个态度温文的学者曾经在1991年他担任华文检讨委员会的委员时，提议在华文里加入更多的文化成分，并提高华文课程的程度。

但是，1999年，另外一个华文检讨委员会却做了大扭转。根据回馈，这个委员会觉得华文课程太难，将华文课程调回到1991年以前的程度，同时在中学推出华文B（CLB）课程①，让华文弱的学生选修。周教授并没有参与这次的改变。

在叙述这些改变时，他却意想不到地、令人吃惊地也改变了看法。当其他华文的坚决支持者对这个倒退感到愤怒时，他和另外一位同事吴英成静静地向教育部提议：华文B（CLB）应该从小学开始。1999年的改革之后五年，这个提议被接受了。从2008年起，依据学生的家庭语言背景，小学一年级开始教导不同程度的单元。

这个建议，以及其他新的改革，是今年初教育部成立的委员会提出来的。这一次，周教授是检讨委员会的委员。检讨委员会的报告书这个星期二（2004年11月16日）已公布。

越早开始越好

这个报告书被形容为这十年来华文教学的重要改革，但并不受华社欢迎。华社人士认为，这是进一步整体地降低华文水准。

像周教授这样过去主张提升华文程度的人，为什么会做出

---

① 华文B（CLB）的程度远比华文第二语文低。

完全相反的建议？有人可能这样责问。

周教授做出这些建议，其中一个原因是：没办法阻止的英语应用趋势。1988年，小学一年级的学生只有20%的家庭说英语，在十年内提升到40%。他告诉Insight副刊的记者：如果等到中学再让他们选修CLB，华文弱的学生就要在小学挣扎六年，那么，他们对华文的厌恶感以后就无法改变。不如在他们开始学习华文的小学阶段，就对症下药，教导不同程度的单元。

除此之外，另外一个原因可能是他和李光耀资政长期的关系。每个星期六在总统府一起学习华文的30年里，李资政的实用主义主张，改变了他的看法。周教授暗示，当他的孩子在初级学院时，他才真正感觉到语言学习的现实。

"当我的孩子在初级学院时，他们就没有时间和精力继续发展他们的华文。这个时候，我才完全接受李资政的看法：华文的程度不能太高。""重要的是华文的程度必须是学生能力所能负担的。但是，我们也必须将华文维持在适当的程度上，以备将来需要用到时，能够在这个程度上往前发展。"

他指出，这次的检讨建议，不只调整了对华文弱的学习者的要求；和过去不同，也包括了让有华文天赋或者有华文背景的学生，能够进一步发展他们华文能力的建议。

"我们从两端处理华文的教学问题，让我们的教育制度更灵活，课程更有适应性。"周教授说。家庭是华语的最后一道防线。如果你不让孩子尽早学习华语，你就剥夺了他们学好华语的机会。

无论用怎样的策略，他还是真诚地坚持他的目标：为华文的生存奋斗，设法改变华文的形象。对于年轻的新加坡人把华

十八 用华文，爱华文：他的人生目标

文看成是不成功人士的语言，周教授感到可悲。

华校生因为英文不好而被边缘化的痛苦，周教授最清楚。他出生在1941年9月16日，和李资政（1923年9月16日）差了整整18岁。他在今天景万岸小巷和友诺士小巷之间的乡村长大。父亲是冰贩，家庭只说闽南话，有8个兄弟姐妹。

和李资政一样，周教授也在浚源小学读书。但不同的是，李资政很快就转到直落古楼英校，而周教授却一直留在华文源流里。小学毕业后，他升入育英中学。那时正是反殖民统治的时代，英文被华校生当作是殖民地政府的语言，学生都不愿意学习。接着，是共产党对华校的渗透，新加坡人产生了对华文的恐惧，英文跟着复苏。1960年进入南洋大学时，周教授清楚地知道，没有掌握好英语，他唯一的出路就是教书。

当问到为什么进入教育界时，他平淡地说："和今天的孩子不同，没有掌握好英语，不能成为医生、律师。很多受华文教育的，包括我在内，都被边缘化了。"

1973年，获得香港中文大学硕士学位之后，他自学英文。"那个时候，我不能用英语说出自己的电话号码。我必须先将号码写下来，然后一个一个念出来。"他笑笑地回忆说。

他开始阅读牛津英文基础读本，也收听英国广播电台的广播，读英文报、英文小说。现在，听说和阅读英文，都没有问题，但书写仍旧感到困难，总觉得风格上不是地道的英文。

"我开始得太晚了。"他说。这就是为什么他对说华语的家长放弃自己的母语，执意挣扎着和子女说不地道的英语感到懊恼。他发现中文的同事也是这样，更觉得震惊。

"我知道他们因为没掌握好英语而吃亏。但我相信，在现在

的环境里,在我们现行的教育制度下,孩子在学校就一定能学好英语。家庭是华语的最后一道防线。如果你不让孩子尽早学习华语,你就剥夺了他们学好华语的机会。"他辩解说。

华文的形象

一切根源于华文的形象。当华文的形象改善了,这种心理就会消失——他这样推断。在这方面,政府扮演着重要的角色,比如肯定并承认双语能力,对掌握双语者给予奖励,在中学或初级学院开办双文化课程等,就是很好的开始。但周教授觉得,政府还能做更多的事。

和其他华社的人士不同,周教授认为培养华文人才不只是为了解决华文教师和华文研究人员短缺的问题而已。"这就是问题的根源。如果你华文好,你只能教书或从事和华文有关的研究。"他说,"如果在重要的职位上,如有许多医生、律师、政治领袖能说流利的华语,也热爱华文,华文就有更广阔的发展前景。"

十九　目前是发展华文教学的最好时机[①]

新加坡华文教师总会将在9月2日（星期六）于华侨中学承办"承先启后、继往开来"华语论坛。为推崇南洋理工大学国立教育学院中文系周清海教授过去40年在推动新加坡华语文教学与研究方面做出的许多重大贡献，他的多名学生组成筹备委员会，为他筹办65岁的祝寿晚宴。

也由于是新加坡华文教学工作者齐聚一堂为师长祝寿，表达尊师重道的精神，晚宴定名为"桃李聚会"。

筹委会还特邀5名海外学者参与论坛，与本地华文教学工作者一同探讨华文教学未来的发展方向。

本报日前对周教授做了专访，他畅谈了对华文教师的看法，对华文教学的展望。

目前是40年来发展华文教学最好的时机，站在教学最前线的华文教师，应该提高士气，秉持执着的信念和使命感，把教

[①] 谭德婷报道，《联合早报》2006年8月27日。李光耀资政也写了生日贺词，见周清海《人生记忆》，页221—225。

华文当成有意义的工作,为国家培养华文人才。

南洋理工大学国立教育学院中文系教授周清海,以他40年走过的风雨路,道出他对现今华文教师的期许。

他说,现在的华文教师,英文运用自如,已经能在行政阶梯上与英文教育出身的其他科目教师一较高下,不再沉默。他们可能成为校长、副校长、科主任等,在教育行政方面具备了竞争能力。因此,只要在专业部分不断提升,就会比其他人更出色,而且是真正的双语人才。

周清海教授不否认现在的华文教师语言文化水准比不上前辈。"在专业的部分他们的程度确实比较低。我们应该为他们多开辟升学的、提高语言文化程度的各种渠道。例如到中国或者新加坡的高等学府升学进修,都可以。这些渠道一定要安排,提高他们的水准。"

他透露,现在修读中文学位或者高级学位的华文教师相当多,但数量还不够,希望继续提升。

"以前我们的华文老师有很多是知名作家,语文程度都很好。现在,如果我们的华文老师也能够达到那样的水准,那对提高华文程度是有帮助的。"

除了提升在职教师的水准,如何全面、有系统地培养包括从事华文教学、传媒工作的华文人才,大学本科是焦点之一。

中文系定位在哪里?

春风化雨40年,周教授所见所闻,令他坦言担心:"我们的中文系定位在哪里?"

十九　目前是发展华文教学的最好时机

"包括国大和南大的中文系,我们现在中文系的使命是什么?"

周教授不愿明说,但暗示大学虽崇尚学术自由,但大学的课程不能"因人开课"。"不能因为你专长这个,所以你开这个。不是的,系的整个定位在哪里?这才重要。"

他认为,如果中文系把本科课程,如语言、文化、文学各方面都忽略的话,"将来毕业出来的这些学生头脑里面是空的"。

他也指出,新加坡的中文系可以和美国远东系的中文课程一样,用英文来研究中文。但本地的中文系必须要提供足够的课程,培养学生坚实的中文和中华语言文化方面的基础,这才是中文系的核心任务。

不过,单靠中文系,还不足以"在国家利益的基础上培养比较高层次的华文人才"。

周教授说,不只中文系,包括特选中学课程、双文化课程,怎么跟大学配合起来,成为成套的系统。至于怎么去鼓励,国家需要多少人,要有哪些鼓励的配套,那就不是他所能解答的了。

他向来认为,新加坡的华文教学分成两个目标,一个是给一般华人子弟奠定适当的华文基础,使他们继续保留华人的特点。第二个是让有潜能、有语文背景的学生能够提升他的华文。

对于第一个目标,他认为,现在大部分的人都能听、能说、能看一点儿华文,但程度不高。面积是扩大了,但是程度却降低了。虽然程度是降低了一些,达不到以前的华文第二语文程度,却也奠定了一个广阔的华文基础。这个基础,保证了华文的生存与发展。一旦社会的华文用途越来越广,这个程度就可能再往上提升。

至于第二个目标,是希望让有语言天分,家里有华文背景的人,不受人为限制地尽量发挥所长,达到华文第一语文的水准。因为这是目前社会所需要的。不过,他直言:"目前虽然采取了一些措施,但还没有看到这个发展的趋势。"

可以说,周教授始终抱的是乐观但谨慎的态度,他认为,国际局势的转变,中国的崛起和发展,为新加坡人学习华文带来了有利的契机;而在内部方面,新加坡的双语教育带来了一个广泛的华文基础,现在欠缺的是在这个普遍的基础上,让一部分人攀到更高的华文层次。

"这一部分我还看不到,我们需要有一部分人,不是大部分,华文达到第一语文的水准,能够和中国交往,了解他们的语言文化。而这些是在传媒、教育界、经贸、外交部门等,需要和中国打交道的人。"

须要从国家层面去规划

他认为,这须要从国家层面去规划,所以,政府的特别鼓励与灵活的制度至关重要。

然而,40年的岁月已逝,蓦然回首,现在要找一个德高望重的人来扛起这个必须集大成才能办到的重任,可能吗?

周教授同意这并非易事。他说:"我们各方面都要鼓励,各方面要互相配合。但今天我看不到这个,时机是来了,但这40年来的结果,就如你讲的我们找不到一个德高望重的人来统筹这个事情。这事情是要整体计划的。"

十九　目前是发展华文教学的最好时机

"我们大专学府的中文系、华社，大家坐下来，讨论怎么去处理这个问题。这也包括华中和其他开办中文主修的学校。"

研究华文40年全凭"执着"与"使命感"

周清海教授从事华文教学工作40年，这漫漫长路，他说"从没有懊悔过"。

1967年，周教授以南洋大学中文系第一名的成绩毕业，本着先教书，再升学的信念，他先到华侨中学开始教学生涯。隔年，他获得英联邦奖学金，负笈香港，攻读硕士学位。1970年学成归来，到华义中学任教。一年后，他转任师资训练学院（国立教育学院前身）讲师，从此承担了培育华文教育工作者的使命。屈指一算，至今受教于他的学生遍及新加坡政治、教育、传媒及学术等领域，已达七八千人之众。

问他是否曾在这个华文教育坎坷发展的过程中，作为其中的一份子而懊悔过？

他表示没有，但他却深切感受到一点：新加坡在建国的时候，决定英文作为行政语言，华社却没有做好准备，结果牺牲了一代人。

南大毕业时，他已感受到很多华校生被边缘化，原因是没有掌握好英文。

"如果当时华社能够在学校里头教好这批（占了）百分之五十几的学生，如果让他们学好英文的话，这批人不会被边缘化。华校生里的优秀分子，有很多并没有把英文学好，才会被边缘化。因为重要的行政位置，他不能担任；当专业人士，也不行。所以我看到很多同学很痛苦,被边缘化了。

> "看到这个发展,我得出结论:处理语文教育要特别小心,因为你影响的是下一代。"

1983年获得新加坡国立大学博士学位的周教授,曾任南洋理工大学国立教育学院中文系主任,12年前在南大创立中华语言文化中心,去年又发起创办南大孔子学院,并担任理事长。另外,他积极参与学术刊物的编辑或顾问工作,而且著作等身。

2003年,周教授发起编纂《全球华语词典》,中国大陆、香港、澳门、台湾和新加坡等地,有十几所大学的学术人员参与。周教授担任学术顾问。他也是新加坡报业控股华文报集团的咨询团成员,亦担任《联合早报》主办的全国模范华文教师奖遴选委员会主席。

他40年来从未停止对华文的研究、探讨和推动,全凭"执着"与"使命感"。

这正是他今年初答应学生以他的名誉主办这次"承先启后、继往开来"华语论坛暨桃李聚会的原因——要改变华文老师的心态,让他们觉得他们从事的工作是很有意义的。

"这次活动不在突出我个人,我对这个一点儿兴趣都没有。我说我不需要突出自己。我从事教学40年,在华文方面很执着,有比较深入和特殊的看法,所以学生们要借用我来鼓励华文老师。肯定我40年的工作,也就是肯定一大群从事华文工作的教师的贡献。"

"我都付出40年了,我从来没有觉得我是第二等的。"

十九　目前是发展华文教学的最好时机

附：报章另有下列引言

"如果我们需要华文程度较高的人、真正双文化的人，那目前在这方面我们还需要做很多工作。

"一般的华文水准，多高多低，可以随时调整。如果大家把华文学得很好，可能过了几年后，又得再来检讨，把华文程度提高一点儿。

"如果越来越多的人看CCTV（中国中央电视台），看华语动画片，等等，在进学校以前，孩子们早已经会说华语了，那我们便可以把程度再往上提。

"所以，这个广大的基础，我们可以随时调动。但是属于华文中坚力量的那一部分，是目前我们所缺乏的，而且应该集中去培养的。"

"三十几年不平行双语教育的结果，你说可以在短短几年改善吗？不可能的。

"如果我不是出身中文系的话，而是别的系，我也会被边缘化的。可是我所从事的是你没有办法边缘化我的，你没有办法找人来代替我的工作。

"所以，英文一定要掌握。我肯定新加坡的双语教育让我们左右逢源。

"华文教学小的地方要调整，这是必须的。有一些需要国家的层面来做，这就不是我个人可以做的。"

——周清海教授

二十 新加坡的双语教育与文化问题

新加坡九龙会是香港新移民的组织,《桥》是它的会刊。2000年3月,《桥》对笔者进行了一次采访,让谈谈新加坡的双语教育。原文见于《桥》第21期。

访员：周教授，对新移民来说，语言是个比较敏感的问题。从九龙会的这次双语教育研讨会记录中，您可能也感觉得到，新移民在适应新语境的同时，难免会将过去的经验加以比较，或产生各种不适应，甚至疑问。请您谈谈新加坡双语教育产生的背景，现时的定位及未来的发展，让我们能更好地理解及把握这项政策。

周：语言的问题是个很动感情的问题。新加坡人口有76%的华人，当时制定语言政策时，为什么不把行政语言定为华文，而定为英文呢？新加坡是个由移民建立的小岛国，多元种族、多元文化、多种语言。英殖民地时期，各种族通用的语言为英语和巫语（马来语），华人社群则有华语及福建、广东等地方言。建国后，在决定选择何种语言作为行政语言时，除需要考虑新加坡的内部因素外，还需要避免被周边的国家把新加坡看

二十　新加坡的双语教育与文化问题

作另一个中国。假如以华文作为行政用语，马来人与印度人会感到不公平，而且华人中也有一批人不能掌握华文。还有，殖民地时代遗留下来的英文记录、行政档案、法律文件等，假如改用华文，将如何处理？因此，当时在选择用哪种语文作为新加坡的行政用语时，首先必须选用的是一种中立的、可以被各种族认同接受的语言。

除此之外，当时也考虑到新加坡的环境及未来。新加坡没有天然资源，未来发展要走国际路线，需要靠语言与国际挂钩。在上述的因素，即中立的、各种族能够认同的、国际化与现代化的影响下，就决定以英语作为新加坡的行政用语。

当然，这种选择也是要付出代价的。华文教育出身的人面对这项语文决策，在就业、受教育及晋升各方面都受到挫折。对那些不能适应的人，这种转变是非常痛苦的，他们的牺牲也是巨大的，其中很多人甚至认为，为推行双语教育而牺牲母语的教育程度是不可原谅的。这些都是历史遗留下来的问题。

访员：您在1998年12月应邀在香港教育学院、中文大学、香港大学所主办的国际研讨会上发表的演讲中曾提到，相较于中国大陆、港台，新加坡华人社会已经出现语言简单化的趋势，而且您认为，进入21世纪，这种势头将更加显著。这一趋势是否与双语政策有关？

周：双语教育政策自建国以来就是新加坡的基本教育政策，这个教育政策始终没有改变。所争议的问题是两种语文程度的定位问题——母语的程度应定在哪里？

在新加坡，英语作为科技、金融、商业、行政、教育等领域或跨国公司的强势语言，在可见的将来，还不会受到挑战，因为，选择使用英语的社会条件并没有改变。华语要成为受过教育的新加坡人的语言，达到同英语同一水准，恐怕也不是近期能看到的事，华语更不可能成为新加坡各种族认同的语言。

从人的因素来看，新加坡实行了30多年双语教育，我们发现，不同的人同时学习两种语文，很多人只能掌握好一种，而另一种语文会比较弱。只有约10%的学生两种语文能达到同一水准。大体上，新加坡人可以分为，英文较强而华文稍弱，或相反，华文较强而英文较弱的两群人。

1997年以前，新加坡试图实行平行的双语教育，即将母语教授的科目提高到40%，但这种做法并没有达到预期的效果。根据新加坡研究调查局的调查，只有13%的新加坡学生掌握了双语，即他们既可以阅读英文报纸，也可以阅读华文报纸。现在，新加坡的双语教育，是以英语为主导语言的双语教育，新加坡人除了学习共同的语言，即英语外，各种族同时也须保留自己的母语和文化。

在处理双语教学时，我们尽量做到根据学生的能力，让他们修读适合他们能力的母语课程，如果要求超乎学生的能力，将直接影响到他们升学。在双语环境里处理语文程度，必须非常谨慎。当然在双语教育被肯定的同时，我们也看到它的灵活性不够，譬如，是否可以培养一些各科不一定拔尖，英文可以应付，而华文拔尖的人才？母语好的这批人有没有出路？新加坡是否可培养华文或英文精英？这对语言本身及文化与本民族都是有益处的。至于华族语言简单化的趋势，我是指方言的消失。我这一代的华人，都掌握方言，有的甚至能说两种以上的

二十　新加坡的双语教育与文化问题

方言,但年青的一代,能掌握一种方言的,就已经很少了。

访员:您的很多演讲及文章都反复提及并强调语文和文化的关系,您认为在新加坡的华文教学里应怎样把握这一关系?

周:新加坡人的母语不是英语,英语是应用性的语言。但因语言包含了文化,英语对新加坡人,尤其是对年青一代,在文化上的影响是很明显的。为了不让英语为主流的西方政治文化在新加坡继续扩大它的影响力,为了避免使华人沦为一个丧失自身文化特性的民族,强调华文的文化价值就非常重要。

语文教学与文化是不可分割的。但怎样将语文教学与文化结合起来,很值得我们探讨。如中国是诗之国,诗歌的题材广泛,涉及生活的各个层面,对于维系和继承华人彼此间的文化认同,很有帮助。中学华文课本如果没有收录中国古典诗歌,绝对是个大损失。除诗歌外,文言文篇章、现代的典范作品,都可以考虑作为中学课文的核心内容。如果能以单元的方式将现代语言的训练和文化以及文言文阅读能力的训练有机地配合起来,在教学上会更有效果。

譬如"爱情观""生存与发展""友谊""文化""艺术""生命""自然"等无数课题,都是学生所关心的。以这些课题为核心,以训练书写通顺的中文为重点,结合文化来设计中学的语文教材,更能配合学生的成熟程度和兴趣。

如果我们能找到大家共同关心的课题,共同认同的文化,而后环绕这些课题和文化,根据这些重点,设计和选取适当语文程度的教材,这样的课本,相信对保留和维系华人之间的认同,会有很大的好处。

访员：在资讯科技日新月异的21世纪，面对华文网际网络的迅速发展，香港、上海、台北等华人大都会的出现，新加坡会调整目前的双语教育模式吗？

周：华文网际网络的迅速发展，必将为华文网页、资讯与服务提供广大市场，新加坡要占一席之地，就必须提高华文程度。只有中英两种语言能力都能应用自如，才能凭借两种语言的优势，从中获取知识和寻找机会；再就是提升华语作为华族的高层语言，将有助于保存及发扬华族文化。鉴于以上两个原因，新加坡政府也鼓励开拓应用华文的新领域，充分利用迅速普及的华文网际网络，为华文的使用提供无限空间。

新加坡地处国际大环境，在大的框架改变下，新加坡一定要有务实的态度。进入21世纪，面对华人大都会的出现，新加坡的双语教育模式必将做出适当的调整。

访员：谢谢周教授，谢谢您精辟的讲解，使我们对新加坡双语政策有了较完整的了解。

二十一　母语认同转移，就是双语教育的失败

1990年4月29日，笔者和刘蕙霞博士、卢绍昌先生、欧进福博士共同出席海南会馆主办的"双语教育面面观"座谈会，做了发言。座谈会的发言稿在23年后，即2013年8月23日，才以《英语可能成为新加坡人的母语吗？》为题，发表在《联合早报》上。这篇文章代表了我对新加坡双语教育的看法。

大多数新加坡人都接受双语教育，语文问题不再是我国的社会问题。从这个角度来看，我们的双语政策是成功的。但是，就像在讨论处理国家意识与保留各族文化传统问题一样，我们得注意如何才能维持两种语文的和谐、平衡。过度的或不必要的偏激，都是不好的。

无论是在殖民地时期，或者在我们当家做主的这二十几年里，英语一直是我们社会的"顶层语言"。英语"顶层语言"的地位并没有改变，而我国人民对它的态度却有了很大的变化。殖民地时期，英语是外来统治者的语言，它不是我们的语言，

更不是我们的母语。建国之后,我们成功地让新加坡人接受英语作为各民族交流的共同语言,行政上的语言,使国家现代化的语言。我们强调英语的学习重在实用,母语的学习重在文化的传递。

因为英语是社会的"顶层语言",这几年来,更成为学校的教学媒介语,再加上人们对英语态度的转变,我们就面临一种忧虑:英语会不会逐渐被新加坡人认为是自己的母语?我们在讨论新加坡人的西化问题,其实,从语言的角度来看,西化问题的具体表现就在对语言的认同上面。

在学校教育里,英语是教学媒介语,英语学习的失败,也就意味着其他科目学习的失败。教育当局与家长,重视英语的教学,是无可厚非的。但是,我们却不应该给人留下这样的印象:提高英语程度而降低母语程度是我们双语教育的趋势。今天的学生,只能用英语来讨论数理科学、英国文学、史地和经济等问题,这是可以理解的,因为英语是这些科目的教学媒介语。但是,如果学生不能用母语来进行日常社交和文化讨论,就是我们应该担忧的。

母语能力的过度低落,就会助长对英语的语言认同。如果到了我们年青的一代,都认为英语是他们的母语时,那就是我们双语教育的失败。

从语文教育的观点来看,要让我们的学生有适当的母语程度,能利用母语来进行社交和文化的交谈,我们就不能让母语变成单一的教学科目。同时,我们更不应该让学生留下一个错误的印象,以为母语是无关紧要的科目。

再从语言应用方面来看。我们年青的一代,因为华语词汇

二十一 母语认同转移，就是双语教育的失败

量不足，在应用华语时，力不从心，常常出现夹杂英语的现象。一些受过良好教育的双语人士，逐渐放弃华语，在大多数场合里选用英语。连问路这样的语言行为，如果对方是20岁左右，问路者也选用英语。

这是语言的应用趋势。如果我们没有办法做到让华人对华语和它所代表的文化具有认同感，觉得学华语讲华语是天公地道的，觉得掌握双语是光荣的，那么，年轻人出现语言认同转移的可能性是存在的。过去受华文教育者对方言的认同感转移到华语上面来，他们不觉得放弃方言是可惜的。如果我们的年青一代对语言的认同感转移了，他们也会认为放弃华语是不可惜的。

我要强调的是，当我们谈及语文程度、语文学习负担时，我们也应该了解在双语的环境里，适当的母语程度是保持语文认同感所不可或缺的。

华语是我国华人社会的高层语言，同时也是一些华人社区的"顶层语言"。华语在经济上、科技上的实用价值，是可能改变的。这些改变，将使华语在我国更具有实用价值，也可能改变它的非教学媒介语的地位。我国的双语政策，要为我国国民提供应付这个改变的应变能力。只有我们随时注意调整执行双语教育政策时所出现的偏差，我们才有能力应付未来的变化。

二十二　华语取代了方言是10年努力的成绩[①]

但华语层次太低，应用范围有限。我们应该改变"华语是不成功人士的语言"这种观念。

华语取代了方言，得到普及，是我国推广华语运动10年来所取得的成绩。可是，华语的层次太低了，华语的应用范围有限，许多可以讲华语的场合，人们却舍去了华语，选择英语。

10年来，我们没有做到让新加坡华人认识到华语是他们文化的一部分。如果我们只和巴刹里的小贩讲华语，和同事、上司用英语交谈，开会讨论严肃课题时、生病看医生时、到政府部门投诉时等等，都选择用英语，许多华语的词汇便会逐渐地消失。

在提高华语的应用层次方面，我们的领袖应该以身作则，在应该用华语的场合讲华语，而不是在推广华语运动月期间，

---

① 1988年在"讲华语运动"座谈会上的发言，《联合早报》专题报道。

二十二　华语取代了方言是10年努力的成绩

才讲几句华语。

我们应该逐渐改变华语是不成功人士的语言、是社会阶层比较低的人用的语言的观念；而应该让人们感觉到"在有实际需要的时候，在讨论任何课题时，在任何场合，华语都用得上"。周博士举香港为例说，香港朋友相聚在一起，用广东话交谈，他们不会觉得广东话比英语低了一层。我们缺乏的正是这一点。

像我们这样一个小国家，虽然不需要太高层次的华语，可是我们必须有应变的能力。我们的下一代，必须在环境需要用比较高层次的华语交际时，有能力应付。

根据一项统计，1959年进入华小的学生共有46巴仙（巴仙：百分比，百分之……），另外47巴仙进入英校。如果以我国占76巴仙的华族人口计算，当年进入华校的占华人人口的50巴仙。

这个数字，说明了今天我国那些30岁以上的家长，有半数是懂得华语的。在一项抽样调查中，有九个场合是可以用华语的，可是，人们都放弃了机会。因此，推广华语的对象不应该只限于讲英语和讲方言者，也应该鼓励那些懂得华语的人，尽量在可以讲华语的场合，放心地用华语。这些人是华语发展的核心，核心者本身如果失去了信心，就会出现问题。

如果我们能制造一个讲华语的环境，就能鼓励不懂华语者学习华语。比如议员们到选区访问时，感受到讲华语的风气，他便会直觉地想到应该把华语学好。许多受华文教育者，先学华语，后学英语，因为他们感受到英语的语言压力，不希望自己在某些需要用英语表达的场合，因语言的隔阂而成为一个哑巴。

如果要让我们的下一代具有应变能力，就不能把华语的层次定得太低，而且也不能单靠学校的课本来教会所有生活中的华语词汇。

　　周博士举例说，他曾在台湾听过一则意外新闻的报道。报道说："啤酒厂失火，火势虽然严重，并不影响啤酒厂的作业。"他另举一例，忙碌的侍应生说"请稍候"。

　　第一个例子的"作业"和华文英文作业意思不同，例子二的"请稍候"和"等一下"同义。我国的孩子可能都听不懂。

　　周博士认为，这是因为语言层次的问题造成的。他说，如果能让下一代的国人，在新环境中认识到华语是华族文化的一部分，就能使他们在接受和了解自身文化的过程中，自然地把华语也学上来。

二十三　小学是奠定母语基础最适当的阶段[①]

教育制度的灵活性是个关键性的问题。社会上对人才的分配有不同的要求，所以我们的制度要灵活到能够依国家将来的需要，提供足够数量的华文人才。

学生的语文能力、学习背景与兴趣也不一，那些有兴趣发展华文的，我们应该给他们提供发展的机会。

另一个要注意的问题：华文是华裔子弟的母语。在我们的教育制度里头，我们的下一代公民，是不是要有一定的母语基础？如果我们肯定下来，我们要这样的新加坡公民，那么，这个基础应在什么时候奠定呢？

我的看法是：小学教育是奠下母语基础的最适当阶段，尤其是小学低年级。因为年级越高，科目越来越多，各科的要求越来越高，学生没有可能在母语上面花太多的时间，也不实际。所以，我要重复强调，小学是奠定母语基础的最适当阶段。

[①] 《联合早报》1988年10月24日"早报论坛"。

除了制度要灵活之外，学校有没有对这一点做足够的重视？例如，音乐课，音乐老师教的是英文歌，是不是华人的孩子也应该懂得一些和他的文化、传统有关的华文儿歌？

至于字表的问题，我的看法不大一样。字表是要的。但是，我们要知道孩子的口语能力发展很快，书面语言能力远远落在口语能力的后面。书面语言与口头语言发展不一致，不只是出现在新加坡，中国大陆、台湾都面对这个问题。这个问题怎样解决，是华文教学上很重要的问题。

我们要孩子学华文，如果不在字表上控制，后果是很难收拾的。字表的规定基本上我并不反对，但我要华文老师特别注意，在教学上应灵活。所谓灵活，即是口语的训练，要用较高一点的层次，不能受字表的限制，书面语的训练层次要比口语稍微低些。

口语上，我们应该训练孩子用有层次的叙述语言，字汇上的教学也要灵活。例如小一学生学"爸"字时，如不认识"父"字，是老师的错，虽然"父"字在小四才出现。因为在教学时，"爸"的上面是"父"，底下是"巴"。教师如果只教笔顺与笔画，便有问题了。

因此，字表的规定是为了教学上的需要，但是教学要做灵活的调整。我要给教育部及课程发展署的建议是，不要规定老师的教学方法，不要告诉老师只能教笔顺笔画，不可教偏旁，允许老师在教学上做适当的调整。

这是小学教学上的要点，不要规定一套教学法，不要呆板地按照教学手册上的说明去做。有些词汇是孩子在口语里已经会用的了，课本不出现老师可以教，不要说课本上没有就不教。

二十三　小学是奠定母语基础最适当的阶段

所谓的"灵活性"，就是让学生"充分利用汉字"。原因是代表我们语言的是汉字，学了汉字没有充分加以利用，是教学上、学习上的浪费。例如会写树根的"根"，课本的"本"，但到了"根本"一词时，不晓得利用那两个字来写，是教学与学习上的浪费，不是字表的问题。

所以，在教学上要做适当的调整，缩短口语与书面语的距离，是非常重要的。如果这个距离不加以缩短，程度便很难提高。

此外，整个学校的环境也应做灵活的调整，譬如体育、音乐、美术课，用华文教也未尝不可。

我们应该让大家觉得，在同一个环境里头接受两种语言是很自然的事情，而且要让下一代具有双语的光荣感。我们今天没有，你开口说华语时，好像有社会地位比较低一点的感觉。这是不对的，其实我们要做到，你会两种语言是代表你受过教育，代表你能够了解两种不同的文化，这是一件光荣的事情，而不是件羞耻的事。

当需要用华语时用华语，需要用英语时用英语，对我来说没有主次之分，不是说用华语便比人低一级。这个观念要加以改变，让人家觉得懂得两种语文，是一个有利的条件。

将来的情况，我们不知道会怎么演变，但至少当华文成为有用的语文时，让新加坡的下一代具有这个条件与别人竞争。我想这是个比较重要的方向。

现在小一到小三及小四到小六之间，有个值得忧虑的现象。从我向500名中一学生做的调查显示，他们在小一到小三期间基本上掌握了70%到90%所学的汉字，但从小四开始百分比下降得很厉害。直到小六，几乎只剩下13%。

为什么小四到小六这期间学的字大部分都没学好？为什么会造成这种现象？我的解释是：到高小时，学生要学阅读、写作，其他科目如科学、数学及英文里的英文词汇也大量增加，造成他没办法集中精力学习华文所要学的字、词。

另一方面，小一到小三又太轻松，学生学句子、学句型，句子与句型的结构是学生早已有的口语能力，再教一些他们早已会的东西，是浪费了小一到小三这段宝贵的时间。是不是有必要把小四、小五、小六一部分的学习内容移到小一到小三，让学生在小一到小三有比较稳固的基础？这也符合上面所说的："小学低年级是奠定母语基础的最宝贵阶段。"这个时候学生的英文表达能力也不强，母语最能表达他的思考，所以这个时期是最重要的阶段。

中国大陆和台湾的小学，基本上识字量是集中在小一到小三，到高年级时字汇的增加就较少。高年级是学习如何阅读，如何表达意思，而不再停留在识字。

至于低年级字汇增加的幅度，应视学生的吸收能力而定。

语言学习有两种情况：一是正规的，根据一堂课来学，整个进度是课本规定的；另一是语言认知，在生活环境里头，不知不觉地通过听、说、看来学习。

不能单靠正规学习

一个人的语言发展不能单靠正规的语言学习，世界上没有一套教科书有办法把生活当中应用到的词汇、句子全盘收录进去。我们应该注意的是，有没有提供适当的语言认知环境。

二十三　小学是奠定母语基础最适当的阶段

课外补充读物不应过分地受字表限制。我们应该好好计划哪一类内容与程度的出版物，适合哪个年级的学生，然后有计划地向学校推荐，引导学生阅读。如果学生从里头学到应学的词汇，有了阅读的乐趣，他的语文将比老师教的进步得还快。

这是我们一直忽略的问题。我们不能靠中国大陆和台湾的出版物，也不能靠课程发展署出版的每年级30本课外读物，那是远远不够的。我们必须充分提供阅读的认知环境。

不要轻看小学里的活动、季节的庆祝，这是孩子留下最美好记忆的时光，也是让他们接触自己文化传统的最好时刻。我们如果能充分利用它，学生语文程度不是很高，但基本上他还是我们所要的一个新加坡华人，那也是可以满足的。

我常提醒华文老师注意，学生要从华文课里学些什么？学生在华文课里学的东西，必须是他在其他科目里头学不到的，而且是对他有意义，有学习上的价值的。

华文课的内容应该有深度、有文化，并符合学生的成熟程度，学生不是单单学几个字几个词而已。

另一个重要问题是，千万不要让华文变成乏味的科目。如果很多孩子都这么说，这中间便有很大的问题。

至于课程纲要，以小学为例，它只规定小学会考以后，学生应有的说、听、读、写的能力。这个规定并不低。问题是老师在教学时有没有达到它的要求。课程纲要对学生的语文程度影响不太大。

教学时间的问题也要考虑。是不是提高华文程度便一定要增加节数？听与说的教学及读与写的教学，时间分配是否适当？教师有没有充分利用认知环境？

教学时间的增减又回到我们的原则，是不是要把小学教育当作奠定母语基础的阶段。如果这个前提是肯定的，教学时间便是必须调整的。这个问题并不是我们今天要争论的，最重要的问题是充分利用认知环境。

二十四　小学华文教学也应重视文化传统[①]

小学华文教学也应该重视培养学生的品德，传递文化传统。我们不只希望下一代都精通两种语文，同时更希望他们保有自己的文化传统、爱护和尊重自己的语文和文化。

最近，在小学华文教学研讨会上周清海博士发出这项呼吁。他说，文化传统的传递和品德的培养，在我们这样的环境里，更显得重要。

周博士认为，中国将随日本、韩国等地区，在10至15年之间逐渐繁荣起来。那时，亚洲人的自信心将大大加强，而新加坡人将会更重视自己的传统文化。

虽然如此，但我们不能只靠外来的刺激。在没有外来刺激的情况下，做好这项工作是责无旁贷的。

周博士在研讨会上也以学生的语言背景、心理特点来分析小学华文的教学方法。

[①]《联合早报》1989年12月30日。

他说，从心理特点看，小学阶段的儿童，对客观事物有浓厚的兴趣，求知欲很强，吸收力大，喜欢天真地挑剔别人的毛病，也喜欢把自己所知道的表现出来。他们的思维能力和语言能力都在发展中，品格和道德观念也在形成中。

不过，周博士发现，小学高年级学习华文的时间比低年级少。高年级学生其他的课业负担又重，再加上高年级开始进行阅读和写作训练，能用来识字的时间相对减少了。因此，学生没有办法学好四、五、六年级的字。许多语文老师也发现，有一些儿童小一至小三华文都没有问题，进入小四后，华文开始退步了。

周博士说，在识字教学方面，我国的教学人员多注重字形的笔顺、笔画和间架，而很少注意字形的结构，更没有充分注意字的结构特点和儿童口语能力的联系。例如一年级学了"跳"，二年级学了"逃"，如果学生口里会说"挑"（挑东西）和"桃"（桃子），似乎不必要等到四五年级才来教"挑"和"桃"了。

他说，在教学中，启发学生观察字形，引发他们用自己的方法来记忆字形，也有助于识字教学。例如"告"字，不要只是让学生写十次，记住笔顺、笔画、间架。也可以采取变通的方法，教他们怎样记住"告"字。例如通过"土"字左边"丿"，下边一个"口"，或者"牛"字不出头，下边一个"口"来记住"告"字。

二十五　用语距离因词典而拉近[①]

在目前互联网交流迅速、语言应用极度开放的情况下，造成了同一种语言都存在无法了解的局面。无法了解的原因是：各国或地区有它们本身的方言、语言特色，一个国家或地区的用词、用语，可能不为其他国家或地区的人所了解。

为了解决这个问题，一项动用大批人力、物力和财力的"语言统合"工作正在世界使用华语、华文的国家和地区展开。这就有了《全球华语词典》编写委员会的成立。

语言统合的工作，目前分别在中国大陆、中国港澳、中国台湾及新、马、印、泰等地同步进行，预计第一本词典将在2008年由北京商务印书馆出版。

"词典"的学术顾问（另一位为陆俭明教授）和新马印泰编写组的审订人周清海教授说："词典的定位放在：是一本语文词典，同时突出通用性、实用性和描写性。"

[①]《访〈全球华语词典〉顾问周清海教授》，吴启基报道，《联合早报》2006年7月25日（节选）。

词典从新加坡开始

词语的选择标准如下：各区卷主要收入各区书面语和口语的常用词语和义项，不通用的不收。方言词语、科技词语及字母词、数字词从严收入。政治词语严格把关。人名、专名、著名景点等放在附录。

周清海教授说，"词典"的出版，从当年的提议到现在的即将成书出版，前后经过6年时间，而且是从新加坡开始的。

详细的词典出版"大事记"如下：

1994年，南洋理工大学成立中华语言文化中心，由周清海教授担任主任，并且提出华语的研究计划。1995年，北大学者陆俭明教授到中心从事新加坡华语语法研究并发表成果。1998年，特邀请《联合早报》语文顾问汪惠迪先生从事新加坡特有词汇研究，出版了《时代新加坡特有词语词典》。2001年，中国社会科学院语言研究所也有学者到中心从事比较研究。

周清海教授曾多次在海外提议更高层次的词典编写工作。1999年在香港教育学院（现在的香港教育大学）提出编写的构想；2001年及2002年又分别在北京和南昌提出建议，但没有得到积极的回应。到了2004年，南洋理工大学中华语言文化中心终于率先成立词典的新加坡编写组，展开编写工作。

目前参与新马印泰编写组的成员包括：周清海（审订），汪惠迪（主持），以及郭熙、谭慧敏、张从兴、钟天祥、林万菁、徐复岭。

2005年3月，词典经中国国家语委科研规划领导小组办公室

二十五　用语距离因词典而拉近

审核立项，列为中国国家语言文字应用科研重点项目。

为什么新加坡部分的词条比其他国家和地区的单薄？周清海教授说："整部词典总的词条是8000至1万多条——中国大陆4000条，中国港、澳、台各为2000条，新马印泰只有1000条。新加坡词条不多，是因为这里的华语和华文，很早就向中国靠拢，相似的地方多达90%以上。这也就是新加坡人在和中国人交流时，没有语言、语文的隔阂的原因。"

二十六　设立中文学院正是时候[①]

9月6日晚，在《联合早报》75周年报庆晚宴上，吴作栋总理在致辞里提及："我们已经为多元种族、多元文化的社会发展出自己的一套独特的方式。……每一个社群……保留着它们本身独特的色彩和活力。所以英文作为新加坡的优势语文，并没有剥夺不同种族的新加坡人提倡发展本族语文与文化的空间。"

这是非常有意义的谈话。我们是在共同效忠国家的大前提下，让各族群有更大的空间保留自己的语言和文化。这样做对国家将来的发展是有利的。

我也非常感谢吴总理在中英文讲话里同时提到，在《联合早报》常看到的课题，包括"建议南洋理工大学设立中文学院"一事，这表示了我国最高领导人注意到各社群发展自己的语言文化的需要。

设立中文学院是我提出来的。这个建议，是从南洋理工大学现有的中文教学基础上，以及从国家将来发展的需要着眼而提出的。我国华人社会不久将面临华文人才短缺的危机。我们

[①]《联合早报》1998年9月19日言论版。

二十六　设立中文学院正是时候

需要华文教学人员，通晓华文的公务员、商务人员、翻译人员、华文新闻从业者、文化艺术工作者，以及通晓华文的从政者、外交人才等等；更何况我们必须有充分的准备，以应付亚洲经济发展的需要。

目前的一批中华语文和文化的中坚分子，都将逐年老去，而后继无人；如果我们社会没有办法，或不注意培养新一批中华语言与文化的中坚分子，没有决心要把华族文化一代一代流传下去，那是很可悲的。

失去了这些语言和文化上的因素，我们的国家，恐怕难以继续维持现有的活力，更难应付将来发展的需要。华文方面的外来人才，只能补充我们的需要，而负责领导工作的必须是我们自己培养的本地人才。

中文学院的设立，可以在更高的层次上，在更好的条件下，将华社的财力与人力集中起来，好好地、更全面地处理这些问题。

对我们决心的考验

我们花了不少的经费，做了不少的努力，去吸引外来人才并且取得成果。我相信在我们面对这个难题时，如果也用同样的力度和决心，也一定能取得成果。问题在于我们有没有决心，以更大的力度来培养中坚的华文人才。设立中文学院就是这个决心的考验。

我国的双语教育制度实行这么多年来，我们必须承认一个事实：不是每个人都能精通双语的。中文学院的设立不只能培养精通双语的人才，也能更好地培养中文比英文强的人才。中文比英文强的人才，有了训练，也有出路；那么，对于华人保留自己的语言文化，也将起积极作用。

在对外的联系上，中文学院与外国的中文大学，可以建立更广泛的联系，让南洋理工大学的学生有更广泛的交流机会，就像我们和欧美国家的大学交流一样。在东南亚，中文学院也将提供除了中国大陆、台湾、香港之外，另一个研究中文的地方。这是和新加坡走向国际的路向相一致的。

毕业生前景良好

有人怀疑中文学院是否能招收到学生。以目前南洋理工大学学中文的人数为基础，我并不担忧学生人数的问题。国家有需要，学习又有前景，哪怕没有学生？并且中文学院也能为华文老师解决进修学位的难题，为南洋理工大学的跨院系学习提供另一个选择。

如果华社决心保留自己的语言文化，如果我国要为将来的发展做好准备，我想，设立中文学院是必须的。

二十七　新加坡华语华文为何要向普通话靠拢？[①]

尽管华语的地区性变异不少，但只有维持华语的共同核心，向共同核心靠拢，才有利于华语区之间的交际，也才有利于华语走向世界。

——周清海

过分强调本身的语言特点，不只妨碍国际间的交流，也让自己陷于孤立。

南洋理工大学国立教育学院中文系教授周清海昨天在"华语走向世界对新加坡的挑战"论坛上，解释新加坡华文华语多年来尽量向普通话靠拢的原因。

他说："因为我们知道华文华语的发展与应用的前景不是由我们决定的。为了'以备将来发展需要时，能在这个基础上往前发展'，我们的华文华语就必须和普通话保持密切的关系。"

这也是新加坡接受简体字、汉语拼音和中国语言规范的原

[①]《联合早报》2006年11月25日（节选）。

因，而新加坡华语华文的语音、词汇的意义、词汇的用法、语法结构等也尽量向普通话靠拢。

周清海教授说："尽管华语的地区性变异不少，但只有维持华语的共同核心，向共同的核心靠拢，才有利于华语区之间的交际，也才有利于华语走向世界。"

他也说，要探讨华语走向世界对新加坡的挑战，就必须先正视国家具备什么条件。

他认为，新加坡人说华语的流利度是一项可贵的社会资产，加上我们有中译英的优势，可以积极开展翻译事业。

二十八　香港华文教学将逐渐用华语[①]

香港回归倒数 12 天，人物专访⑤。

南洋理工大学中华语言文化中心主任周清海副教授认为，7月1日香港回归后，香港的华文教学用语，从广东话渐变为华语是不可避免的趋势。

周副教授说："香港是一个非常特殊的地区。7月1日后，中国对香港恢复行使主权，但政治上是港人治港。香港人既是'港人'，同时也是中国的国民。这种现实的处境，不可避免地将逐步影响香港的教育。香港在殖民地时代的教育政策，也将不可避免地根据社会的需要加以调整。"

过去，香港一直强调广东话，周副教授说："语言是最能牵动感情的工具，能讲共同语言，彼此的距离就拉近很多。在语言上'鸡同鸭讲'，彼此的距离立见。"

他认为，香港强调广东话，有显示香港人和内地人不同的作用。就像今天台湾普遍使用闽南话，也为的要使台湾人和中

[①] 潘星华专访，《联合早报》1997年6月19日。

国大陆人有差别。

周副教授说:"在殖民地时期和对中国封锁的时期,强调这种分别,有它的特殊作用。但是,这种作用,在7月1日后,将逐渐消失。"

他指出,以广东话来分别香港人和内地人的需要,既然不再存在,而作为华人之间相互沟通和认同的华语,在未来,必然在香港得到充分的发展。

周副教授说:"现在香港高级公务员和商业人士学习普通话,学校教育里推广普通话,也只是表示这种转变的开始。从这个观点来看,香港的华文教学用语,渐变为华语,似乎是不可避免的事。"

至于英语教学,周副教授认为在未来的香港,将继续占有重要的地位。他说:"掌握英语,对于香港这个国际城市来说,是绝对需要的。为了保持竞争能力,双语教育对香港人是有无限好处的。香港要继续保持它亚洲金融中心的地位,掌握双语是一个不可或缺的条件。"

周副教授说,从前香港适应特殊社会需要,教育制度实行"二文三语"(华文、英文;广东话、英语和华语)。7月1日后,这个制度会继续保持。不过,他相信目前以广东话作为教学媒介的现状,将逐渐被华语所替代,最终"二文二语"将更有发展空间。

照周副教授的观察,香港人经历了一百多年的广东话教学,一下子要改变,并不是一件容易接受的事,在过渡时期,如何妥当地处理,就要看特区政府的智慧了。

二十九　星洲学者传授推普经验称香港可造就双语精英[①]

周清海建议香港借镜新加坡，在教育和传媒方面制定普通话的书面语和口语标准。

新加坡南洋理工大学教授周清海指出，香港可以借鉴新加坡推行华语教育的经验，考虑从教育和大众传媒入手，制定香港普通话口语和书面语的标准。倘能创造普通话大环境，则可望造就华人社区真正的双语精英。

周清海昨天在"普通话教育的发展和推广"国际研讨会上，介绍新加坡推行华语（普通话）教育的经验教训，表示"三十几年来，英语至上的现实，造成了新加坡人的语言自满，认为只要英语就够了……一般来说，新加坡听说华语的能力，是提高了，但阅读、书写华语的能力，尤其是书写的能力，却是降低了。"但中国经济起飞给华文带来新的生命力，新加坡于是决

---

① 《大公报》2002年5月17日。

心培养双语精英。

周教授指出，新加坡和香港的语言大环境同是英语，但新加坡以英国英语为标准，又不像香港那样以广东话作为教学语言，二十多年来一直推行讲华语（普通话）运动，接受汉语拼音、简化汉字，又参考内地常用汉字统计资料。

周教授续称，新加坡不要求民众短时间能说标准普通话，但在传媒方面严格把关，尽量向普通话看齐。当地报章《联合早报》更聘请外国语文专家审校报章语言。在华语教学上，绝对以标准的普通话为依归。

新加坡通过大众传媒、教育，确保华语的标准。香港可以借鉴吗？周教授估计在教育方面较有把握，传媒方面则较棘手。不过，"大众传媒和教育所树立的标准，将直接影响香港的书面语和说的普通话。"

他续称，香港必须先培养学生讲普通话的信心，流利度比标准度更重要。"过度强调标准度，对建立说普通话的信心没有任何帮助。"

周清海认为，香港将来可望产生真正的双语精英，而不是新加坡、中国台湾或中国大陆。"台湾和大陆一样，都缺乏说英语的大环境。只有香港，具有高程度的华语书面语能力，又具有说英语的大环境。"加上逐渐注重普通话，香港肯定有不可忽视的发展。

我和《全球华语词典》编纂

三十　编写与出版《全球华语词典》的意义[①]

（一）缘起

1994年，南洋理工大学成立了中华语言文化中心。我和云惟利教授负责策划中心的行政、课程、研究和出版等工作。当时，在语言研究方面，我们发起了三个研究计划：(1) 东南亚华人语言研究，(2) 新加坡华语应用研究，(3) 新加坡华语与现代汉语标准语的比较研究。

东南亚华人语言研究，只开展了方言方面的研究，出版了周长楫、周清海的《新加坡闽南话概说》(厦门大学出版社，2000)、《新加坡闽南话词典》(中国社会科学出版社，2002)、《新加坡闽南话俗语歌谣选》(厦门大学出版社，2003) 和云惟利的《一种方言在两地三代间的变异：文昌话和漳州话在本土与海外的时地差异》(厦门大学出版社，2004)。

[①]《变动中的语言》，南洋理工大学孔子学院基金语言文化丛书①，2009。

新加坡华语应用研究的参与者是陈松岑、徐大明、谭慧敏和我。1996年展开语言应用的调查，以了解新加坡华人对各种语言的评价、语言应用能力和应用场合等等。出版的论著有徐大明、周清海的《新加坡华人社会的语言应用和语言态度调查》（南京大学出版社，2005）、陈松岑的《新加坡华人的语言态度及其对语言能力和语言使用的影响》（载《世纪之交的中国应用语言学研究》，1999）。

在新加坡华语与现代汉语标准语的比较研究方面，先后参加研究的学者，1996年有陆俭明教授，完成了研究报告《新加坡华语语法特点》；1999年有汪惠迪先生，完成了《时代新加坡特有词语词典》以及数篇论文（郭熙教授当时也间接参与了新加坡特有词语的研究）；以及李临定教授，2001年完成了《新加坡华语词汇和中国普通话词汇比较》。他们的研究成果结集出版了《新加坡华语词汇与语法》[①]一书。研究完成之后，对于新加坡华语和现代汉语标准语的差距，我们的了解就比过去深入得多了。

新加坡华语和现代汉语标准语的差距应该怎样处理？在语文教育（包括语文教科书的编撰、师资的培训）以及大众传媒等方面，我们一贯强调趋同，让华语保留共同的核心，避免出现不必要的差异。也就是说，具有大面积影响的，我们都严格把关。因为我们认为，华语的发展与应用的前景，不是由我们决定的，所以，华语必须和普通话保持密切的关系。过分地强调自己的语文特点，是没有必要的。这样做不只增加了交流的

---

① 周清海编《新加坡华语词汇与语法》，玲子传媒，2002。

三十　编写与出版《全球华语词典》的意义

困难，走不出去，而且会使自己陷于孤立。三十多年来的实践证明，我们的做法是正确的：我们没有因为强调和普通话保持密切的关系，而失去新加坡人对自己国家的认同、失去新加坡人的特点。

为了趋同，我们聘请大陆和台湾的语文专家作为语文课本的顾问，引进普通话语文教育人才、传媒人才，监督报刊传媒的用语，鼓励向普通话倾斜，尽量向普通话靠拢。[1]我也根据1996年到2001年的研究成果编写了《华语教学语法》，作为华文师资培训的教材。这本书"既注意普通话的语法规范，也同时指出不同语言变体的语法现象"。[2]

我曾经说过："新加坡华语是在没有普通话口语的直接影响之下发展起来的。新加坡和中国没有外交关系时间相当久，在中国强调'输出革命'的大环境下，华语完全和普通话隔绝。北京商务印书馆的《现代汉语词典》出版之后，新加坡华语在发音、构词和用法等方面，几乎都以这本《现代汉语词典》为依据。所以，新加坡华语是最接近普通话的语言。《现代汉语词典》……，在维持华语核心的一致性方面，起了非常大的作用。"[3]

现在，中国和世界各国交流频繁，在全球化的趋势下，普通话的影响力必将扩大，这是谁也阻挡不了的。普通话扩大影

---

[1] 这是新加坡华语教育工作者的共识。当时教育部的同仁，如谢泽文、洪孟珠、胡林生，华文研究会的卢绍昌、陈重瑜等几位先生，都和我持相同的看法。

[2] 周清海著《华语教学语法》，玲子传媒，2003；2021年商务印书馆出版修订本。

[3] 周清海《〈现代汉语词典〉和〈全球华语词典〉》，南洋人文丛书《汉语文走向世界》，2005，页75—82。

响力对各地华语的相互靠拢将起巨大的作用，使华语原来具有的共同核心更加坚实。这对华语的发展来说，应该说是非常有利的。

语言的接触，必将互相影响，互相吸收，这和以前相互隔离的局面，大不相同了。以新加坡华语为例，华语里近来就出现了"出了状况"的"状况"（云惟利先生认为是台湾的用法）、"对口单位"的"对口"，甚至不说"概括得很好"而说"概括性很强"，不说"专家评估"而改说"专家论证"，等等。大陆应用文里的"尊敬的××"的用法，越来越为华语区所接受。"上纲上线"，我原以为其他华语地区不用，中国当代的年轻人不用，也不很了解这个短语的意思。[1]但最近却在台湾中天电视台的新闻节目里头，听到台湾政治人物用了这个词语。可见语言之间相互的影响是在不知不觉之中发生的。在这个资讯的时代里，更是非常迅速的。这些都是普通话对各华语区的影响。

华语区对现代汉语标准语也是有影响的。《海峡两岸词语对释》[2]所收的5030条台港词语，《现代汉语词典》和《现代汉语规范词典》共收入了320条左右。一些我看得懂、也是华语区常用的、具有相当普遍性的词条，约有735条，如：按揭金、八爪鱼、摆乌龙、白粉道人、白老鼠、半天吊、伴童、包包、爆料、遑论、挥春、回弹、回文针、接龙、气（不）顺等等，还都不见于上述两部词典。

如果再加上近年流行的"男生""女生""捷运""庆

---

[1] 周清海《语言变迁与语文教材》，中国文化研究会第四届国际研讨会（韩国首尔淑明女子大学，2006年12月2—3日）专题论文。

[2] 中国标准技术开发公司编著，中国标准出版社，1992。

三十 编写与出版《全球华语词典》的意义

生""人气""人蛇""透过""警局""警网""警花""紧张兮兮""酒驾""拜拜""放电"等词,就更多了。《新华新词语词典》[①]共收条目2200条,连同相关词语约4000条。这约4000条的词语里边,就有相当数量的港台等华语区的词汇。最近,新加坡华语里用的"第一时间",是受香港书面语的影响(云惟利先生认为可能来自日语),大陆和台湾的传媒用"第一时间"的也非常普遍。

语言交流的结果,就会出现你中有我、我中有你的现象。这些相互吸收的词语,有的是用开了,词典却没收;有的是词典收了,却很少使用。总之,现代汉语标准语和华语区之间词汇的这些差异和交错的关系,是不容忽视的。

同一区域的语言本身出现变异,或者相同的语言在不同区域里出现区域性的变异,都是免不了的,因此语言的推广,就需要规范。但在全球化的情况下,华语的规范,必须既注意交流的需要,也要顾及各个区域相对的自主性。

我们面对语言的发展与变异,应该怎么办?我们认为,从华语走向世界这个新的视角观察,华语的应用与规范问题,就不可能也不应该只从中国国内的需要或角度考虑。我们应该更注重华语区之间的交流。就在这样的看法下,我和一批友人积极推动编纂《全球华语词典》,以解决交流中出现的问题。1999年以前,对编纂《全球华语词典》的问题,我就曾多次和汪惠迪先生以及一些研究语文和语文教育的友人交换意见,他们都表示积极支持。于是,我分别在1999年、2001年和2002年,在

---

① 商务印书馆辞书研究中心编,商务印书馆,2003。

香港、北京和南昌提出编纂《全球华语词典》的建议。尤其是2002年，那次为《中国语文》创刊五十周年纪念而在南昌举行的国际研讨会上，重要的语言研究者都出席了。

2004年6月，我率先在新加坡正式成立了新马部分的编写组，由汪惠迪先生担任新马泰印编写组的主持人。2005年1月18日，中国教育部语言文字信息管理司司长李宇明教授在广州暨南大学华文学院，主持召开词典的编写会议。在会上，相继组成了内地组（董琨教授为主持人）、港澳组（汤志祥教授为主持人）和台湾组（周长楫教授为主持人）三组。2005年3月，《全球华语词典》的编写计划获得中国国家语委科研规划领导小组办公室审核立项，列为国家语言文字应用的科研重点项目，并拨发研究费，北京商务印书馆承担印刷以及其他费用。至此，《全球华语词典》的编纂工作总算正式落实了。

到目前为止，参与词典编撰的学术单位有12所高校，以及相关的单位和学术团体。这包括中国教育部、中国社会科学院语言研究所、北京大学、暨南大学、深圳大学、厦门大学；澳门大学；香港中文大学、岭南大学、香港城市大学、中国语文学会；台湾中山大学；新加坡南洋理工大学和国立教育学院。我和北京大学的陆俭明教授担任词典的学术顾问，中国教育部语信司司长李宇明教授担任主编。词典的编纂工作是复杂而且繁重的，比如：哪些是方言词？哪些是社区词？哪些是行业用语？哪些是专科名词？方言词、社区词、行业用语、专科名词和华语词如何划分，就是不容易决定的事。我们也是"摸着石头过河"的。

词典的编纂，除了需要一批志同道合的合作者的投入之外，

三十 编写与出版《全球华语词典》的意义

也需要参与的人尊重和欣赏他人的付出和努力。《全球华语词典》的编写队伍、参与人员，都是一批志同道合的志士，而且是相当大的一批人。他们都分散在各地，分散在各个不同的单位，但大家都非常认真地工作，也合作得很愉快，真正做到了人和。北京商务印书馆在财务上大力支持；商务印书馆辞书研究中心对于编写体例提供了专业的意见，并且积极地和各组配合，负起统筹的任务，保证了这部国际合作的《全球华语词典》能在2008年或2009年顺利出版。对于支持和参与这项工作的朋友们，我在这里，向他们郑重地道谢。

（二）意义

这本词典命名为《全球华语词典》。什么是"华语"？李宇明教授认为"华语，是以普通话为基础的现代世界华人的共同语"。[①] 汪惠迪先生认为"改革开放以后，华语一词的应用面逐渐扩大，使用频率不断提高，是一件好事，因为它是一个能够促使人们语文生活和谐，具有包容性的词儿"。[②] 郭熙教授提出"规范"和"协调"这两个概念，他认为："规范是共同语内部的，协调是区域性语言或方言之间的。用'协调'，反映出域内汉语和域外汉语的平等，反映出这种协调的双向性、互动性。……汉语要国际化，那么，汉语就必须进一步丰富自己。……我们很难想象一个世界性的汉语而不通过它在世界各

[①] 第四届全国语言文字应用学术研讨会开幕式上的发言，中国成都，2005年12月17日。

[②] 《还是用"普通话"的好》，《语文建设通讯》87期。

地的变体来丰富自己。这就是域内汉语身为汉语的大本营,而又要与域外汉语采用这样一种双向、互动的模式的原因。……因此解决好域内汉语和域外汉语的协调问题,对于域外汉语的维护和发展,鼓励更多华人学习汉语有着积极的意义。"[①]

这些看法,都既看到了"规范"的需要,也看到交流的需要,更尊重各个区域相对的自主性;同时将各地的华语当作是丰富现代汉语标准语的源泉。这是面对华语国际化时,我们的基本看法。因此,编纂《全球华语词典》的首要目的,就是提供交流,让各地的华语在交流中自然融合。

郭熙教授最近在新加坡所做的调查发现,"很好"和"相当好",新加坡华语以"很好"为第一级,而从中国来的学员却认为"相当好"比"很好"高一级。这就是"很"和"相当"的差异。指明这种差异,才能避免在交流中可能产生的误解。

同一个意义,不同的华语区对语素做了不同的选择,如:捐血——献血,军眷——军属,烈阳——烈日,零沽——零售,疲累——疲劳,劝捐——劝募,守密——保密,速件——急件、睡房——卧房、卧室,赢获——赢得,等等。这些同义的词,虽然不会在交流中产生误解,但哪些能保留下来,哪些会被淘汰,谁也说不准,就只能让语言应用者去决定了。但有些却是可以预测的,如"房市"和"楼市","楼市"含义清楚,显然会留下来的。"鸡胸"是一种疾病,因此新加坡常说的"鸡胸",中国却说"鸡脯、鸡胸脯"。"鸡胸",《现代汉语词典》只有"胸骨畸形"的意义,台湾词典则两个意义都收。新加坡少用

[①] 郭熙《中国社会语言学》,浙江大学出版社,2004,页351—353。

三十　编写与出版《全球华语词典》的意义

"脯",也少用疾病意义的"鸡胸",因此可以预测,"鸡胸"(相当于现代汉语的"鸡脯")在新加坡会继续留下来。

至于语素相同而语序不同的词,是现代汉语里早已存在的现象,如:摊分——分摊,随伴——伴随,梯阶——阶梯,添增——增添,误失——失误,衔头——头衔,同样只能让它在交流中由语言使用者做出选择了。上述的两类词,都不会影响交流,数量也很多,《全球华语词典》只能有选择性地收入。

如果我们进一步从历史的发展来看,1949年之后,中国和其他华语区隔离,中国的语言随着社会的大变迁而变迁。中国语言独立发展,对其他华语区并没有构成影响。而1949年前的"国语",在华语区广泛流传、生根。1949年之后,许多高级知识分子离开中国,移居到不同的华语区。不同的华语区因为受到不同的社会环境和不同的当地语言、教育政策的影响,分化出不同的华语区域变体。在这样的局面下,华语区的语言就比较接近1949年前的"国语",华语区彼此的政治制度也比较接近,因此华语区之间语言的相互影响也比较多,与1949年以后独立发展的"现代汉语"的距离也就比较远。

"理论"这个词,1983年版《现代汉语词典》释为"讲理(多见于早期白话)",2002年版才将"多见于早期白话"删去。"讲理"的意义,是早期白话,但却保留在华语区里。这个用法影响了现代汉语的书面语。"放心不下""吃罪不起",现代汉语很少这样用。[1]陆俭明认为是早期白话的用法,现在普通话已不

---

[1] 朱德熙《语法讲话》,商务印书馆,1982,页132。

采用。①但现在网页上"瞧他不起""接轨不了"的用例也很多。新加坡华语里,"看他不起"和"看不起他"一样用。

上面举出的现象,可能是华语区保留了早期"国语"的词汇和用法所造成的。对这些有距离的现象,不可能强求统一,只能在交流中让差异自然地融合。

交流是双向的。过去《联合早报》常常接到一些在新加坡工作的中国读者的投诉,认为《联合早报》用词有些用错了。他们信中所举的例子,据我所知,相当一部分是属于语言的区域变体,而不是错误。这就像我早期对一些中国朋友用"爱人"介绍自己的太太,在北京初次听到他们说"这几年鸡蛋非常紧张",觉得不自然一样。《全球华语词典》对中国人到其他的华语区时,也有参考的价值。

为了提供交流,让各地的华语在交流中自然融合,《全球华语词典》将注重收入这样的四类词语:异名同实(中乐、华乐、民乐、国乐);同形异义(新加坡华语的"懂""再"和普通话的"知道""才""还"的差异);同形异用(色彩不同:新加坡的"倾巢而出、一小撮",逐渐失去贬义色彩;普通话"爱人"和"对象"的差异;新加坡华语的"喊"有"吆喝"的意思);特有词语(如新加坡的"组屋、拥车证",香港的"铺草皮、打包、人蛇",台湾的"房市、菜鸟、荣民")②。

至于同一个词,词义上有一些差异的,如"镇压",《现代汉语词典》收了三个意思:❶用武力压制,不许进行活动(多

---

① 陆俭明《新加坡华语语法特点》,《新加坡华语词汇与语法》,页92。
② 也即田小琳说的"社区词"。

三十　编写与出版《全球华语词典》的意义

用于政治）。❷〈口语〉指处决。❸压紧播种后的垄或植株行间的松土，目的是使种子或植物容易吸收水分和养分。新马港三地都只有"用武力压制"的意思，而没有另外的两个意思。中国台湾没有"处决"的意义，保留了其他两个。这些现象，也尽量注明。

在每个词目后面，将注上使用的区域，如单区词（海归、双规，注上"内地"；居屋、屋村，注上"港澳"；国宅、槟榔西施，注上"台湾"；组屋、拥车证，注上"新加坡"），双区词，三区词，等等。这些信息，让华语的使用者、教学者或学习者，到其他的华语区时，都能从这本词典里找到他们所需要的语言信息。

除了方便交流之外，编纂《全球华语词典》的第二个目的是，在汉语国际化的过程中，提供丰富现代汉语标准语词汇的源泉。

上面说的加注词汇使用的区域，除了提供语言信息之外，也可以让使用者看到语言的发展。发展成为多区应用的词语，就可能成为华语的共同词汇。这些在交流中自然取舍而稳定下来的，便可能成为现代汉语标准语里的规范词汇。这就起到了丰富现代汉语标准语的作用。

中国推行有自己特色的社会主义，引进了市场经济，这种社会的变革意味着现代汉语标准语将出现巨大的、急速的变化，而新词的涌现量也将是惊人的。据有关部门的说法，现代汉语里每年大约出现1000个新词。这些新词，除了中国自己创造的，如"两会""特区""一国两制""审批"等之外，也有不少是引进的。2005年版的《现代汉语词典》收了"动粗、政要、烂尾、搞定"等，就是从华语区引进的新词。《现代汉语词典》有"吃偏饭、吃闲饭"，新马港泰等地就有"吃软饭"。"出"有"发生、产生"的意思，如"出事、出问题、出毛病、出乱子"，新马就有"出状况"。这些词，都是顺理成章的汉语词。

但哪些《现代汉语词典》应该收入，哪些不应该收入，却是应该谨慎的。我曾说："(《现代汉语词典》)收了'秀'，释义是'表演；演出'。这个意义的'秀'，还不能完全替代'表演；演出'，而且在比较正式的文件里是不用'秀'的。'秀'能不能稳定地留在汉语里，仍有待观察。这和'族'的性质不一样。'族'，2002年版增加了'◊打工族｜上班族'，表示语义的引申。这样用的'族'是稳定的。如果以普遍性为准，那么是不是也该收'哈日、哈韩'的'哈'呢？也该收'三温暖、三陪、三级片'？"

"《现代汉语词典》要兼顾'满足查考的需要'，第五版增加了大量的词条，一些还不一定十分稳定的新词就这样收入了，这就不一定能和'对语言的正确使用起到积极的指导'的任务相符合。……其实，《现代汉语词典》是规范性的词典，'查考的需要'不是它的主要的任务。如果在《现代汉语词典》之外，能编一本世界汉语词典，以'查考的需要'为主要任务，大量地收入各华语区的相对稳定的汉语词语，对华语区之间的交往，将起巨大的作用。这本词典所收的词，在广泛应用、稳定了之后，《现代汉语词典》再考虑收入，就可能更符合《现代汉语词典》的性质。"[1]

---

[1] 周清海《〈现代汉语词典〉和〈全球华语词典〉》，南洋人文丛书《语文走向世界》，2005，页75—82。

三十　编写与出版《全球华语词典》的意义

编纂《全球华语词典》的第三个目的是，有利于汉语的趋同：以交流需要为主的《全球华语词典》，解释用语将是地道的现代汉语标准语，并且以现代汉语标准语作为比较的标准，以显示地区性的差异——尤其是微小的、一般人难以察觉的差异。这是我们在深圳大学召开词典编辑会议时，周洪波先生提出来的建议。这个建议不只是操作上的需要，还有更深远的作用。我以为这是非常好的建议：它保证了《全球华语词典》能在语言趋同中发挥积极的作用。

比如："与否"，应该注上"现代汉语只用在双音节的动词、动词短语或者形容词的后边"，以显示一般人没注意的差异。"加以"不能用在单音节副词后面，单音节副词后面只能用"加"：不加研究｜多加注意。[①]新加坡华语里"不"有用来修饰"加以"的，如"不加以处理"。

新加坡华语出现的"不用紧"，有越来越普遍的趋势。《全球华语词典》就应该收"不用紧"，说明"不要紧．'要紧'的否定是'不要紧'，现代汉语没有'不用紧'的说法"。

上面提及的语素不同或语序不同的双音词，也都将注上现代汉语等义的词。台湾用"房市"，现代汉语用"楼市"；台湾的"牵手的夫君"，不懂闽南话的读者，一定产生误解。词典在"牵手"下都应该用现代汉语说明意义"牵手：配偶"。《全球华语词典》注释所提供的信息，将有助于加强、巩固华语的共同核心及华语的趋同。

今后，汉语的应用不限于中国，学习汉语也不全在中国，

[①] 吕叔湘《现代汉语八百词》，商务印书馆，1984，页259。

因此，编好结合当地社会情况与语言情况的汉语教材，就是必需的。汉语学习者与汉语使用者，可能在不同的华语区工作或学习，《全球华语词典》必须为他们提供足够的语言信息。语言教学人员也能从词典中找到有用的语言信息，协助他们的教学。随着中国的发展，中国传媒和影视影响力的扩大，将使现代汉语标准语的影响力越来越大，使各地华语相互靠拢，也将使华语原来具有的共同核心更加坚实，就像美国的国力和传媒影视对世界英语的影响一样。但是，这个影响应该是在交流中逐渐发生的，是沟通交流中自然取舍的结果，我们只能做柔性的引导，而不是强行的统一。要使这种趋同更显著，华语区之间就必须有更大的共识，因为趋同是一种被动的行为，需要一番有意识的努力。

《全球华语词典》所提供的资料和注释、说明，就只是一种柔性的引导，能不能在趋同中起作用，完全依赖于华语区之间语言使用者的共识。

三十一　在《全球华语词典》出版座谈会上的发言[①]

25年前，李瑞环先生说了下面的话：现在是百业待兴，百事待举……不加选择，眉毛胡子一把抓，……其结果必然是螃蟹吃豆腐——吃得不多，抓得挺乱。

李先生的话很精彩。我相信，我们不是"螃蟹"，我们不是"眉毛胡子一把抓"。所以，《全球华语词典》今天正式发布，我才感觉非常高兴。

我没有李瑞环先生的幽默、用词精到的能力，我只实实在在地说些饮水思源的话。

《全球华语词典》能成功出版，得感谢中国教育部、国家语委对这项计划的支持，尤其是李宇明先生。对我提出编写这样一部词典的建议，李宇明先生一开始就是非常理解和支持的。

商务印书馆积极投入，周洪波先生以及词典编辑组余桂林先生等人细心配合。参与工作的三十几位专家学者，有的是多

[①] 2010年5月17日出版座谈会在北京人民大会堂举行；本发言稿载周清海《人生记忆》，八方文化出版社，2011。

年的老朋友，有的是参与工作后才认识的。大家和谐相处、相互尊重所激发的火花，才成就了今天的词典。

这部词典是大家智慧的结晶，也体现了"泰山不让土壤，故能成其大"的精神。

在座的汪惠迪先生，是老朋友。他是最早和我讨论这样一部词典的人。汪先生是新加坡引进的华文人才，他为新加坡《联合早报》的语文把关了二十几年，让《早报》的用语更合规范。他也为我们完成了新加坡特有词语的研究计划。这个成果，就成为这部词典试编的基础，也因为有了汪先生的研究做基础，我才有信心在新加坡率先成立编写小组。

说到新加坡华语，我就要提及今天出席发布仪式的李光耀资政。李资政认为，华语的发展与应用的前景，不是由我们新加坡决定的，所以，华语必须和普通话保持密切的关系。

因此，我们在语文教育（包括语文教科书的编撰、师资的培训），以及大众传媒等方面，一贯强调趋同，让华语保留共同的核心，避免出现不必要的差异。也就是说，具有大面积影响的，我们都严格把关。我们认为，过分地强调自己的语文特点，是没有必要的。这不只增加了交流的困难，走不出去，而且会使自己陷于孤立。

三十多年来的实践证明，我们的做法是正确的。这部词典里，新加坡华语词汇和现代汉语不同的，远比其他地区的少。新加坡的年轻人需要学习两种语文，不应该把时间浪费在学习不必要的、有差异的词汇上。就是这种非常实际的语言应用观，让我能从更开阔的角度，更国际化的观点，看语文问题，也才感觉到编纂这样的词典是必要的。词典的释义、说明，用的都

三十一　在《全球华语词典》出版座谈会上的发言

是现代汉语,也体现了这种看法。

在全球化的情况下,我们必须既注意交流的需要,也要顾及各个区域相对的自主性。词典从收词到释义,都把握住这个精神。词典的发布,只是第一步,虽然词典在编辑体例上的创新,对华语发展和汉语传播上可能做出不同的贡献,但它还是棵小树,希望这棵小树,五到十年后能成长为参天大树。就像《康熙字典》一样,代表了康熙盛世。

最后,我要特别感谢李资政和李瑞环先生。李资政特别从上海专程飞来北京,就为了出席这个发布仪式。您两位的出席,就是肯定了我们这些年的工作是意义重大的。教育部袁贵仁部长,以及其他贵宾,也谢谢你们的支持和鼓励。

三十二　在《全球华语词典》学术研讨会[①]上的发言

苏东坡诗里面有两句说"不识庐山真面目，只缘身在此山中"，我比在座各位好一点，我不在"庐山"，我在"庐山"之外，所以我今天讲的是从"庐山"之外看"庐山"。

1949年之前，中国有很多学者通过中南半岛往南迁移，有很多到了新马就留下来。也有很多学者留在香港，或者通过香港到了海外。我们看现代汉语，其实有两个方面。一个是1949以后，很少和海外区域交流的中国现代汉语，另外一个是以1949年以前的"国语"为基础而发展起来的各地"华语"。各地华语之间的相互影响比较大，因此也具有相当多的共同性。中国改革开放之后，现代汉语和华语的相互融合，就是不可避免的。《全球华语词典》所做出的贡献，除了提供交流的方便之外，就是促进融合。1949以后到改革开放之前，是汉语分化的年代；改革开放之后，就是汉语融合年代的开始。

---

① 北京商务印书馆，2010年5月17日。

三十二 在《全球华语词典》学术研讨会上的发言

再往回看。我有一个看法,就是全世界华人共同认同的是中国的旧文化。我们有一句老话说"礼失求诸野",因此我非常注意华文在海外的情况,华文在多语社会里的发展情况。1949年以前的"国语",无论词汇或语法现象,都保留在各地的华语里。这些部分我们以前都关心得不够,研究也做得不多,这部词典代表了我们关心海外的华语,表现了我们的语言和谐观。康熙盛世有《康熙字典》,在汉语相互交流、相互融合的时代里,我们需要一本更大的词典,就叫作《全球华语大词典》,代表整个世界华人的语言。

几个月前,胡锦涛主席访问马来西亚的时候,特别从吉隆坡到马六甲。他为什么从吉隆坡赶两个多小时的车程到马六甲去?马来西亚的媒体没说,中国的网上我也找不到什么信息。

印尼人在马六甲建立马六甲王朝,那个时候华人已经在马六甲了。郑和下西洋时,华人已经在那边了。华人和马来人一样,都是马来亚的原住民。胡主席不是到那里看马六甲有多少油轮载原油到中国的。我举这个例子,是要说明,我们对过去的研究也很不够。

中国朋友们的研究,无论是现代的或者是古代的研究,都是以中国为中心,眼界还没有完全开放。中国友人们强调汉语传播,汉语研究,仍旧是以中国为基点,而没有放眼世界。希望《全球华语词典》的发布,能带动世界眼光的汉语研究。

王力先生的《汉语史稿》,认为中国的现代词汇是通过日本进入中国的,比如"议会"就是从日本传入的,因为早期很多知识分子是留日的。其实,现代汉语的新词有很多是传教士翻译的。传教士要把西方的地理知识、政治知识介绍到中国来,以改变中国人以中国为世界中心的观念,不得不创造汉语新词。传教士的汉语翻译著作,有许多是在新加坡、马六甲印刷的,然后通过澳门进入中国。我们对过去的了解不够,而误把新词的创造权归给了日本。

  我们对早期现代汉语的研究,也应该更有世界眼光。我们承认传教士对汉语新词的贡献,也是我们的大和谐。圆明园的废址应该铭记,而承认西方对我们的贡献,则表现了我们的大度。这些研究的成果,是不是也要反映到《全球华语大词典》里?

三十三　全球华语与《全球华语大词典》

（一）

为了方便世界华人之间的交流沟通，我们编纂了《全球华语词典》[①]。这部词典在2010年5月出版。词典收录了主要华语区不同的词汇，各词条下都以现代汉语释义，在需要的时候，词条下也开了知识窗，对词条的意义的来源等加以说明。

对于词条的来源存有疑义的，或者有不同的理解的，有时也没有开知识窗说明。比如：

奎笼（奎龙），词典的释义是"搭建在浅海上的捕鱼设施。马来语音译"。

对于"马来语音译"的说明，我是有保留的。我个人认为这个词是来自闽南语。"奎笼"闽南语本来是指"鸡笼"（gelang/guelang）。"奎笼"这种浅海的捕鱼设施，一面宽，另

[①] 李宇明《华人智慧　华人情怀——序〈全球华语大词典〉》："编纂华语词典的设想，起源于上世纪末本世纪初，由新加坡周清海教授所倡导。具有百年出版历史的商务印书馆，知早行快，酝酿谋定，即于2004年组建编纂团队，艰辛六载，纂成《全球华语词典》。"

一面窄，形似鸡笼的上宽下窄。鱼从宽的部分游入，就出不来，所以得名。如果这种捕鱼设施是由闽南人或者潮州人带到南洋的，那么，在福建或者潮州当地，必定还存留这样的设施，而且也应该叫"奎笼"。

但是，我没办法证实这种捕鱼设施仍然存在于福建或者潮州当地，同时也叫"奎笼"。所以词典中该词条下的"马来语音译"也就保留了下来。

前年在台湾，友人李英哲教授给了我一个新的例证，台湾的基隆港，就是形似"鸡笼"，外宽内窄的，后来才改为"基隆"。基隆港是地名由"俗"变"雅"的例子，就像新加坡的"红毛桥"变为"宏茂桥"一样。

咖啡乌，词典的释义是"只加糖不加奶的咖啡。马来语音译"。

对于"马来语音译"，我也不更改，尽管我曾说"解释语言交流中所出现的语言现象，必须谨慎，如'咖啡乌'（不加奶的咖啡）这个词，一般认为是受马来话的影响，是用了马来话的构词法而造的词。'乌'是'黑'（闽南话），不说'乌咖啡'，而说'咖啡乌'，把修饰成分放在中心成分之后，正是马来话的构词法。其实，这是误解。'咖啡乌'是卖咖啡小贩叫喊的语言：'咖啡——乌'，喊了'咖啡'，让冲泡的人先知道是'咖啡'，再喊'乌'，表示只加糖，就像'咖啡——白'一样。'茶乌'，以及泰国地区的'咖啡凉、咖啡热'，都是如此，而不能解释为受外语影响的结果。'米暹'是新加坡和马来西亚华语以及方言里的外来词，'米'是'米粉'，'暹'是'暹罗'（泰国）。'米暹'是泰式烹调的米粉。'米暹'的'暹'是修饰成

三十三　全球华语与《全球华语大词典》

分,位置在中心语的后边。'米暹'是马来语里的外来词,用的是马来语的语法结构。方言将它音译,成为音译词。'咖啡乌'和'米暹',表面上看是相同的结构,其实大不相同"。

我举这两个例子,是要说明,《全球华语词典》在解决华语区的交流之外,其实也提供了很多语言和语言交流有待研究的问题。

(二)

2010年5月17日,中国教育部、国家语委在北京人民大会堂召开《全球华语词典》出版座谈会。词典的荣誉顾问、新加坡内阁资政李光耀先生在讲话中指出,根据世界上一些语言沟通的经验,各地华语也应该用协商和讨论的办法相互沟通,减少差别。他提议在《全球华语词典》的基础上,将华语中相同的和有差别的词汇全部收取,编成《全球华语大词典》。

词典的另外一位荣誉顾问、中国全国政协前主席李瑞环先生随即对编写《全球华语大词典》表示积极支持。会后,中国新闻出版总署柳斌杰署长便指示,将《全球华语大词典》列入总署议事日程。《全球华语大词典》现在已经列入中国国家"十二五"出版规划重点出版项目,并获得中国国家出版基金支持。

《全球华语大词典》将是一部反映全球华人社区华语词汇面貌的中型语文辞书,供世界各地华人和华语学习者使用。这部词典将尽可能收入华语中相同的和有差别的词汇。预计词典将收入的字词约6万条,特有字词约2万条。词典篇幅500万字。

词条的选择将建立在LIVAC汉语共时语料库所提供的词条基础上。

词典所说的全球华语，主要是指中国大陆/内地、港澳、台湾、新加坡、马来西亚、泰国、菲律宾、印度尼西亚、越南、老挝、缅甸、柬埔寨、日本、韩国、澳大利亚、新西兰，以及欧洲和美洲等地的华语。

词典注重实用性，力求促进不同华人社区之间的交流，在华语使用中起协调作用。词典预定在2014年出版。[①]

词典的编委会由顾问、主编、副主编、编委组成。编委会秘书处设在北京商务印书馆。词典的主编是李宇明。词典的学术顾问包括陆俭明、邢福义和周清海。词典分为通用词组、大陆组、港澳组、台湾组、马来西亚组、新加坡组。除了这五组之外，泰国、菲律宾、印度尼西亚、越南、老挝、缅甸、柬埔寨、日本、韩国、澳大利亚、新西兰，以及欧洲和美洲等地的华语词汇，也委任专人负责。

新加坡组的主持是汪惠迪，成员包括李子玲、潘秋平、周清海。审读人员有陈之权、梁秉福、吴元华、吴俊刚、何雪芬、朱元。

除了在华语使用中起协调作用之外，《全球华语词典》和《全球华语大词典》对汉语的国际传播以及各地的华语教学，包括教材、评鉴等方面，都将提供许多值得研究和思考的课题。北京语言大学张倪佩的硕士论文《马来西亚华语与普通话词语对比研究——基于〈全球华语词典〉的考察》就指出了下面的问题："马来西亚教育部和马来西亚玛拉工艺学院从2007至2011

---

① 《全球华语大词典》（商务印书馆）实际出版时间是2016年。

三十三　全球华语与《全球华语大词典》

年起派了马来储备师资到北京外国语大学和北京语言大学攻读汉语本科,以期毕业回国后在各源流中小学教华语。马来储备师资当中只有极少数人受过马来西亚华语教育,其余绝大部分从零起点开始学习。基于华语词与普通话词语存在许多差异,因此接受普通话教育的马来储备师资毕业回国后可能会面对与当地华人交际障碍的问题。由于他们来华之前不谙马来西亚华语,在马来西亚也不常与华人接触,对华人社会的现象、习惯和用词都不了解。"如何解决这类问题,值得我们思考。

三十四　我和《全球华语词典》

（一）

2010年《全球华语词典》出版座谈会在北京人民大会堂举行，记者采访了李宇明司长，他做了非常幽默的谈话：

记者：在编写过程中，您碰到一些什么趣事可以和我们分享吗？

李宇明：趣事多的是。讲一个趣事，就是不要随便喝红酒。

记者：为什么呢？

李宇明：2002年11月，新加坡举办第二届肯特岗国际汉语语言学圆桌会议，我应邀出席，宣读的论文是《搭建中华字符集大平台》。会间有一个晚宴，我正好与新加坡的周清海先生同席而坐。他端着红酒发言，倡议编辑华语词典，并说中国的李宇明先生也来了，希望中国能够带个头。我一激动，就说这是大好事。大家一起干杯。谁知道一杯红酒，把我这几年的时间都"喝"进去了。所以不要轻易喝红酒，不要轻易表态。

编纂《全球华语词典》是我1999年倡议的。聘请李瑞环、李光耀为荣誉顾问，是2009年4月，在北京商务印书馆召开的

三十四 我和《全球华语词典》

顾问主编会议决定的。我们非常荣幸地得到李瑞环先生和李光耀资政的同意。

聘请李光耀资政当词典的荣誉顾问,是词典的主编李宇明司长和商务印书馆的周洪波先生提出来的。2005年11月3日,我为了参加在天津南开大学举办的首届海峡两岸现代汉语问题学术研讨会,到了北京。周洪波先生和李宇明司长到北京机场接我,一起赴天津。当天,快速公路上起了大雾,汽车行驶得很慢。洪波兄在车上提出请李资政当荣誉顾问的事,他和宇明兄都认为李资政德高望重,在华人社会地位崇高,如果能请他当荣誉顾问,将给词典增色不少,请我促成这件事。

回国后,我马上给李资政写了电邮。我将自己是词典的发起人,以及参与工作的有中国大陆、港台和新马等地的大专院校和研究机构等情况,详详细细地告诉他。资政马上回电邮,答应了,并且提出:在印上他的名字之前,让他知道还有谁接受了邀请。

由新加坡人发起编纂的词典,资政又是荣誉顾问,这对新加坡是非常荣耀的事。资政答应了以后,中国的朋友找另外一位荣誉顾问也就比较顺利了。当一切都安排好了,才在2009年的学术顾问和主编会议上报告,大家都非常兴奋。

(二)

2010年5月,《全球华语词典》正式出版。5月17日,在北京人民大会堂举行《全球华语词典》出版座谈会,由中国教育部袁贵仁部长主持,李瑞环先生和李光耀资政两位荣誉顾问都出席并发表讲话。中国国家新闻出版总署署长柳斌杰,教育部副部长李卫红,中联部副部长刘结一,中国驻新加坡前大使张小康,新加坡驻华大使陈燮荣等,都出席了。

主编李宇明受访时说:

"清海先生的提议能够得到多方面响应,跟华人今天在世界上的地位也有关系。过去的'东亚病夫'在昂首阔步走向世界,东方文化重获国际珍视。华人走向世界,华人内部首先要有沟通,要相互尊重、相互了解、相互学习。《全球华语词典》可以为此尽绵薄之力。"

2010年12月27日,马来西亚《南洋商报》的副刊"有话直说",发表了署名为"南大人"写的《李资政当华文词典顾问》一文。文章说:

"一个对华文教育有着不光彩背景的人,当起《全球华语词典》的顾问,令人百思莫解。后来经过新加坡报界一名资深报人讲解,才恍然大悟:原来《全球华语词典》的其中一位主编曾经在该华文报业集团服务了几年,加上一位中文系教授刻意讨好,向该词典编委会大力推荐为荣誉顾问。一个曾经关闭华文大学,对华文教育赶尽杀绝的领导,就摇身一变成为中国出版的中文词典荣誉顾问了。"

上面的一段话,说了许多想当然的事。第一,资政答应当荣誉顾问,我们都觉得非常荣幸,没有什么百思莫解的。第二,请资政当荣誉顾问和副主编汪惠迪先生完全没有关系。汪先生在《早报》服务了二十几年,对《早报》做出了很大的贡献。他了解华语在华语区的应用状况,而且编了《时代新加坡特有词语词典》。他了解华语的应用情况,也积极地参与工作,是非

三十四　我和《全球华语词典》

常合适与称职的副主编。第三,"新加坡报界一名资深报人讲解"的,全是无中生有,该文作者说"加上一位中文系教授刻意讨好",更显出了作者的蓄意不善,只生活在过去。

在北京人民大会堂的词典出版座谈会上,除了李瑞环先生和李资政做了讲话之外,我和陆俭明教授也被安排发了言。我的发言,说明了词典的编辑精神。(发言内容见前文《三十一　在〈全球华语词典〉出版座谈会上的发言》。)

序文及其他

三十五　王晓梅等编著《马来西亚华语特有词语词典》[①]序

《马来西亚华语特有词语词典》编委会说："我们之所以义无反顾地做这件事，主要是想记录与描写马来西亚华语词汇，让马来西亚华语走入国际视野，促进其他国家和地区对马来西亚华语的了解。"

在汉语大融合的特殊时代里，马来西亚的华语文推广和研究者，充满信心地关注自己，关注华语的国际发展，是难能可贵的。

汉语大融合是当前现代汉语和国语/华语的现状。在汉语大融合的特殊时代里，应该更注重各华语区之间在交流中达意的准确性，让语言在交流中自然融合。因此我们应该了解彼此的语言差异，才能减少差异，更好地为汉语的和谐融合建立基础。这是我和中国朋友们这些年来一直在做的事情。我们编纂了《全球华语词典》《全球华语大词典》，进行了全球华语语法

[①] 王晓梅、庄晓龄、汤志祥编著，联营出版（马）有限公司，2022。

研究，目的就是希望了解华语区的语情，使融合更加顺利、更和谐。[①]

从1994年开始，我就注意华语区的语言问题，并且和不同的学者合作，进行了语法和词汇的研究。汪惠迪先生的《时代新加坡特有词语词典》（联邦出版社，1999）是新加坡特有词汇的第一本词典。汪先生说："在周教授的鼓励和推动下，笔者才下决心整理所搜集的资料，撰写论文，并编写这本小词典。"

《马来西亚华语特有词语词典》虽然早已编成，但却至今才出版，这表现了马来西亚关心华语的朋友正在努力让自己和国际接轨，这是非常可喜的。词典的编辑出版，将为今后马来西亚华语的研究奠下基础。

这部词典所搜集的词语，非常有特点，我举些例子：

毙命："一名妇女步行前往工作途中，惨遭一辆国产轿车猛撞，当场毙命。"《现代汉语词典》：丧命（含贬义）。因为"毙"是"死"，"用于人时多含贬义"，但是马来西亚多用"毙命"，少用"丧命"。

朝向："高素质的教育与培养具创意、革新思维及高技能人才是我国朝向2020年高收入国家的重要条件。"用为动词。《现代汉语词典》："这套房子设备不错，只是朝向不理想。"用为名词。

党魁：政党的领袖。《现代汉语词典》：政党的首领（多含

[①] 周清海《从"大华语"的角度谈语言融合、语文政治化与语文教学》，《中山大学学报》（社会科学版）2021年第3期。

三十五　王晓梅等编著《马来西亚华语特有词语词典》序

贬义)。"魁"构成的词有"魁首、罪魁、夺魁、花魁"等词,并不全限于贬义。

迟婚:过了适婚期才结婚。《现代汉语词典》:"晚婚"。"迟"和"晚"是同义语素,表示"比规定的或合适的时间靠后"这个意义,马来西亚和其他华语区都用"迟",我们都说"来迟了",普通话说"来晚了"。

传召:"被反贪污委员会传召问话。"《现代汉语词典》:"传唤"。在"召唤"之间,各选一个语素。

"达致:达到,达成","顶限:上限","恫言:恫吓","抵步:抵达","蹲牢:蹲狱","督工:监工","断货:断档"等,都是对不同语素的选择,而出现同义但不同语素的词。

端靠:"学英文不能端靠背单词,学文法。""端靠:全靠;只靠。""端"的语素义是比较特殊的,现代汉语没有这个语素义。

川行:(公共交通工具)行驶、航行。"巴士公司纷纷减少川行服务路线。"用名词语素"川"修饰动词语素"行",构成"川行",是古汉语的构词现象,如"川流不息""波及"等。现代汉语用"穿行"。

对付:指处罚、处置。"警方已采取行动对付涉嫌在该起冰毒案中隐藏毒品证物的警员。"现代汉语没有这个用法。

抵步:"部分刚抵步的游客马上掉头离开"。《现代汉语词典》:抵达。

这些词汇和普通话有些不同的,但在马来西亚的华语里都生了根。我们应该尊重马来西亚的用法。

这部词典的出版,能带动马来西亚华语研究者对自己语言的研究兴趣，摆脱一路来摇摆在"国语"和普通话之间的窘境。我更希望词典的出版，能引起马来西亚语言教学者与研究者的注意，对词典选词与词义的解释等，提出不同的看法。学术研究需要讨论，一片死寂，是不健康的。

关于华语逐渐融合的问题，我的基本观点是：各华语区的变异情况，是多样和复杂的。

各华语区可能都有自己的语言应用习惯，不同的规范标准，很难统一。这是历史造成的。马六甲的华人坟山墓碑里，最早在明万历四十二年（1614）就有华人和当地土著女人通婚的墓碑。[1]早期的华人移民，大多数是没有受什么教育的闽粤农民。这样的移民背景，以及华语与当地语言的接触，必然给马来西亚的华语带来不同的特点。马来西亚又曾是英国殖民地，英语是社会的顶层语言，在英语强势语言的压力下，必然在华语词汇和语法上留下痕迹。

和其他华语区一样，马来西亚的华语也是没有口语基础的。台湾人和南洋的华人，早期都说南方方言。"国语"的推广，影响了台湾人和南洋华人。许多书面语词汇，通过注音符号的注音，或者电台广播，直接被用在口语里（台湾将"和"说成han，就是广播的结果）。这种大量的书面语词汇出现在口语里，是台湾"国语"的显著特点，如"令到""而已"。许多现代汉语书面语已经不常用的词汇，如"病黎""灾黎""询及""建竣"等，也出现在报章上。对这些现象的整理，可以加深马来西亚学者对自己语言的认识，并在全球华语的研究上，

---

[1] 庄钦永《马六甲、新加坡华文碑文辑录》，《民族学研究所资料汇编》，1998，页46。

三十五 王晓梅等编著《马来西亚华语特有词语词典》序

做出贡献。

在语言的应用与推广方面，规范是必须的，但同时要注意自己华语的特点。谈论规范，既要注意交流的需要，也要尊重各个区域相对的自主性。从交流的需要说，华语必须保留共同的核心，才有利于华语的全球推广。怎样在交流的需要和自主之间保持平衡，必须慎重考虑。

过去，马来西亚的语言研究与语言教学者没有充分注意自己的语言特点；自己的研究，也没有具体的研究计划。这对建立自己的语言信心是不利的。我积极提倡"大华语"，就是希望各华语区能更有信心地研究与推广自己的华语。

《马来西亚华语特有词语词典》的出版，是马来西亚朋友了解自己语言的开端。除了能"让马来西亚华语走入国际视野，促进其他国家和地区对马来西亚华语的了解"之外，更能建立与扩大马来西亚语言研究者的信心，为马来西亚华语人才的培养，以及为马来西亚华语教材的编辑，建立基础。我期望在汉语国际化的过程中，能出现马来西亚的华语教学课程。

各华语区研究自己的词汇，将这些词汇编成词典，如《时代新加坡特有词语词典》《香港社区词词典》《新华新词语词典》《大陆及港澳台常用词对比词典》等等。在各类地区性词典的基础上，就能修订和补充2016年出版的《全球华语大词典》，使《全球华语大词典》成为真正世界性的华语词典。《马来西亚华语特有词语词典》的编辑参与者，也将能在修订《全球华语大词典》工作上，为华语的国际化贡献一份力量。

在推进华语国际化的进程上，《马来西亚华语特有词语词典》的出版，能对华语区之间的交流做出贡献，也让马来西亚的语言研究受到国际的注意,更能带动其他华语区编辑出版自己的华语特殊用词词典。

希望这是马来西亚参与华语国际化的一个开端,让马来西亚的华语研究进一步和国际接轨。

三十六　吴伟平、冯胜利编著《语言学与华语二语教学：始于本体、学以致用、与时俱进》序

吴伟平、冯胜利二位教授编著的《语言学与华语二语教学：始于本体、学以致用、与时俱进》[①]一书，将语言学和语言教学联系起来，涵盖了语言学与语文教学的一些相关的、重要的问题。对语音、语义、语法、语体、文字、语用等方面的认识，应该怎样和华文教学联系起来，提出了建议和看法。这是很好的尝试。

我通读了全书，觉得书里所讨论的都是一些重要的课题。他们两位对这些课题，提出了精辟的见解。这些课题大部分还可以再深入研究。

书中说："对外汉语教学主干课程的设置至少存在着两个方面的问题：缺乏基于汉语汉字及其作为第二语言教学特点的考量，缺乏与当今中国社会语言交际常态形式的关联。"如果我们

[①] 香港商务印书馆，2020。

考虑二三十年之后，汉语的运用将不只在中国，也包括广大的华语区，尤其是东南亚的华语区，那么关于"语言交际常态形式""国别化"教材的讨论，需要进一步扩展。

"不开设地方普通话教学的课程，同样既是我们的教学观念还比较保守的体现，也是缺乏主动利用汉语语言环境资源意识和行动的表现。""以熟悉和听得懂地方普通话为教学目标，增强来华留学生用普通话或地方普通话与当地人沟通和交流的能力，提升和拓展来华生汉语适应和交际力。"这些论述，充分说明了作者了解利用汉语语言环境资源的重要性，和我们所提倡的"大华语"概念，是相符合的。在这个论述的基础上，可以进一步思考：将来学汉语的人，要在广大的华语区活动，就必须注意华语区的语言环境资源，更需要调动华语区的语言教学人员。我们考虑问题不能只以中国为中心。除了中国大陆、台湾之外，新马更是独特的双语社会，提供了运用普通话的社会环境，也有足够的普通话教学人员。普通话成为国际语言，其中一个显著的标志就是参与教学的不一定是说普通话的中国人。我们应该进一步考虑，让在中国大陆、香港或者新马学习普通话的人，能到不同的华语区进行交流、浸濡，这对于扩大华语的运用，增进学习者对这些地区的了解，将有更大的作用。

在语用的讨论方面，以语用为纲对华文教学的测试、课程设置、教材编写、教师培训等重要课题，论述得相当全面。书中说"既然可以接受在教学中的语法点和词汇只是语言结构的取样，那为什么不能接受语用点和相关的知识也是语言运用的取样呢？"，"汉语书面语知识教学的内容与书面语能力训练的

三十六 吴伟平、冯胜利编著《语言学与华语二语教学：始于本体、学以致用、与时俱进》序

方式，很值得研究"。在教学中，语用的取样，尤其重要。过去，我们对语用问题关心得不够。台湾人为了表示对对方的尊重，信是亲笔写的，称呼根据关系，也和大陆以及其他的华语区不同。不同的关系，不同的称呼等，都是语用问题。如果将这些有用的信息编成参考资料，就可以让学习者在语言学习的同时，也学习和掌握应用这些资料。

"最后要强调的是，语言结构与语言运用并非对立的两端，而是一条线上的两点。"结合地区和场合语用的需要，对词汇和语法点进行选择，还需要深入讨论。根据学习者的需要，将语言教材集中在某一类型上，比如集中在教育课题上，让学习者听得懂、看得懂相关的教育课题的报道，能对教育问题发表意见。在个别的题材上逐渐建立学习者运用语言的信心。之后，再进入其他课题，而不是涵盖所有的课题。现在的语言教材，多数是"蜻蜓点水"似的，涵盖的课题太多了。涵盖太多的课题，对学习者建立语言运用的信心，恐怕帮助不大。

如果能进一步鼓励当地人参与教学与教材的编撰，就能编出更切合需要的当地语言教材。由中国大陆编写教材，再向世界推广，不是好的做法。中国可以考虑资助华语区各地编写适合当地的教材，再由中国统筹出版，是比较切实可行的。中国香港的出版优势，也能在语言教材的编辑与出版方面做出贡献。我们可以借此协助香港的出版业再创辉煌。

关于英语教学的研究对华语教学的意义，书中说"大量关于英语教学实践的探讨，对从事对外汉语教学研究和实践的人来说都是他山之石。对外汉语教学目前已经由起步进入全面发展的阶段，假如我们能善用相关领域的经验，相信对本学科的

发展、对少走弯路、对避免资源浪费都会起到积极的作用。"这是正确的论述。但需要有人将这些值得吸取的经验加以总结,并根据华语文教学与教师的需要,用非专业的语言,介绍给语文教师。语文教师是语言研究与语言教学研究者的顾客。我们必须多为顾客着想,才能让知识发挥作用。

三十七　庄钦永编《马六甲、新加坡华文碑文辑录》[①]序

自1994年成立以来，中华语言文化中心除了为南洋理工大学的学生提供语言文化课程之外，也展开出版与研究工作。我们将东南亚，尤其是新加坡，近期和当前的语言文化问题，作为研究的重点，积极选定研究课题，招收研究生，物色适当的研究人才，全面投入研究。中心的研究项目分为语言、文学、历史与教育四方面。

语言研究方面的项目有：新加坡华语语法、新加坡华语特有词汇、新加坡华语与普通话词汇比较、新加坡华人社区语言运用和语言态度研究、华人语言转移研究、东南亚华族方言调查、新加坡与福建闽南方言比较研究等。

文学的项目有：从新华文学看新加坡社会的变迁、南洋华文文学作品选集等。

华人历史方面则注重在华人本土化的相关课题，包括新加

[①] 《民族学研究所资料汇编》，1998。

坡华人家庭与婚姻制度演变、二战后三十年新加坡华人宗乡组织的变迁、新加坡华人宗乡社群的文化认同研究等。

教育的研究有：新加坡独立前人民行动党华文政策研究、南洋大学历史研究以及新加坡华文教育史研究等。

庄钦永先生的《马六甲、新加坡华文碑文辑录》就是华人历史研究方面的项目。新加坡与马六甲城市化的发展，将会使很多关于华人的史料消失。庄先生认为这是努力抢救这些史料的时候，因此提出这个研究计划，并且积极进行。竟然在九个月之内，用了部分的时间完成这项研究。

田野调查工作是非常辛苦的，尤其是墓碑的搜集。没有庄先生那份抢救史料的热忱，对研究投入的精神，以及认真的研究态度，是没有办法完成这样的工作。

我跟庄先生相处的时间不长，但他对研究的努力，对研究的一丝不苟，对生活不平事情的认真反应，都给我留下非常深刻的印象。跟他相处的这一年，是非常愉快的。我很愿意再为他提供研究的方便，让他在华人研究方面，做出更大的贡献。

"中央研究院"民族学研究所愿意出版这份研究成果，以便让更多关心华人历史的学者有机会而且更容易接触这些史料，这是我应该感谢的。

是为序。

三十八　曾玲、庄英章著《新加坡华人的祖先崇拜与宗乡社群整合》[①]序

新加坡华人社会本土化过程的研究，是中华语言文化中心所重视的研究范围之一。先辈们在艰苦的环境里摸索走过的路，是曲折迂回、充满辛酸血泪的；同时在应付环境的改变过程中，所采取的应变措施，也是充满智慧的。从先辈们走过的路程中，我们可以吸收经验，增强自己前进的信心。

曾玲所负责的"新加坡华人的祖先崇拜与宗乡社群整合：以战后三十年广惠肇碧山亭为例"，就是新加坡华人本土化研究的课题之一。曾博士对研究非常认真，不辞劳苦地进行田野调查，使本研究深具学术价值。她说："虽然祖先崇拜在新加坡缺乏祖籍地宗族组织的维系，但在新加坡从移民社会进入本土化社会的历史发展和碧山亭的演化中，源自中国本土的祖先崇拜，逐渐发展出适应新加坡人社会社群共祖的型态，并承担整合重

---

① 台湾清华人类学丛刊三，2000。

建华人社会新功能。"

  这个结构说明了先祖们对新加坡华人在地认同的贡献。有些先祖在模模糊糊的政治信仰里，过分关心祖籍地的政治变化，而赔上了自己的一生；有些却能踏实地适应环境的变迁，调整自己，对所在地做出贡献。

  了解我们的过去，是希望将来能把步子走得更稳健。希望曾玲博士在这个领域里为我们提供更多的个案，做出更多的贡献。

  这个研究得到蒋经国国际学术交流基金会的赞助；庄英章教授参与并对研究提供了指导性意见；台湾清华大学人类学研究所将这个研究报告作为该校人类学丛刊出版，充分加以肯定；我在此表示感谢。

三十九　陈淑彬著《理智与哀伤——岛国文化断层与延续》[①]序

淑彬来信说，要我给她将出版的《理智与哀伤——岛国文化断层与延续》一书写序，我答应了。接着，她就把书稿从香港寄来给我，已经三个多月了，我却一个字也写不下去。我从没有写不下文章的，这次可是例外。我反复思考，序是写淑彬个人呢，还是写关于她的书？淑彬说："作者已死，注脚就交给读者吧。"那人和文章都不可以写了，因为一切都会过去，一切都在变。当你写下第一个字时，你就不是那未写下这个字之前的你，这之前的你在你写下第一个字时就已死了。而你所说的，看的人、听的人都可以有不同的注脚，而真我又是什么？真心又是什么？值得写吗？我有些茫然，也有些凄凉，因此不能下笔。

我初见淑彬，是四年前吧？那时她刚大学毕业，申请到中心来做研究。我面试了她，决定录取她，并给她颁发奖学金。就这样，她来了新加坡。但她并没有成为全职的研究生，却到

[①] 大将事业社，2001。书的扉页：谨献给母校及恩师周清海教授。

英华中学教书去了。她以部分的时间修读硕士课程，后来又转为中心的研究助理。我跟她亦师亦友，相处了四年，对她也有一些了解。

　　淑彬是一个很有头脑的女孩，非常愿意思考，也有文采。我常常觉得，她是一个才女。这本文集里收录的，就是她思考的结晶。一个年轻的女孩，能够也愿意去思考这些问题，是非常难得的，也非常少见的。在阅读这些文章时，你或许以为，淑彬非常理智。其实。她也非常感性的。文章里那份不时流露的、使人有些哀伤的情绪，就和理智的成分相互交织在一起。这就是淑彬。是时代和个人的处境使她如此吗？马来西亚有才华的华人，是不是都是这样理智和哀伤的情感相互交织的呢？

　　淑彬毕业之后，我推荐她到香港继续深造。我看着她一步一步走向学术，一天一天成长，心中有无限的怜惜。这本集子里是她过去留下的脚印，表现了不少淑彬的真我。淑彬珍惜这些脚印，我也在这里看到她逐步地成长。相信读者也能对这文集做不同的注脚，更希望作者是愉快的。

　　这是一篇理智与感情交织的序，送给淑彬。

四十　郭淑云主编《迈进新世纪：文学言说》序

新加坡没有天然资源，但各方面的建设和发展，都和任何一个独立的国家有着同样的需要。我们需要各方面的人才，需要鼓励我们的国民向各方面发展。在解决了温饱问题之后，我们得考虑建立自己的人文传统。但我们建国时间不长，没有辉煌悠久的历史，也没有自己的人文传统，因此我们必须从原居地吸取有利于我们的传统与文化，也需要不断摸索以建立自己的人文传统。

要建立自己的传统，我们对过去就必须有充分的了解，需要有信心地把握现在，而且更需要能预测将来。在这样的信念下，中华语言文化中心在世纪之交决定编辑两本丛书，分别从语言和文学的角度，探讨我们的过去、现在，并且预测将来。

第一本书由陈照明教授编辑，取名《二十一世纪的挑战——新加坡华语文的现状与未来》（联邦出版社，2000），着重讨论新加坡的华文、方言及华文教育的现状，并对华语文的未来做了预测。

《迈进新世纪：文学言说》，是第二本书，由郭淑云教授编辑。这本书以华文文学为关心的焦点，讨论新世纪里的文学、新华文学以及华文文学的教学问题。作者包括长期在这方面从事研究的中国学者，南大中华语言文化中心和国立教育学院亚洲语言文化学部中文系的教职员，以及正在中心学习和已经毕业的研究生。

我们希望出版这方面的研究成果，能鼓励国人关心或者从事这方面的研究，共同为建设我们的人文环境努力。

（2002年4月19日）

四十一 "文坛新秀培养计划" 《少年行》①序

这本《少年行》是两年来参加"文坛新秀培养计划"的新秀们的作品,也是我们这个计划交出来的第一张成绩单,更是一批有使命感的年轻学人、作家辛勤灌溉下的产物。

我非常感谢这批热心自己文化事业的作家和学人,他们本着知其难而为之,不但独善其身,也愿兼善天下的精神,尽心尽力地为培养下一代,付出许多精力。在各参与学校华文老师的鼓励下,我们的年轻学生,也在课余时,为学好用自己的母语创作而不懈地努力。这些使我们觉得,我们这批有心人的努力并没有白费。

"文坛新秀培养计划"是南大中华语言文化中心和中文系共同负责的,这是我们培养研究生之外的另一项普及华文的计划。这个计划由两个年轻的学人兼作家负责。他们就是蔡志礼和蔡美丽。他们两位对自己文化和语言的执着,充分表现在推动这

---

① 《少年行》,"南洋理工大学文坛新秀系列",SNP综合出版私人有限公司,2000。

个计划、筹备出版这部作品上。

　　如果我们年轻的一代都能有像他们那样的热忱，相信我们的语言文化必将能传承下去。我们希望，在各行各业之中，都能有了解中华文化的人；也能有会欣赏中华文学、能从事文学创作的人。为了实现这个希望，我们只做了该做的、能做的一部分。让我们把这一点点的成绩献给关心的人。

　　我们希望这只是先交出来的第一张成绩单，希望以后会有更多的年轻人的作品出现。

四十二　我寄希望于洪胜生先生

洪胜生先生的《教之韵——洪胜生语文教学文集》将由福建教育出版社出版，我有幸预先拜读了。书的卷首语说：

"课堂教学是一门艺术，一堂课也该是一首诗，这里要有闪光的语言，深刻的思想，感人的力量和丰富的教益，还要有生动的质疑，巧妙的点拨，得力的训练和智慧的创造。

"一堂课就是为师者的生命印记。"

这是语文教师的最高境界。洪先生做到了。洪先生的教学热忱，文字修养，对文化的热爱，对年轻人的关怀，都让我感动。他对语文教学的贡献，《中学语文教学参考》（1995年10期封面人物介绍）说得非常到位。我就不再说了。我读他的书，唤起了心灵的共鸣。让我引一些我以前学生说过的话。

现任南洋理工大学国立教育学院中文系主任胡月宝教授说："1989年，我于新加坡教育学院接受为期一年的教师培训课程。那时，学院校园位于空气清新、林荫茂密的植物园旁。'教学应该让人如沐春风'，周老师在给我们上'中学华文教学法'的第一堂课上这么说。这句话犹如那天从植物园徐徐送来的晨风，从此温暖着我的心房。于是，我秉承了化作一阵春风的信念，在日后的教学道路上，把教育的蒲公英种子，吹送出去。"

现任厦门大学马来西亚分校中文系主任的王晓梅教授，是我1996年在北京大学招收的研究生，她说："二十几年弹指一挥间，从北京到新加坡，再到香港，最后到马来西亚，我走出的每一步背后都有周老师注视的目光。这目光亲切、温暖、熟悉，有时甚至让人感动落泪。我为有这样一位'华语情怀、国际视野'的老师而自豪。周老师，谢谢您！感恩有您！"

这就是教育的力量。从学生的话里，从事教育者得到最大的酬报。"把教育的蒲公英种子，吹送出去"，洪先生的书里，处处表现了他对学生的这种影响。相信，他也有这样的感觉。但面对全球化的发展，只关注自己的国内现状，显然是不够的。我们更需要为将来的发展，打开学生的眼界。"从北京到新加坡，再到香港，最后到马来西亚，我走出的每一步背后都有周老师注视的目光。"这应该是中国教育工作者往后要注意的——配合国家"一带一路"的倡议，学生更需要有国际观。

洪先生退休了，是在一个杰出的高中语文老师的岗位上退休的。他的教学经验是值得中国和国外华语文教学者借鉴和研究的。但是，智者的脚步是不能停歇的，希望洪先生能在自己教学实践之外，对中国语文教学的发展与研究，继续提出新的想法。

我曾说："华人大都会里的语文教学所面对的是国际化、现代化、本土化和民族化的问题。在教学内容方面，将更突出国际化与现代化的重点。……但是，国际化和现代化必须以本土

四十二　我寄希望于洪胜生先生

化为基础,因此加强民族传统文化教育……将更受重视,借以树立民族自尊、自信和自豪感。也就是说,在面对国际化和现代化,这些地区的教育将更重视价值的取向。"

"在华语扩大它的用途时,华语区的语文教材必须容纳不同华语地区的作品。各地不同的作品、语言现象,可以让语言学习者了解其他华语区的社会与语言,方便学习者以后与其他华语区交往。因此,我们的语文课程与教材,就不能只是考虑自己内部的需要,而必须从整个华语区的需要着眼。"

"华文的教学,也涉及古汉语的学习,这也和文化有关。为了文化的需要而学习古汉语,应该考虑如何才能减轻语言学习者的语言负担。从文化传递和减轻语文负担的方向考虑,我们应该处理好古文和现代文字融合的问题。华文的选文里,古文和现代文字,是各自独立的、分开选取的,虽然编在同一本课本里,却没有有机地结合起来。"

"选文的内容决定了华文阅读课程是否具有挑战性,因此提议以内容为纲,结合古今中外的资料,重新给华文教学定位。吴楚材、吴调侯编《古文观止》的时代,文言是通行的语文,书写文言是当时必需的条件,因此必须阅读全文,甚至背诵全文。现在已经不同了。我们必须以现代的需要,重新加以考虑。"[1]

以内容为纲处理中学的阅读教材,结合古代、现代、中外以及华语区共同的文化特点,这样将能保持自己的文化生命力,

---

[1] 周清海《从全球化的角度思考语文教学里的文化问题》,《汉语融合与华文教学》,社会科学文献出版社,2020。

使语文教学更具有现代性,更具有挑战性。

在重视价值取向之外,如何处理古汉语和现代汉语融合的问题?如何跟中国"一带一路"的发展相结合,打开学生的眼界?这些都是中国语文教学者应该考虑的。我寄望于洪先生。

(2020年5月16日)

四十三　孔宪中博士著《孔子之美德教育：十二达德（新解）》序

（一）

鸦片战争之后，在西方势力的压迫下，中国人的文化优越感受到前所未有的巨大冲击，发生了动摇，对自己的文化也产生了怀疑。这个冲击更结束了中国传统的"礼乐化外邦"①的想法。中国以夷夏代表落后文化和先进文化的时代，也就此正式宣告结束了。②

五四运动之后，中国人文学科方面的研究，又被阶级斗争所绑架，认为阶级斗争是社会进步的主动力，并且否定了自己的文化传统。长远来说，这对民族自信心的建立是非常不利的。

西方势力的冲击更给中国人带来了沉重的心理压力。在这

---

① 《宋史》："中国者，礼乐之所存，恩信之所出，动止猷为，必适于正。若乃听诬受间，肆诈穷兵，侵人之土疆，残人之黎庶，是乖中国之体，为外邦之羞。"
② 《论语》关于"夷狄"的解释，请参考周清海《文化交流是不可避免的》，《国际中文教育学报》总第12期。

种心理压力下，有人就主张中国应该全盘西化，但对于传统的价值根源却也没办法完全放弃，因此出现了"民族主义情绪与文化自卑感之间的矛盾"。这种矛盾成为了"近代中国知识分子的特征"。但是，"抛弃黄土文化，接受蓝色文化"的崇洋现象，却是这个特征里的主导，最主要的倾向。①

这个文化特征，表现在人文学科里，就是中国学者研究外来文化对中国的影响，却没有意愿去充分深入地了解自己的文化。有人甚至认为自己的文化是落后的，而出现了对外来文化毫无根据的夸大与赞扬。对自己的文化缺乏信心的现象，甚至表现在语言的应用上。在《文化交流是不可避免的》一文里，我说：

"……研究语码转换或语码混用的社会语言学者，都发现华人用中文时杂用英语的现象非常普遍；而说英语时杂用中文的，却非常少见。造成这种现象的原因，除了是一时找不到适当的华语词语，或可能是这个外来词还没有适当的中文译词之外，也和把'说英语'当作是受过高等教育、代表高社会阶梯的心理有关。"

在中华民族自信心建立以后，回归自己的文化传统，就是必然的。出现以自己的文化为本，有信心地、客观而包容地审视外来文化，接受外来文化里有益于自己的成分，也是必然的。这种态度，将成为今后讨论文化与文化交流的主流态度。

我们必须重视自己的传统文化，从自己文化历史的立场去观察外来文化。这个立场非常重要。研究自身的文化，在自信的基础上，深入理解和占有资料，才能客观地发现许多过去所

---

① 周清海《文化交流是不可避免的》，《国际中文教育学报》总第12期。

四十三　孔宪中博士著《孔子之美德教育：十二达德（新解）》序

没有考虑过的问题。

孔宪中博士的《孔子之美德教育》，就是这样的著作。孔先生从美德教育开始，肯定自己，这是非常可贵的。

（二）

研究中国文化，绕不开《论语》。《论语》是研究孔子思想的基本材料，更是中华文化的根源。《论语类纂》[①]根据内容将《论语》归纳为"论道、论德、论仁、论义、论礼、论知、论信、论忠恕、论孝悌、论友、论言行、论志、论其他品德"以及"论天、命、鬼神，论君子，论教学，论文艺，论政，论人物，自述，记行迹，记评价"等二十二个专题，把《论语》相关的章节都集中在每个专题之下。在《论语》本文之后，又摘编了先秦文献中记载和孔子有关的言论，作为附录。但《论语类纂》只是客观地提供了研究的资料。杨伯峻《论语译注》[②]的译文和注释，以及孙钦善《论语新注》[③]的校注和辩证部分，对《论语》的研究，也做出了贡献。

这些年来，我们所缺乏的是不建立在西方哲学思考之上的儒学研究。我们需要独立的，建立在自己文化传统上的儒学研究。

孔宪中博士研究儒家的美德教育——十二达德，将十二达德分为六对，并用现代的语言加以解释：

---

① 刘振东、孔庆常编，山东友谊出版社，1995。
② 中华书局，1990。
③ 孙钦善在《论语本解》（三联书店，2009）的基础上写成的《论语新注》（中华书局，2018），更是《论语》研究所不可或缺的书籍。

礼与义是"纲纪"二德
忠与孝是"报恩"二德
仁与爱是"推及"二德
信与和是"社交"二德
慷与谅是"君子"二德
勤与智是"成功"二德

从这十二达德谈及美德教育，并且分析与解释过去的一些误解，条理非常清楚。孔博士说："希望今人能把孔子的使命，背在身上，把美德主义火炬承传下去。"这是何等的企望！在这个企望里蕴含着孔博士对自己文化的坚定信心。

我盼望在中国发展的大前提下，在有利的大环境下，研究儒家思想或者传统的品德教育，充分肯定祖先的智慧，能让我们更有信心地展开胸怀，大跨步地往前发展。

今后，我们应该以自己的文化为中心，对自己的文化做深入的分析与研究，这是文化回归的开始。

我曾经对研究文学的朋友说，除了用西方的文学理论研究中国文学，希望有一天，有人用中国古典文学理论去审视外国文学，那将是一个怎样的局面？

孔博士的著作，从美德教育开始，做了符合现代意义的新解，这是充分肯定了自己。这种自我的文化回归，是非常可贵的。为这个使命，孔博士做了很好的开头，我盼望着更多文化回归的研究。

（2023年3月26日）

四十四　为商务印书馆125年纪念说几句心里话[1]

（一）

我和商务印书馆结缘，应该是在上个世纪50年代，我读中学的时期。那时新加坡还是英国的海峡殖民地。华文的一切信息，大部分靠新加坡的商务印书馆提供。

新加坡的华人，大体可以分为两类。一类是由马六甲或者印尼移民到新加坡的，他们大多数说方言和马来语混合的语言，以及英语。这批人移民到新加坡比较早，是华人中的少数，被称为"峇峇"。他们掌握了英语，因此多数成为社会的精英。

另外一大批华人，移民得比较晚，多数是来自中国南方的农民，没受过什么教育。

这两批华人，在太平洋战争爆发之后，都积极支持和投入中国的抗日战争。日本占领新加坡之后的大肃清，就针对华人

---

[1] 《商务印书馆一百二十五年》（下册），商务印书馆，2022。

青年。不少华人青年,在新加坡樟宜海滩被屠杀。

抗日战争期间以及光复以后的一段时期,才有比较多的高级知识分子,从中国内地或者香港迁移到新马一带定居。他们给新马原有的中文教育增添了新的动力。新马的华文学校,在这一批华人知识分子的参与下蓬勃发展起来。他们也发展了中文报刊。

华文学校是在英国殖民地教育系统之外的民办学校。这些华文学校,大部分是单语的,也大量采用中国编撰的教科书。新马独立之后,才正式提出教育本土化的问题。学校的教材才转向更注重当地的历史、社会与文化,但对中华文化的认同,却从来没有间断过。

我是在华文学校受教育的,因此也比较熟悉中国,了解中国文化。我这一代华文教育出身的学生,占了新加坡当时在籍学生的一半以上。马来西亚就更多了。

我们所阅读的华文文学作品、时事报刊,全是由新加坡的商务印书馆提供的。

1949年之后,中国大陆的出版物大部分在新马成了禁书。在新加坡的商务印书馆出售的,是由香港翻印和出版的中文书刊。香港出版的中文书刊,大部分通过新加坡商务印书馆在新马出售。新加坡商务印书馆也铸造了香港的出版业。

从我住家到新加坡河畔附近的商务印书馆,巴士车程将近45分钟。我几乎隔一个星期就要去商务一趟。当时在商务印书馆也还能买到民国期间的出版物。商务印书馆成了受华文教育者了解中国和中国文化,传播中华文化的重要机构。如果没有商务印书馆,冷战时期关于中国和中国文化的信息,就可能在

四十四　为商务印书馆125年纪念说几句心里话

新马完全中断。

在新加坡，商务印书馆一直扮演着传播中华文化和提供中国信息的角色。

（二）

现在是网络时代，商务印书馆作为实体书店，在华语区的作用逐渐减弱。新马的实体书店逐渐消失，是一个大趋势。面对全球化的网络发展，商务印书馆必须考虑怎样和这个趋势配合。

从语言的应用看，以新加坡为例，随着双语教育和国际化的发展，年轻人的英文程度远在中文之上。他们更方便通过英文接受新的知识和信息。泰国、马来西亚、印尼和菲律宾，也有同样的双语发展趋势。商务印书馆以前只注重单语书籍的出版，今后可能要考虑中英双语了。尤其是儿童的读物，更应该注重双语。商务印书馆应该考虑怎样利用英语，把中华文化传播出去。

利用网络和双语，才能为世界华语文的推动和发展，多做点儿事。《全球华语大词典》、全球华语语法研究丛书等的网络化、双语化，也是大势所趋，这是北京商务印书馆考虑今后发展应该注意的。

带动和组织各地学者，编撰读物、词典和丛书。《全球华语大词典》、全球华语语法研究丛书的出版，就是这方面工作的开端。

配合"一带一路"的发展需要，中国的青少年要了解世界，因此，需要有计划、有组织地向他们提供各华语区的神话传说、风土人情等方面的读物。这要求北京商务印书馆从只注意国内的市场、国内的人才，逐渐转向国际，考虑怎样调动和组织国际的中英双语人才。

除了语言文化的传播，商务印书馆也应该考虑如何带动世界华语文的出版。商务印书馆必须了解各地的需要，也应该注重培养和带动在地的语文人才。泰国、马来西亚、印尼、菲律宾等东南亚国家有不同的需要，也有人才。怎样将他们组织起来，为中华文化和语言做点儿事。

东南亚地区的某些国家，比如新加坡、马来西亚、印尼、菲律宾等，都有自己的华语文出版物，商务印书馆可以从中挑选特出的，再编辑出版。这对华语文的推广，能做出贡献；也能通过出版联系各地有发展潜能的书店、出版商，共同推动、传播华语文。

在商务印书馆创立125周年之际，我对商务印书馆过去提供、传播关于中国以及中华文化的信息，是给予高度的评价的。没有商务印书馆，我没有办法获得许多关于中国历史、中国现状、中国语文的信息。

希望在中华语言文化的传播和信息提供方面，商务印书馆继续发挥作用；更希望商务印书馆不只考虑中国本身的需要，更应该关注、带动世界华语文的推广和出版。

四十五　台湾世界华文教育学会50周年：贺词与寄望[①]

1984年，我出席了由台湾世界华文教育学会主办的"首届全球华语文教学研讨会"。这个研讨会介绍以及探讨了世界华文教育的现况，增进了各华语区之间的了解。这是我首次到台湾。

通过学会的安排，我也参观了台湾大学、台湾师范大学、台北教育学院等。在桥光堂和世界华文教育学会的代表们交谈的情景，至今仍历历在目。和我同行的还有另外两位新加坡教育部的朋友。

新加坡于1979年发起讲华语运动，鼓励新加坡人多讲华语，少说方言。我们到台湾，就是想学习台湾推广"国语"的办法。当时，台湾是海外学习"国语"、学习中华文化的唯一地区。中国文化的传承，就只有台湾。世界华文教育学会在这方面担负主要的职责。

中国改革开放之前，大陆沉浸在阶级斗争的氛围里。关心

---

① 世界华文教育学会编《华文世界》，第130期，2022。

和推动世界华文教育的，只有台湾，只有世界华文教育学会。

在华语文研究方面，台湾的学者也给了我们许多协助。南洋大学和香港中文大学的学者，多数来自台湾。带领我进入古文字学研究的就是台湾"中央研究院"院士、甲骨文专家李孝定教授。我最早的两篇古文字研究论文，就发表在台湾大学中文系编的《中国文字》上。这是当时世界上唯一的文字学研究刊物。

虽然我们常常港台合称，其实在香港推动华文研究的，也大都是曾经在台湾学习过的学者。在普及和推广"国语"方面，世界华文教育学会是唯一的机构，做出了不少的贡献。

中国改革开放之后，才改变了世界华文教学和研究的格局。但是，中国大陆刚从阶级斗争中解脱出来，对华文教学界缺乏了解，也没有联系。世界华文教育学会在联系世界华语区方面，帮助很大。中国的海外华文教学也从世界华文教育学会的一系列活动中获益。

2005年，通过世界华文教育学会的安排，我到了开平市，参加"在园"侨乡文化论坛，发表了论文《新加坡华人的语言与教育》，向与会的中国学者介绍新加坡的双语教育。在促进中国了解海外，并和海外建立联系方面，世界华文教育学会是最早在这方面做工作的。

2015年，也是受世界华文教育学会的邀请，我到了厦门，参加在华侨大学华文教育研究院举办的华语座谈会。

世界华文教育学会在推广和倡导"国语"和语文研究方面有丰富的经验，是海内外中华文化的播种者，得到了国际汉语学界的肯定。世界华文教育学会在中华文化的播种和推广方面所做过的事，是应该记下浓浓的一笔。

从现在来看，从事华文教学与研究必须有国际视野，不应再各自为政，要往优势互补、人才与资源共享的方向努力。我们更可以借用与调动华语区的语文人才。华语文的学习与研究，也应该是跨区域的。希望世界华文教育学会能带领各华语区的语言教学与研究机构加强联系，并且有计划地让中华语言文化的学习者、语言教学者与研究者，在不同的华语区里进行交流。

中国台湾、香港及新马等地区都有条件发展成为东南亚甚至是世界的华文教学与研究中心。只有向这个方向发展，才能找到这些地区华文教学与研究的发展出路。我寄望于世界华文教育学会，再次发挥领导作用。